الإدارة المدرسية الحديثة

(المفاهيم- التطبيقات)

الدكتور

صلاح عبد الحميد مصطفى

أستاذ التربية المقارنة والإدارة التعليمية

مكتبة الرشد

ناشرون

ح مكتبة الرشد ١٤٣٣هـ
فهرسة مكتبة الملك فهد الوطنية أثناء النشر
مصطفى ، صلاح عبدالحميد
الإدارة المدرسية الحديثة / صلاح عبدالحميد مصطفى - الرياض، ١٤٣٣هـ
٤٢٢ص ، ٢٤سم
ردمك ٦ـ ٩٠٨ـ ٠١ـ ٩٩٦٠ـ ٩٧٨
١ ـ الإدارة المدرسية الحديثة أ ـ العنوان
ديوي ٣٧١,٢ ١٤٣٣/٨٤٨٢

ردمك ٦ـ ٩٠٨ـ ٠١ـ ٩٩٦٠ـ ٩٧٨ رقم الإيداع ١٤٣٣/٨٤٨٢

الطبعة الأولى تاريخ : ١٤٣٣هـ ـ ٢٠١٢م

مكتبة الرشد – ناشرون
المملكة العربية السعودية – الرياض
الإدارة : مركز البستان – طريق الملك فهد هاتف ٤٦٠٢٥٩٠
ص . ب ١٧٥٢٢ الرياض ١١٤٩٤ هاتف ٤٦٠٤٨١٨ – فاكس ٤٦٠٢٤٩٧
Email: rushd@rushd.com.sa
Website : www.rushd.com.sa
www.Info@rushd.com للتواصل

فروع المكتبة داخل المملكة

الرياض :المركز الرئيسي : الدائري الغربي – بين مخرجي ٢٧ و٢٨ هاتف ٤٣٢٩٣٣٢
الرياض : فرع عثمان بن عفان هاتف ٢٢٥٣٠٥٢
الرياض : فرع الدائري الشرقي هاتف ٤٩٧١١٩٩ فاكس ٤٩٦١٥٩٩
فرع مكة المكرمة : شارع الطائف هاتف ٥٥٨٥٤٠١ فاكس ٥٥٨٣٥٠٦
فرع المدينة المنورة : شارع أبي ذر الغفاري هاتف ٨٣٤٠٦٠٠ فاكس ٨٣٨٣٤٢٧
فرع جدة : مقابل ميدان الطائرة هاتف ٦٧٧٦٣٣١ فاكس ٦٧٧٦٣٥٤
فرع القصيم : بريده – طريق المدينة هاتف ٣٢٤٢٢١٤ فاكس ٣٢٤١٣٥٨
فرع أبها : شارع الملك فيصل هاتف ٣٢١٧٣٠٧ فاكس ٢٢٤٢٤٠٢
فرع الدمام : شارع الخزان هاتف ٨١٥٠٥٥٦ فاكس ٨٤١٨٤٧٣
فرع حائل : هاتف ٥٣٢٢٢٤٦ فاكس ٥٦٦٢٢٤٦
فرع الإحساء : هاتف ٥٨١٣٠٢٨ فاكس ٥٨١٣١١٥
فرع : تبوك هاتف ٤٢٤١٦٤٠ فاكس ٤٢٣٨٩٢٧

مكاتبنا بالخارج

القاهرة : مدينة نصر : هاتف ٢٧٤٤٦٠٥- موبايل ٠١١٦٢٨٦١٧٠
بيروت : بئر حسن موبايل ٠٣٥٥٤٣٥٣ تلفاكس ٠٥/٤٦٢٨٩٥

بسم الـلـه الرحمن الرحيم

قال تعالى : (فَبِمَا رَحْمَةٍ مِّنَ الـلـه لِنتَ لَهُمْ وَلَوْ كُنتَ فَظًّا غَلِيظَ الْقَلْبِ لاَنفَضُّواْ مِنْ حَوْلِكَ فَاعْفُ عَنْهُمْ وَاسْتَغْفِرْ لَهُمْ وَشَاوِرْهُمْ فِي الأَمْرِ فَإِذَا عَزَمْتَ فَتَوَكَّلْ عَلَى الـلـه إِنَّ الـلـه يُحِبُّ الْمُتَوَكِّلِينَ {١٥٩/٣}) (آل عمران : ١٥٩)

إهـــداء

◄ إلى روح والدتي الطاهرة*** وإلى روح والدي الطاهرة

عرفانًا بأبوته البارة *** وتخليدًا لذكراه

في الميدان الذي أفنى حياته فيه

◄ وإلى أحفادي – خالد وعمرو ويوسف ولوجين- ليكون لهـم نبراسًا في حيـاتهم ودافعًـا إلى

التعليم والتعلم. ليتقربوا إلى اللـه ويشاركوا في بناء مصر المستقبل

◄ وإلى كل من يعملون في مجال التعليم

◄ وإلى طلاب وطالبات كليات التربية وكليات المعلمين.

◄ أهدي هذا المؤلف ليكون مصدر تنوير وهداية لهم في عملهم التعليمي

وجزاهم اللـه خير الجزاء

المؤلف

تقديم

الحمد لله الذي خلق الإنسان وكرمه، وهداه وفضله، وعلمه ما لم يكن يعلم، والصلاة والسلام على من هدى الله به البشرية من ظلمات الجهل إلى نور الإيمان، وعلى آله وصحابته أجمعين.

أما بعد فإن أنظمة التربية والتعليم في البلاد العربية تمر بفترة حاسمة من تاريخها الحديث، وفي ظل متغيرات اجتماعية واقتصادية وسياسية وعلمية وتكنولوجية هي الأكثر تسارعًا في تاريخ البشرية.

ولقد حققت كثير من دول العالم نهضة شاملة بفضل جودة أنظمتها التعليمية، ولن تحقق الدول الأقل نموًا والأكثر فقرًا نموًا إلا من خلال أنظمتها التعليمية التي ينبغي أن تتطور بشكل كامل في جميع جوانبها، بحيث تصبح هذه النظم ركيزة أساسية لأمة اليوم والمستقبل، أمة الثورة الصناعية الثالثة التي تعيشها أمم أخرى... فهل لنا أن نكون في عالم اليوم؟

وهو -أي النظام التعليمي- يُمثل منظومة كبرى تضم منظومات صغرى أو فرعية، من بينها الإدارة التربوية، التي تتجسد في عدة منظومات فرعية أخرى من بينها، الإدارة المدرسية، فالإدارة الصفية.

ويمثل ميدان الإدارة المدرسية اهتمامًا مشتركًا لكل العاملين فيه والمستفيدين منه، ذلك أن المدرسة هي الوحدة القائمة بتنفيذ السياسة التعليمية التي ارتضاها المجتمع بكافة فئاته وأطيافه المختلفة.

وفي هذا السياق فقد أصبح لزامًا على كل مشتغل بالإدارة، أو مرشح لها أن يلم بأطراف علمها الجديد، ويهتدي به في عمله على بصيرة، وغدا الإداري أو المدير الكفء وهو من يستمد سلطته من علمه أكثر من السلطات والصلاحيات التي تمنحها له القوانين واللوائح المنظمة للعمل، ولذلك فإن فكرة هذا المؤلف جاءت لتثري مجالاً هامًا من مجالات الإدارة في التربية والتعليم، وقد حاولنا تحليل ودراسة الأسس العلمية للإدارة المدرسية والفلسفات التي تستند إليها وتوجهها، وقد ركزنا الاهتمام بصفة

خاصة على الجوانب التطبيقية، والاتجاهات الحديثة في الإدارة المدرسية والتي ظهرت بعد صدور مؤلفنا السابق، وهو الإدارة المدرسية في ضوء الفكر الإداري المعاصر منذ سنوات.

ونرجو أن يجد العاملون والمستفيدين في المجال التربوي في هذا المؤلف ما هم في حاجة إليه.

وقد قمنا بتشكيل الإطار العام لمحتويات هذا المؤلف على أن يتكون من عشر فصول.

الفصل الأول: وهو الإطار العام للإدارة ويعني بمفهوم الإدارة وأهميتها ومجالاتها والمهارات المطلوبة فيمن يمارسها، أما الفصل الثاني فيتناول الإدارة التربوية والإدارة المدرسية والإدارة الصفية، بينما يتناول الفصل الثالث الفكر الإداري الإسلامي وتطبيقه في المجال التربوي، أما الفصل الرابع فيتناول الإدارة الاستراتيجية للمدرسة، بينما تناول الفصل الخامس الفكر الإداري التربوي (مدارسه ونظرياته)، أما الفصل السادس فقد تناول وظائف الإدارة التربوية وأنماطها، بينما تناول الفصل السابع التخطيط لتربوي والتعليمي وخطواتهما، أما الفصل الثامن فقد تناول التخطيط الاستراتيجي والخطة الاستراتيجية للمدرسة، بينما يعرض الفصل التاسع إدارة الجودة الشاملة وتطبيقاتها في المجال التربوي، أما الفصل العاشر فيتناول إدارة الأزمات في التعليم.

وإنني أرى أن هذا المؤلف سيكون -بإذن الله وبفضله- إسهامًا فكريًا متواضعا في المجال التربوي وللعاملين فيه وللمستفيدين، وللمقبلين على العمل فيه.

والله ولي التوفيق

القاهرة: ١٤ مايو- ٢٠١٢ م

المؤلف: صلاح عبد الحميد مصطفى

محتويات الكتاب

الصفحة	الموضوع

الصفحة	الموضوع

الفصل الأول

الإطار العام للإدارة

(المفاهيم- الأهمية – المجالات- المهارات)

أولاً: أهداف الوحدة الدراسية.

بعد دراسة هذه الوحدة ينبغي أن يكون المتعلم قادرًا على أن:

١- يشرح المفهوم العام للإدارة.

٢- يُعرف الإدارة بمعناها العام.

٣- يذكر الأسباب التي تبرز أهمية الإدارة.

٤- يُعرف الإدارة العامة.

٥- يقارن بين الإدارة العامة وإدارة الأعمال.

٦- يشرح المهارات الإدارية.

ثانيًا: تتضمن هذه الوحدة ما يلي:

١ – المفهوم العام للإدارة.

٢ – ماهية الإدارة.

٣ – أهمية الإدارة.

٤ – مجالات الإدارة بمعناها العام.

٥ – الإدارة العامة.

٦ – إدارة الأعمال.

٧ – مفهوم الإدارة العامة.

٨ – المهارات الإدارية.

الفصل الأول

الإطار العام للإدارة

(المفاهيم- الأهمية- المجالات- المهارات)

أولاً: تقديم:

تعتبر الإدارة كنشاط هادف من أقدم ما عرف الإنسان، وهي ترتبط بالفرد ارتباطها بالجماعة، فقد اعتمد الملوك والقادة وزعماء القبائل على مواهبهم وخبراتهم في إنجاز الأعمال بواسطة الآخرين.

ويعني ذلك أن الإدارة لازمة لكل جهد جماعي وحيثما توجد الجماعة لابد من وجود النشاط الإداري الكفيل بتنظيم الجهود والبشرية وحفزها وتوجيهها ومتابعتها لتحقيق أهداف محددة بأقل ما يمكن من المال والوقت والجهد، أي تحقيق مبدأ الكفاءة الإنتاجية Efficiency.

ومن هنا أصبحت الإدارة ذات أهمية بالغة بالنسبة للفرد والجماعة عند سعيها لسد حاجاتها وتحقيق غاياتها، فالإدارة تقوم بدور العنصر المعاون الذي يتغلغل في جميع أوجه النشاط الإنساني الإنتاجي والخدمي ويحتاجها الفرد كما تحتاجها المنظمة.

ولقد أصبحت الإدارة من أهم وسائل تحديث المجتمعات في العقود الخمسة الأخيرة من القرن العشرين، وصارت تشكل عنصرًا مهمًا من عناصر مدخلات أية منظمة أو مؤسسة تجارية أو صناعية أو صحية أو تعليمية أو .. وغير ذلك.

وقد ازدادت هذه الأهمية نتيجة اتساع مجالات النشاطات البشرية من جانب، واتجاهها نحو المزيد من التخصص والتنوع والتفرغ في المجتمعات الحديثة من جانب آخر، وأخذها بالتكنولوجيا العقلية والمادية من جانب ثالث.

ولقد أكدت مختلف التجارب الإنسانية في مختلف الأزمنة، أن من أهـم أسباب تحقيـق التقـدم في مجالات الحياة الاقتصادية والاجتماعية ومنها التربوية والتعليمية يتمثـل في جـودة الإدارة التـي تبحـث عن أفضل البدائل لتحقيق الأهداف.

ولقد طبق المسلمون كثير من الأسس والمبادئ الإدارية المنبثقة من القرآن الكريم والسنة النبوية في نظام حكمهم وتنظيم شئون دولتهم وتسيير أمور حياتهم وإشباع حاجات الرعية وتحقيق أهدافها.

ومن هذه الأسس أن البشر متساوون وأن كـل فـرد لـه حقـوق وعليـه واجبـات، والمفاضلة بـين الأفراد تكون على أساس العمل والجهد والسلوك، فيقول سبحانه وتعـالى: ﴿ وَلِكُلٍّ دَرَجَاتٌ مِّمَّا عَمِلُوا ﴾ [الأنعام: ١٣٢]، ومنها أيضًا مبدأ الإتقان وحسن الأداء، فيقول صلى اللـه عليه وسلم «إن اللـه يحـب إذا عمل أحدكم عملا أن يتقنه »، ومنهـا كـذلك مبـدأ الـشورى التـي تكفـل حريـة الـرأي والمـشاركة في صنع القرارات واتخاذها.

ولقد حث الإسلام في القرآن الكريم والسنة المطهرة على العدالة والمساواة بـين المرؤوسـين وعـدم التفرقة بينهم بسبب الجنس أو اللون أو الطبقة الاجتماعية أو الدين، بل تكون التفرقة على أسـاس العمـل والجهد.

وفي هذا السياق فإن التعرف على مفهوم الإدارة التربوية يتطلب التعرف على المفاهيم المرتبطـة بها مثل مفهوم الإدارة العامة والإدارة التعليمية، والإدارة المدرسية، والإدارة الـصفية، والإدارة الاسـتراتيجية، لأن هذه المفاهيم متداخلة وتوجد علاقة ارتباطيـة بينهـا، بـل إن الإدارة التربويـة تمثـل أحـد فـروع الإدارة العامة وأن الاختلاف بينهما في مجال التطبيق على اعتبار أن كل منهما له خصوصيته وطبيعتـه وأهدافـه... وغير ذلك.

الفصل الأول: الإطار العام للإدارة

ثانيًا: المفهوم العام للإدارة وماهيتها:

١- المفهوم العام للإدارة:

علم الإدارة أحد العلوم السلوكية القائمة على الملاحظة والمراقبة والتحليل والتنبؤ كعلم النفس، والاجتماع، والاقتصاد... الخ. بيد أن الدراسة المنهجية لعلم الإدارة حديثة نسبيا إذا ما قورنت بالعلوم الأخرى، وربما يعود ذلك إلى غموض الإدارة كعلم وفن وهذا الغموض الذي يعود إلى عدم تمكن المختصين --حتى الآن- من وضعها ضمن نظرية عامة واحدة متفق عليها من ناحية، وإلى غموض المصطلحات الإدارية ذاتها من ناحية أخرى.

فمصطلح (الإدارة) كثيرا ما يعني معاني مختلفة تعتمد على السياق العام الذي توجد فيه، فقد تطلق كلمة (الإدارة) على مجموعة من الأنشطة (تخطيط وتنظيم وتوجيه وتمويل وتنفيذ ورقابة، ومتابعة، وغير ذلك) تؤدي إلى حسن سير العمل وإحداث التفاعل بين الموارد المتاحة لتحقيق الاهداف، أو مجموعة الأفراد الذين ينفذون هذه الأنشطة أو للدلالة على علم من العلوم السلوكية أو للدلالة على هيئة منظمة تتكون من مجموعة أفراد يقومون بأعمال محددة في منشأة معينة لتقديم خدمة أو إنتاج سلعة تتطلب نشاطًا منظمًا تقوم به هذه الهيئة التي تمتلك قوانين ولوائح ينطلق من خلالها القائمون بالإدارة (كإدارة المدرسة أو المستشفى أو المصنع) وقد تستخدم كلمة (إدارة) للدلالة على تنفيذ العمل من خلال الآخرين، أو للدلالة على إجراءات فنية وعملية تتعلق بالتعامل مع الآخرين وتطبيق مبادئ فنية ترتبط بهذا التعامل (كإدارة التقويم والقياس أو إدارة المستودعات أو إدارة التقنيات التربوية والمعلوماتية أو إدارة الإشراف التربوي) أو للدلالة على اتخاذ القرارات.

ويمكن أيضًا أن ننظر إلى الإدارة من خلال العمليات الإجرائية التي تسير فيها فنقول مثلا: إن الإدارة تعني تحديد الأهداف كخطوة أولى يترتب عليها تحديد الوظائف التي تحقق هذه الأهداف، واختيار الأفراد الذين يتولون القيام بهذه الوظائف وهذه الخطوات الثلاث، وهي تحديد الأهداف وتحديد الوظائف واختيار الأفراد ينتظمها إطار عام من العلاقات التنظيمية التي تحكمها وتوجهها وتنسق بينها [1].

وكذلك نجد في كل دولة نمت فيها الإدارة كمهنة وكمجال للدراسة اختلاف في المصطلح فكلمة (إدارة) تستخدم ترجمة لكلمة (Management) وأحيانا أخرى لكلمة (Administration) وهناك من يرى أن الكلمة الأخيرة تشير إلى مهام الإدارة في المستويات العليا الشاملة لكل عمل المنظمة والتي تتضمن رسم السياسات، واتخاذ القرارات ووضع الخطط الاستراتيجية وغير ذلك مثل (EducationAdministration) أي إدارة التربية والتعليم، بينما تعبر الكلمة الأولى عن مهام الإدارة في مستويات التنفيذ والعمل الجاري اليومي بمعنى الإدارة التنفيذية مثل (School Management) أي إدارة المدرسة، وهذا هو المفهوم البريطاني التقليدي، أما المفهوم الأمريكي فبشكل عام يرى العكس، وهناك من يميز بين الكلمتين على أساس أن كلمة (Administration) تطلق عادة في المجال الحكومي أو منظمات الخدمات التي لا يحركها دافع الربح، بينما تختص كلمة (Management)

(١) محمد منير مرسي: الإدارة التعليمية- أصولها وتطبيقاتها، القاهرة: عالم الكتب، ١٤٢٦هـ/ ٢٠٠٥ م، ص ١٢.

بمشاريع الأعمال [1]، وهناك من لا يميز بين الكلمتين ويراهما مترادفين ويعبران عن كلمة إدارة[2].

ويعود تعدد المفاهيم التي يستعمل فيها لفظ (إدارة) إلى عدم وجود نظرية شاملة وعامة ومتفق عليها للإدارة لأسباب عديدة منها [3]، أنها علم اجتماعي تطبيقي أكثر من كونها علم نظري، وأن محورها الإنسان الذي يصعب التنبؤ بسلوكه أو بردود أفعاله، فضلا عن أنها تعتمد على مفاهيم وقواعد كثير من العلوم الاجتماعية الأخرى كعلم النفس، الاجتماع، العلوم الرياضية والفيزيائية، العلوم السياسية وغيرها، وكذلك تشابك عملياتها وتنوع وتتابع إجراءاتها واتساع فكرتها واشتمالها على معان مختلفة.

ونحن نركز هنا على الإدارة الحديثة بشكل عام والتي يتألف دورها في العملية الإنتاجية أو الخدمية من ثلاثة عناصر مترابطة أولها اختيار الغاية أو الهدف، وثانيها: اختيار الوسائل التي تستخدم لتحقيق الغاية، وثالثها التقييم والمراجعة المستمرة لفعالية الوسائل المستخدمة، فالمراجعة المستمرة ضرورية لأن الإدارة لا تتعامل فقط بعناصر الإنتاج أو الخدمات المتعارف عليها بالمال، والموظفين، والوقت، والمواهب، بل تتعامل كذلك مع عناصر أخرى كالروح المعنوية والأخلاق وحفز العاملين Motivation والتنسيق co – ordination فيما بينهم تجنبا لحدوث تضارب أو ازدواجية فيما يقومون به من أعمال الرقابة control التي تتضمن معايير محددة

---

(1) إبراهيم عبد الله المنيف: الإدارة (المفاهيم، الأسس، المهام) الرياض: دار العلوم، ١٩٨٠ ص(٢٢).

(2) سامي زبيان وآخرون: قاموس المصطلحات السياسية والاقتصادية والاجتماعية، المملكة المتحدة، رياض الريس للكتب والنشر، ١٩٩٠م، ص (٢١).

(3) عادل حسن: الإدارة والمدير، الإسكندرية، مؤسسة شباب الجامعات، ١٩٨٢م، ص (١٨).

لقياس الأداء واكتشاف الانحرافات واتخاذ ما يلزم من إجراءات تصحيحية ومتابعة تنفيذها [١].

وتعتبر (الإدارة) وسيلة تنظم الجهود الجماعة بطريقة تُسهل فهم المعنيين لمهامهم فكرًا وتنفيذًا، ووسيلة من وسائل الضبط الاجتماعي في كثير من المؤسسات، وأداة لتحقيق تقدم المجتمع وتطويره.

وتتغلغل الإدارة في جميع أوجه النشاط الإنساني وأصبحت مسؤولة عن النجاح أو الإخفاق الذي يلحق بمنظمة من المنظمات (مدرسة- مستشفى- شركة- مصنع- وزارة... إلخ)، ولها اليد الطولى في تقرير الأمور وتصريف شؤون الحياة وتحقيق الأهداف التي يطمح أي مجتمع في الوصول إليها [٢].

وتتعدد تعريفات (الإدارة) حول نفس المفهوم، فيعرفها (كونتز وأدونيل) بأنها «وظيفة تنفيذ المهمات عن طريق الآخرين ومعهم» [٣]، ويركز هذا التعريف على أهمية العنصر الإنساني في الإدارة، إلا أنه لم يوضح طبيعة الإدارة وعناصرها.

أما (هنري فايول) فيعرفها قائلا: «أن تقوم بالإدارة معناه أن تتنبأ وأن تخطط وأن تنظم وأن تصدر الأوامر وأن تنسق وأن تراقب» [٤] ويركز هذا التعريف على عمليات أو وظائف الإدارة وأنشطتها والتي حددها في ستة عناصر.

---

(١) عادل حسن: الإدارة والمدير، مرجع سابق، ص(١١).

(٢) إبراهيم عصمت مطاوع، أمينة أحمد حسن: الأصول الإدارية للتربية، جدة: دار الشروق، ١٩٨٢م، ص (٢٠).

(٣) Koontz and Donnell, Principles of Management (New York: McGraw- Hill Book Co,. ١٩٦٨), p. ٢٢

(٤) Heneri Fayal, Industrial and General Management (New York: Pitman Publishing Corporation Marshall, ١٩٤٩), p. ٦

أما (فردريك تايلور) فيرى أن الإدارة «هي المعرفة الدقيقة لما تريد من الرجال أن يعملوه ثم التأكد من أنهم يقومون بعمله بأحسن طريقة [١] ويركز هذا التعريف على عمليات أو وظائف الإدارة.

بينما يُعرفها (بيرسي بوراب) بأنها «حصيلة العمليات التي يتم بواسطتها وضع الإمكانيات البشرية والمادية في خدمة أهداف عمل من الاعمال، وهي تؤدي وظيفتها من خلال التأثير في سلوك الأفراد»[٢] ويركز هذا التعريف على أهمية التأثير في السلوك الإنساني لحفزه على بذل الجهد في العمل.

أما (لورانس أبلي) فقد عرفها بأنها «تنفيذ الأعمال عن طريق مجهودات الآخرين»[٣] ويركز هذا التعريف على أهمية العنصر الإنساني في العملية الإدارية إلا أنه لا يتناول عناصرها المختلفة.

بينما يعرفها (دين) بأنها «تلك الهيئة المنظمة لما لديها من أفراد قادرين على اتخاذ القرارات المحددة للعلاقات والمسؤوليات اللازمة لتحقيق الأهداف» ويرى هذا

(١) فؤاد الشيخ سالم وآخرون، المفاهيم الإدارية الحديثة، عمان: الجامعة الأردنية، ١٩٨٢ م، ص (١٥).

(٢) Dean , Jean, Management The Primary School London, Rout Lady ٢nd Edition ١٩٩٥, p. ٣

(٣) Donld J. Clugh: Concepts in Management, Since Prentice Hall, India, ١٩٨٦, p. ٨.

التعريف [1] أن الإدارة هيئة منظمة لديها من الصلاحيات ما يؤهلها لتنفيذ السياسة الإدارية للمنظمة (مدرسة، كلية، جامعة، مستشفى..) ويوجد على قمة هذه الهيئة مدير فالمساعدون ثم القاعدة العريضة من الأفراد الذين يملكون الخبرة والموهبة التي تجعلهم قادرين على تحقيق الأهداف المحددة.

أما (دونالد كلوا) فيعرفها بأنها «فن قيادة وتوجيه أنشطة مجموعة من البشر نحو تحقيق هدف مشترك»[2]، ويركز هذا التعريف على أن الإدارة فن أكثر من كونها علم وأن القيادة والتوجيه وظيفتين من وظائف الإدارة يضافا إلى وظائف الإدارة التي أشار إليها (فابول)

بينما يعرفها (صلاح الدين جوهر) بأنها «عملية اتخاذ قرارات من شأنها توجيه القوى البشرية والمادية المتاحة لجماعة منظمة من الناس لتحقيق أهداف مرغوبة على أحسن وجه ممكن وبأقل تكلفة وفي إطار الظروف البيئية المحيطة»[3] ويركز هذا التعريف على أن الإدارة هي اتخاذ قرارات لتحقيق أهداف مرغوبة.

أما (جيمس ل. هايز) فيرى أن الإدارة «هي إنجاز الأعمال عن طريق الآخرين»[4]، ويركز هذا التعريف على أن الإدارة هي القدرة على إنجاز العمل من خلال التأثير في السلوك الإنساني.

---

(١) فريز محمد أحمد: نظريات في الإدارة التربوية، الرياض: مكتبة الرشد، ١٤٢٣هـ- ٢٠٠٢م.

(٢) صلاح الدين جوهر: المدخل إلى إدارة وتنظيم التعليم، القاهرة: دار الثقافة والنشر، ١٩٧٤م، ص (٣٤).

(٣) أحمد إسماعيل حجي: الإدارة التعليمية والإدارة المدرسية، القاهرة: دار الفكر العربي، ١٤٢٥هـ/ ٢٠٠٥م، ص (١٩).

(٤) محمد منير مرسي: الإدارة التعليمية- أصولها، وتطبيقاتها، مرجع سابق، ص (١٢).

بينما يعرفها (محمد منير مرسي) بأنها «القدرة على الإنجاز ». وهي بهذا تعني استخدام الإمكانيات المتاحة من أجل تحقيق إنجاز معين يخدم أهدافًا معينة [١].

ومن هذه التعريفات وغيرها فإن الإدارة «جملة عمليات أو أنشطة وظيفية تمارس بغرض تنفيذ مهام بواسطة آخرين، عن طريق تخطيط وتنظيم وتنسيق ورقابة مجهوداتهم وتحقيق أهداف المنظمة ».

ويعني ذلك أن الإدارة نشاط إنساني واجتماعي Human and Social Activity عام يوجد في مختلف المنظمات مهما اختلفت أهدافها أو طبيعة نشاطها.

وهي عملية مستمرة Continuous Process وتنمية للموارد المتاحة Resources improvement وعملية هادفة Objective Process، وعملية اتخاذ قرارات sion idec process، ولذلك يُعرف مدير أية إدارة أو أية منظمة بأنه متخذ قرارات Decision Maker وبقدر ما يكون الإداري الناجح قادرا على التأثير في سلوك مرؤوسيه وعلى تعديل حكمه ومواءمته مع الظروف بقدر ما يكون إداريًا ناجحًا أو فعالاً.

وأيضًا تدل التعريفات السابقة على أن أي تعريف للإدارة يتضمن ثلاثة أبعاد هي: البعد الهدفي، البعد البشري، البعد المادي، ويوضح الشكل التالي هذه الأبعاد.

(١) صلاح الدين جوهر: المدخل إلى إدارة وتنظيم التعليم، القاهرة: دار الثقافة والنشر، ١٩٧٤م، ص (٣٤).

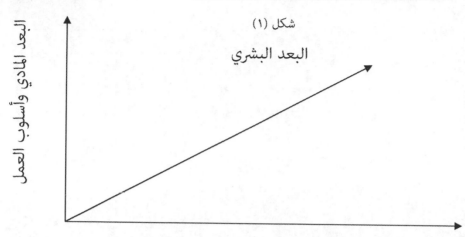

شكل (١)

البعد البشري

البعد المادي وأسلوب العمل

البعد الهدفي وأسلوب العمل

٢- ماهية الإدارة:

لقد حدد (إبراهيم عبد الله المنيف) ماهية الإدارة في العناصر التالية:

١- الاختيار المنهجي للغايات والوسائل من خلال التقييم الرشيد للحالة والظروف البيئية.

٢- الإبداع في تحقيق مفهوم الفعالية.

٣- عناصر الإنتاج للهدف انطلاقا من قانون الندرة.

٤- الاستخدام الأمثل لعناصر الإنتاج بكفاءة.

٥- الاستخدام الأمثل للقيادة والاتصال واتخاذ القرارات وتحفيز العاملين على العمل والإبداع والتعاون.

٦- استثمار العملية الإدارية من تخطيط وتنظيم وتوجيه ورقابة لتحقيق الأهداف ضمن إطار التعاون والمشاركة.

٧- الإبداع في إدارة الأشياء والأفكار والناس بدلا من مفهوم التجديد أو التحسين للوضع الراهن [١].

ومن هذا التحديد لجوهر الإدارة أو ماهيتها يمكن أن نتبين إطارها العام في الشكل التالي:

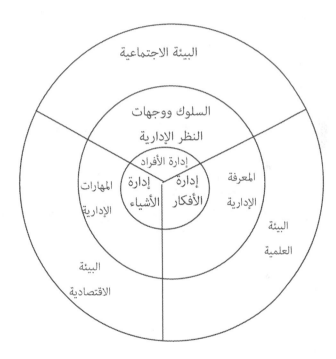

(١) إبراهيم عبد الله المنيف: الإدارة- المفاهيم، الأسس، المهام، الرياض: دار العلوم ١٩٨٠م، ص (٢٤- ٢٥).

وتختلف الإدارة باختلاف مجالات العمل التي تتم فيها، هناك إدارة الحكومة (الإدارة العامة)، وإدارة المصانع، وإدارة المستشفيات، وإدارة المدارس، وغير ذلك (١).

ولكل إدارة من هذه الإدارات أسلوبها الخاص في معالجة مشكلاتها وقضاياها، وبالرغم من هذا فإنها تلتقي في استخدام الوظائف الإدارية المتمثلة في التخطيط، التنظيم، التوجيه، والرقابة.

ثالثًا: أهمية الإدارة:

تستند الإدارة في أهميتها إلى مجموعة من الأسباب تبرر وجودها وضرورتها في أي جهد جماعي ذي أهداف محددة، ومن أبرز هذه الأسباب ما يلي [٢].

١- تلزم الإدارة لكل جهد جماعي حتى يتم تنظيمه وتنسيقه وتوجيهه ومتابعة تحقيق أهدافه، وهذا يعني أن الإدارة لازمة لكل جهد جماعي مهما كان مستوى هذه الإدارة (مدرسة ابتدائية، متوسطة، ثانوية) وأنها وسيلة لتطوير المنظمة، وهي وسيلة وليست غاية ومسؤولية جماعية وليست فردية، وأن الإدارة والعمل الجماعي صنوان لا يفترقان فحيثما توجد الجماعة لابد من وجود النشاط الإداري الكفيل بتنظيمها وتوجيهها، وتحقيق أهدافها.

٢- الإدارة نشاط يتعلق بتنفيذ الأعمال بواسطة الآخرين بتخطيط وتنظيم وتوجيه ورقابة مجهوداتهم وتصرفاتهم، وبالتالي يبرز دور الإداري في جعل جميع الجهود موجهة نحو أهداف الجماعة لبلوغها بأيسر الطرق وأقل التكاليف.

---

(١) Campbell, R. F., et al , Introduction to Education Administration, Boston: Allyn & Bacon, ١٩٧٧, p. ١٠٢.

(٢) يعقوب نشوان: الإدارة والإشراف التربوي بين النظرية والتطبيق، عمان: دار الفرقان، ١٤٠٢هـ ١٩٨٣م، ص (١٤-١٥).

٣-تحقق الإدارة الاستخدام الأمثل (الفعال) للقوى البشرية والمادية من أجل تحقيق الأهداف، ولهـذا يجب أن تكون تصرفات وقرارات مدير المنظمة قادرة على تحويـل المـوارد الماديـة والبشرية المتاحـة إلى مشاريع وبرامج مفيدة.

٤- تعمل على إشباع الحاجات والرغبات الإنسانية للأفراد العاملين داخل المنظمـة ولأفراد المجتمـع المحلي وأيضًا تلبية حاجات المنظمة في توازن وبحيث لا يطغى أحدهما على الآخر.

٥-ترتبط الإدارة ارتباطًا وثيقًا بدستور الدولة وبقوانينها وبالسلطة التشريعية فيها، حتى لا يحـدث تنـاقض بين ما تهدف إليه المؤسسات المجتمعية الفرعية مع ما تهدف إليه الدولة، وبـذلك تتجـه إدارات المؤسسات المجتمعية الفرعية نحو تحقيق الأهداف العامة للدولة.

<u>رابعًا: مجالات الإدارة بمعناها العام:</u>

الإدارة بمعناها العام هي تنفيذ الأعمال بواسطة آخرين عـن طريـق تخطـيط وتنظـيم وتوجيـه ورقابة مجهوداتهم.

ويتغلغـل النشـاط الإداري في جميـع الأنشطة الحياتيـة (الصحية- التعليميـة- الثقافيـة- الاقتصادية... إلخ) وقد صنفت الإدارة بمفهومها العام على أساس الهدف من النشاط الذي تعمل فيه، فهو إما اجتماعي خدمي (إدارة القطاع الحكومي أو الإدارة العامة) وإما ربحي (إدارة القطاع الأهلي أو إدارة الأعمال)، ولقد اعتمدت إدارة التربية والتعليم والإدارة المدرسية على المفاهيم والمبادئ التي توصلت إليها إدارة الأعمال والإدارة العامة، ومن ثم ينبغي التعرض لهذين المفهـومين (بإيجـاز) فهـما فرعـان مـن فـروع الإدارة بمعناها المجرد أو العام.

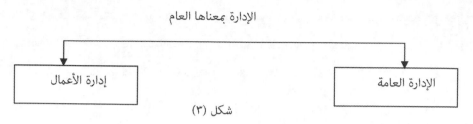

الإدارة بمعناها العام
الإدارة العامة
إدارة الأعمال

شكل (٣)

أ-الإدارة العامة: Public Administration

ويقصد بها الإدارة الحكومية التي تطبق على المستوى المركزي، الذي يضم مختلف الوزارات والمؤسسات والهيئات التابعة للحكومة وما يتبعها من أجهزة محلية، وتعمل على تقديم خدمات عامة Public Services لكل أفراد المجتمع أي تتعلق بتنفيذ السياسة العامة للدولة عن طريق الأجهزة والهيئات والمنظمات التابعة للدولة وهي جهات تنفيذية أساسًا، وقد تكون هذه الجهات مرتبطة بالأجهزة المركزية في العاصمة، وهذه الإدارة العامة، تقوم بتنفيذ السياسة العامة للدولة، وهي التي تحولها إلى إجراءات وخطط تحقق المصلحة العامة.

ولذلك فإن القرارات التي تتخذها الإدارة العامة، تراعي الأطر القانونية والدستورية هذا من جانب، وأن متخذ هذه القرارات ينبغي أن يهتم بأبعادها السياسية بحيث لا تتعارض مع السياسة العامة للدولة، وذلك من جانب آخر ويقاس نجاحها -أي الإدارة العامة- بقدرتها على تقديم الخدمة الجيدة وتخضع لرقابة الحكومة ومن الأمثلة على الأجهزة التي تطبق الإدارة العامة وزارة التربية والتعليم ووحداتها (إدارة التربية والتعليم)،وإدارة المدرسة وتستمد سلطاتها من التشريعات والقوانين والأنظمة والسياسات التي ترسمها الحكومة، وتسهم في تحقيق طموحات المجتمع وجماعاته.

وتتأثر اتجاهاتها وتصرفاتها وإجراءاتها بالتفاعل المستمر بينها وبين عوامل البيئة الداخلية والخارجية للأجهزة والهيئات والمصالح والوزارات التابعة للحكومة، ومن

ثم فإن الهدف الاستراتيجي للإدارة العامة هـو تقديم الخدمات اللازمة لجميع أفراد المجتمع في إطار السياسة العامة التي تحددها السلطات المركزية والمحلية، وتعمل هـذه المؤسسات عـلى إشباع حاجـات مادية أو معنوية للمجتمع عامة أو لقطاعات معينة فيه.

ب- إدارة الأعمال Business Administration

ويقصد بها الإدارة التي تطبقها الأجهزة والمرافق والمنشآت المملوكة لأفراد أو جماعـات وتهدف إلى تحقيق الربح، ويقاس به نجاح مشاريعها، وتعمل إدارة الأعمال ضمن السياسة الخاصة بالمؤسسة والتي لا تتعارض مع القوانين العامة، وتخضع إدارة الأعمال لرقابة صاحب العمل أو المساهمين في المؤسسة، ومن أمثلة هذه المؤسسات التي توجد فيها أجهزة إدارة الأعمال (المستشفيات- المصانع- المدارس الأهلية... الخ) وتعمل هذه المؤسسات على إشباع حاجات مادية أو معنوية لقطاعات معينة في المجتمع.

وبالرغم من وجود عناصر اختلاف بـين الإدارة العامة وإدارة الأعمال في الأهداف والأساليب الرقابيـة ومجال تطبيق كل منها (في مجالين مختلفين مجال حكومي ومجال أهـلي أو خاص) والمعيار الـذي يقـاس عليه مدى نجاح كل منهما- إلا أن هناك عناصر مشتركة بينهما، فكل مـنهما يطبـق مبادئ وقواعد الإدارة بمعناها العام [1].

(١) محمد عبد الفتاح باغي، عبد المعطي، محمد عساف، مبادئ الإدارة العامة، عمان: مكتب المحتسب، ١٩٨١، م (ص٣٢- ٣٣).

كما أن كل منهما تنقسم إلى عدد من المجالات الفرعية التي تندرج فيما بينها طبقا لنوعية الأداء والمستوى الإداري [1]، وأيضا فإن الوظائف الإدارية التي تتم في كل منهما واحدة وإن اختلفت في درجة أهمية كل وظيفة إدارية.

وإذا كنا نسلم بأن إدارة التربية والتعليم جزءًا أو فرعًا من الإدارة العامة فإن ثمة متغيرات اجتماعية واقتصادية تؤكد أن التربية والتعليم تتحول لتكون من ميادين الأعمال ومن ثم تتجه إدارته لتكون إدارة أعمال تدير التعليم الأهلي والذي يهدف حتمًا إلى الربح، رغم الإقرار الرسمي بغير ذلك [2].

وسوف يقتصر حديثنا على الإدارة العامة التي تشكل إدارة التربية والتعليم فرعًا منها، فضلاً عن أن هذه الإدارة تعتمد على المفاهيم والمبادئ والأفكار التي تتضمنها الإدارة العامة.

١-مفهوم الإدارة العامة public Administration:

تعني الإدارة العامة كلفظ الإدارة الحكومية باعتبارها تستهدف تقديم خدمات تعم فائدتها جميع قطاعات المجتمع، وتعني هنا الحكومة بكافة أجهزتها، والإدارة العامة تعني بكافة الأعمال التي يقوم بها الأشخاص وتؤديها الأجهزة القائمة تحت إمرة الحكومة وبتوجيه منها والتي تؤدي إلى تحقيق خدمات عامة تطبيقًا للسياسة العامة على هيئة أعمال تنفيذية، أما الإدارة العامة كعلم له أصوله وقواعده فهي فرع تطبيقي من فروع الإدارة بمعناها العام أو المجرد الشامل، وتطبق الإدارة العامة في الوزارات والمصالح والمرافق الحكومية على اختلاف أنواعها (اقتصادية، إعلامية،

---

(١) Minzberg. H. The Nature of Management Work, New York Harper and Row Publishers, ١٩٩٣, pp. ١٦٤- ١٦٦.

(٢) أحمد إسماعيل حجي: الإدارة التعليمية والإدارة المدرسية، مرجع سابق، ص ١٧.

صحية، تعليمية، وغيرها) إلى جانب وحدات الإدارة المحلية التابعة لها، بقصد تنفيذ السياسة العامة للدولة.

وتعتمد الإدارة العامة على مجموعة من المقومات من أبرزها: الفهم والوضوح والمودة والمشاركة والثقة المتبادلة، وسيادة روح الفريق، والاعتقاد بأن العمل الجماعي والإبداعي والقدرة على التغيير، والتعامل مع المتغيرات الخارجية كلها تمثل أساس النجاح والتميز والاستمرار في تحسين كافة العمليات الإدارية، مع ضرورة مواصلة التدريب لمن هو على رأس العمل [١].

ويُعرف (عادل حسن، مصطفى زهير) الإدارة العامة بأنها (أسلوب تنفيذ السياسات العامة أو ممارسة الأعمال والأنشطة الحكومية بغرض تحقيق الأهداف التي ترمي إليها الدولة بأكبر كفاية إنتاجية)[٢]. ويركز هذا التعريف على الإدارة العامة من حيث كونها نشاط ووسيلة لتنفيذ السياسة العامة للدولة.

أما (ليونارد وايت) فيرى أنها (جميع العمليات التي تستهدف تنفيذ السياسة العامة)[٣] وهذا التعريف يركز على أن الإدارة العامة مجموعة عمليات أو أنشطة لكنه لم يوضح ما هي العمليات أو الأنشطة التي تنفذ من خلالها السياسة العامة للدولة.

---

(١) عبد الله السيد عبد الجواد: الإدارة التربوية والتخطيط التربوي، الرياض: دار النشر الدولي للنشر والتوزيع ١٤٢٥ هـ/ ٢٠٠٤م، ص (٤٢).

(٢) عادل حسن. مصطفى زهير: الإدارة العامة، بيروت: دار النهضة العربية، ١٩٧٨م، ص (٧١).

(٣) Leonard White: Introduction to the Study of Public Adminstration (٢nd Ed. New York ١٩٥٥), p ١

بينما يعرفها (فيفنر Pififfiner) بأنها (تنسيق المجهودات الفردية والجماعية لتنفيذ السياسة العامة)[1]. وهذا التعريف يركز على حيوية العنصر الإنساني في العملية الإدارية إلا أنه لم يتناول طبيعة هذه العملية وعناصرها المختلفة.

وتتفق هذه التعريفات على أن الإدارة العامة مجموعة عمليات أو وظائف ترتبط بالجماعة، وتقوم بها أجهزة أو هيئات (يطلق عليها إدارة: تربوية- صحية - مالية).

ويتمثل كل منها في شكل جهاز حكومي (وزارة، منظمة، مرفق حكومي، شركة قطاع عام... إلخ) وجميع هذه الأجهزة الحكومية يطلق عليها الإدارة العامة أو الإدارة الحكومية، أو الجهاز التنفيذي للدولة الذي يمارس وظائف تستهدف تنفيذ السياسة العامة للدولة ويوجد بجانب هذا الجهاز أجهزة أخرى تتولى التشريع والقضاء للدولة.

خامسًا: المهارات الإدارية Management Skills:

يتفق كثير من المتخصصين في الإدارة -ومنها إدارة التربية والتعليم- على أنها ثلاثة جوانب متلازمة ومتكاملة من العلم والفن والمهنية، ويرون الفن يتمثل في استخدام القدرات والمهارات والمواهب والتصرفات الإنسانية وفق الظروف الموقفية بالإضافة إلى نقل المفاهيم والقواعد المتضمنة في المعرفة الإدارية إلى حيز التطبيق مع الالتزام بالقيم المهنية في النشاط الإداري بما يُمكن من الوصول لأفضل النتائج للمواقف المختلفة.

ويعني ذلك أن المديرين في حاجة إلى امتلاك المهارات الإدارية لممارسة العمليات الإدارية وتنفيذ المهام عن طريق الآخرين ومعهم، وينبغي الإشارة هنا إلى أن الأهمية

---

(١) John Pififner, Public Administration (٢ nd Ed. New York ١٩٥٣), p ٥

النسبية لهذه المهارات تختلف ما بين مستوى الإدارة العليا والإدارة التنفيذية الممثلة في مديري المدارس.

وقد صنفت هذه المهارات إلى ثلاثة أنماط (أنواع) هي:

أ-المهارات الفنية Technical Skills

ب-المهارات الإنسانية Human Skills

جـ-المهارات الفكرية Conceptual Skills

أ-المهارات الفنية Technical Skills

وتعني فهم وإتقان طرق محددة وأساليب معينة في ممارسة الأنشطة المتخصصة بكفاءة عالية، وتقوم هذه المهارات على قدر من المعلومات والمعارف الإدارية والمتخصصة في العمل والتي ترتبط بالجانب العلمي في الإدارة.

ومن بين المهارات الفنية التي يحتاجها المدير التربوي لممارسة وظائفه الإدارية (القيادة-الاتصال- اتخاذ القرارات) إجراء المقابلات، إدارة الاجتماعات، تشكيل اللجان، كتابة التقارير، تحديد الأهداف، تفويض السلطات، تطبيق الإجراءات والطرق المتخصصة في العمل، الملاحظة، المقارنة بين البدائل، وغير ذلك.

وهذه المهارات يحتاجها المديرون في المستوى الإشرافي والتنفيذي (مدير المدرسة- المشرف التربوي- رئيس قسم) بدرجة كبيرة لأنها تستخدم في تنفيذ الأنشطة اليومية.

وتقل الحاجة إلى المهارات الفنية كلما صعدنا إلى أعلى السلم الإداري، لأن المديرون في المستويات الإدارية العليا يقل اتصالهم بالأنشطة التنفيذية اليومية، وتكتسب هذه المهارات بالدراسة والممارسة والتدريب.

ب-المهارات الإنسانية Human Skills

تُعرف الإدارة بأنها (القدرة على إنجاز الأعمال عن طريق الآخرين ومعهم)[1]، ويتطلب ذلك امتلاك المدير للمهارات الإنسانية والتي تجعله قادرا على العمل مع الآخرين كمجموعة متفاعلة، وبناء روح التعاون معهم، وتحفيزهم على إنجاز العمل وإتقانه مع فهم حاجاتهم والعمل على إشباعها.

وهذه المهارات تُعين المدير على ممارسة وظيفتي (الاتصال- والقيادة) ولذلك فهي ترتبط بالإنسان ومدى تكوينه للعلاقات وارتباطه وتفاعله مع الآخرين وفهمهم وجعلهم يتعاونون معه، ومن هنا فإن تنميتها تبدأ بتفهم الفرد لسلوكه ووجهات نظره نحو نفسه وأقرانه ومرؤوسيه ورؤسائه.

ومن هذه المهارات: الإصغاء، التحدث، تقبل المشاعر، احترام الأفكار، الشرح، التعبير، الاستفادة من جهود الآخرين، حفز الأفراد، تكوين مجموعات العمل ودفعهم للعمل بحماس وقوة دون إجبار.

وهذه المهارات تتساوى في أهميتها على كافة المستويات الإدارية العليا من خلال المشاغل والحلقات وتمثيل الحالة أو الدور.

وأيضًا فإن هذه المهارات يجب أن ننظر إليها من منظور ثنائي الأبعاد: مهارات المقدرة القيادية، المهارات العلائقية (بين الأفراد) وينبغي وجود توازن بينهما [2].

ج-المهارات الفكرية (Conceptual Skills)

وتعني التصورية أو رؤية المنظمة ككل متكامل والعلاقة بين أجزائها المختلفة، والاعتراف والشعور الدائم بالترابط والتلاحم المتبادل بين وظائف وأنشطة الإدارات والأقسام

---

(١) جمال أبو الوفاء وآخر: اتجاهات حديثة في الإدارة المدرسية، الإسكندرية، دار المعرفة الجامعية، ٢٠٠٠ م، ص (٢٠١).

(٢) إبراهيم المنيف: تطور الفكر الإداري المعاصر، طبعة ٢، الرياض: آفاق الإبداع للنشر والإعلام، ١٤٢٠، ١٩٩٩م ص (٥٢).

المختلفة، وتوقع ما يحدث بسبب التغيير الذي يحدث في كل قسم وتأثيره على الأقسام والإدارات الأخرى، والمقدرة على تفهم العلاقة بين الأسباب والنتائج، ولذا تشمل هذه المهارات على التفكير الإداري والقدرات التخطيطية والبراعة في التعامل مع المعلومات وابتكار الأفكار والإحساس بالمشكلات والنظرة العميقة للبيئة المحيطة.

وهذه المهارات تعين المدير على ممارسة الوظائف الإدارية (التخطيط- اتخاذ القرارات- تشخيص المشكلات والأزمات وتحليلها ومواجهتها بالأساليب المناسبة- وضع المعايير الرقابية- توقع الأمور التي يمكن أن تحدث في المستقبل، أي ترقب الأحداث وتحليل الظروف البيئية). والمهارات الفكرية أو التصورية مطلوبة لكل المديرين ولكنها مطلوبة بقدر أكبر لمن يشغلون المستويات الإدارية العليا، وتكتسب هذه المهارات بالدراسة والممارسة والتدريب الإداري. وتجدر الإشارة إلى أن هذه المهارات الإدارية (الفنية والإنسانية والفكرية) مترابطة مع بعضها وكل منها يؤثر ويتأثر بالأخرى ومتداخلة إلى درجة تجعل من الصعب علينا أن نُحدد أين تنتهي إحداها وتبدأ بالأخرى، ولذلك كان الفصل بينها بقصد الدراسة والتحليل.

ويوضح الشكل التالي المستويات الإدارية (الثلاثة) في النظام التعليمي والقدر اللازم من المهارات التي تجعل المديرين قادرين على ممارسة وظائفهم بفعالية.

المستويات الإدارية Management Levels	المهارات الإدارية	
الإدارة العليا Top Management (وزير التربية والتعليم ونوابه ووكلائه والمديرون العامون وهم المسؤولون عن التخطيط واتخاذ القرارات والإشراف الشامل على النظام التعليمي	المهارات الفكرية	المهارات الإنسانية
الإدارة الوسطى Middle Management (مديرو المناطق والإدارات التربوية والتعليمية ومساعديهم) ومسئوليتهم تنفيذ الخطط الاستراتيجية واتخاذ القرارات والإشراف على المدارس التي تقع في نطاق مناطقهم الإدارية		المهارات الإنسانية
الإدارة الإشرافية Supervisory Management(مديرو المدارس والمشرفون التربويون ورؤساء الأقسام في الإدارات التربوية والتعليمية) ومهمتهم الإشراف والمراقبة على تطبيق الأنشطة التعليمية.	المهارات الفنية	المهارات الإنسانية

شكل (١٣)

العلاقة بين المستويات الإدارية وما تتطلبه من مهارات

الفصل الثاني

الإدارة التربوية والإدارة المدرسية والإدارة الصفية

أولاً: أهداف الوحدة الدراسية:

بعد دراسة هذه الوحدة ينبغي أن يكون المتعلم قادرا على أن:

١- يُعرف الإدارة التربوية- الإدارة التعليمية- الإدارة المدرسية. الإدارة الصفية

٢- يقارن بين الإدارة التربوية والإدارة العامة.

٣- يشرح العلاقة بين الإدارة التربوية والإدارة التعليمية والإدارة العامة.

٤- يعلل ضرورة التنسيق والتكامل بين الإدارة العامة والإدارة التربوية.

٥- يشرح أهمية الإدارة التربوية.

٦- يُعلل أن الإدارة علم وفن ومهنة معًا.

٧- يُفرق بين الإدارة التربوية والإدارة التعليمية.

٨- يذكر أهم صفات وخصائص الإدارة التربوية الناجحة.

٩- يُعدد أهم أسباب ضرورة دراسة المعلم للإدارة المدرسية.

١٠-يقارن بين الإدارة المدرسية التقليدية والإدارة المدرسية الحديثة.

١١-يشرح العلاقة بين الإدارة المدرسية والإدارة التربوية.

١٢-يُعدد عناصر تنظيم الإدارة المدرسية مع الشرح.

١٣-يذكر صفات وخصائص الإدارة المدرسية الناجحة.

الفصل الثاني: الإدارة التربوية والإدارة المدرسية والإدارة الصفية

١٤-يُعدد (إيجاز) واجبات ومسئوليات كل من:

أ-مدير المدرسة.

ب-وكيل المدرسة.

جـ-المعلم.

١٥-يُعدد بعض مشكلات مدراء المدارس وكيفية التغلب عليها.

١٦-يُعدد أهمية الإدارة الصفية على التعليم والتعلم.

١٧-شرح العلاقة بين الإدارة الصفية والإدارة المدرسية.

١٨-يُعدد متطلبات الإدارة الصفية الناجحة.

١٩-يذكر صفات وخصائص الإدارة الصفية الناجحة.

٢٠-يناقش العوامل المؤثرة في إدارة الصف وحفظ النظام فيه.

ثانيًا: تتضمن هذه الوحدة ما يلي:

١- مفهوم الإدارة التربوية.

٢- رؤية نظامية للإدارة التربوية.

٣- أهمية الإدارة التربوية.

٤- مقارنة بين الإدارة التربوية والإدارة العامة.

٥- العلاقة بين الإدارة التربوية والإدارة العامة.

٦- وظيفة الإدارة التربوية (على المستوى المركزي).

٧- طبيعة الإدارة التربوية. (علم فن ومهنة)

الإدارة المدرسية الحديثة- (المفاهيم - التطبيقات)

٨- الإدارة التربوية والإدارة التعليمية.

٩- صفات وخصائص الإدارة التربوية الناجحة.

١٠- أهمية دراسة علم الإدارة المدرسية للمعلم.

١١- مفهوم الإدارة المدرسية.

١٢- أهمية الإدارة المدرسية.

١٣- وظيفة الإدارة المدرسية الحديثة.

١٤- العلاقة بين الإدارة المدرسية والإدارة التربوية والإدارة العامة.

١٥- عناصر تنظيم الإدارة المدرسية.

١٦- صفات وخصائص الإدارة المدرسية الناجحة.

١٧- الوظائف الإدارية في المدرسة (الواجبات والمسئوليات).

١٨- بعض مشكلات الإدارة المدرسية في المملكة العربية السعودية.

١٩- الإدارة الصفية (المفهوم والوظائف)

٢٠- العلاقة بين الإدارة الصفية والإدارة المدرسية.

٢١- متطلبات الإدارة الصفية الناجحة.

٢٢- صفات وخصائص الإدارة الصفية الناجحة.

٢٣- العوامل المؤثرة في إدارة الصف وحفظ النظام فيه.

الفصل الثاني
الإدارة التربوية والإدارة المدرسية والإدارة الصفية

١-مفهوم الإدارة التربوية:

الإدارة التربوية قديمة قدم الإنسان، الـذي مارسـها بـشكل عفوي وبـسيط في تربيـة أبنائـه عـبر العصور المختلفة.

وقد اعتمدت الإدارة التربوية على أسس وقواعد ومبادئ الإدارة العامة وإدارة الأعمال، حتى أصبحت علمًا قائمًا بذاته منذ عام ١٩٤٦م [١] يركز على دراسة الإدارة كظاهرة سلوك وأداء وتفاعل اجتماعي وعلاقات إنسانية، ويستخدم النظريات والنماذج الإدارية العامة والطريقة العلمية في الدراسـات والبحـوث الإدارية المطبقة في المجال التربوي والتعليمي [٢]..

وتمثل الإدارة التربوية ركيزة أساسية، ومنظومة فرعية ضـمن النظـام التربـوي والتعليمـي، الـذي يتوقف نجاحه في تحقيق أهدافه -إلى حد كبير- على جودة ما يخضع لـه مـن عمليـات أو وظـائف إداريـة كالتخطيط والتنظيم واتخاذ القرارات والقيادة والتقويم الشامل لكل مكونات النظام التعليمـي كجـزء مـن النظام الاجتماعي.

ويعنـي ذلـك أن كـل نظـام تعليمـي يتطلـب إدارة تربويـة فعالـة قـادرة عـلى اسـتثمار إمكاناتـه البـشرية والماديـة بقـصد تنفيـذ السياسـة التعليميـة، ورفـع مـستوى المنـتج التعليمـي

---

(١) ويعود السبب في ذلك إلى تطور علم الإدارة العامة من جهة وتطور العملية التربوية والتعليمية واتساع نطاقها من جهة أخرى.

(٢) إبراهيم عصمت مطاوع، أمينة أحمد حسن، الأصول الإدارية للتربية، ط٣، جدة: دار الشروق ١٩٨٩م، ص (١١).

(طالب/ فصل/ مدرسة/ مرحلة تعليمية) بما يناسب متطلبات المجتمع وطموحاته التربوية والتعليمية، وذلك من خلال الآخرين الذين ينفذون الأعمال التي تحقق الغايات التربوية والتعليمية. والشكل التالي يوضح مدخلات وعمليات ومخرجات المنظومة التربوية والتعليمية ومكانة الإدارة التربوية فيها وفق أسلوب تحليل النظم.

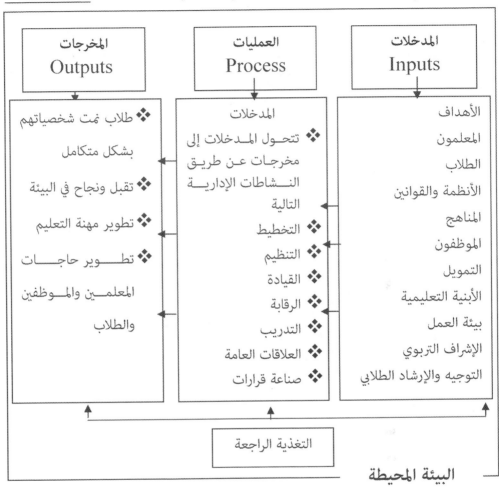

شكل (١) يوضح مدخلات وعمليات ومخرجات المنظومة التربوية

ومن الملاحظ أن الأنشطة أو الوظائف الإدارية هي التي تحدث التفاعل بين المدخلات التعليمية مما يؤدي إلى تكوين المخرجات أو النتاجات التعليمية بأقل ما يمكن من الجهد والوقت والمال أي بفعالية إنتاجية عالية، أما التغذية الراجعة فتعني المقارنة بين المخرجات التي تم الحصول عليها وبين المعايير أو الأهداف التربوية والتعليمية، والتعرف على جوانب القصور التي قد توجد في المدخلات أو العمليات وتصحيحها لتحسين جودة المخرجات التعليمية.

والإدارة التربوية هي إحدى فروع الإدارة العامة وتطبيقًا لها شأنها في ذلك شأن الإدارة الصحية أو الإدارة الإعلامية أو الإدارة الاقتصادية وغيرها وكلها إدارات تعمل على تنفيذ السياسات العامة للمجتمع وتحقيق أهدافه.

تعريف الإدارة التربوية:

تُعرف الإدارة التربوية بأنها «مجموعة العمليات التنفيذية والفنية التي تتم عن طريق العمل الإنساني الجماعي التعاوني الساعي على الدوام إلى توفير المناخ الفكري وتحقيق الأهداف التربوية والتعليمية المحددة للمجتمع وللمؤسسات التعليمية »[١].

ويركز هذا التعريف على أن الإدارة مجموعة من العمليات أو الوظائف، وأنها عملية جماعية، محورها وغايتها الإنسان، وأنها وسيلة وليست غاية.

وأيضًا فإن الإدارة التربوية «نشاط إنساني علمي ومنظم ومتكامل يعمل على استثمار الموارد المادية والبشرية المتاحة بقصد تحقيق الأهداف التربوية والتعليمية »[٢].

---

(١) عمر محمد التومي الشيباني: الفكر التربوي بين النظرية والتطبيق، طرابلس: المنشأة العامة للنشر والتوزيع والإعلان، ١٩٨٥م، ص (١٨٤).

(٢) صلاح عبد الحميد، فدوي فاروق: مقدمة في الإدارة والتخطيط التربوي، مرجع سابق، ص (١٨).

ويركز هذا التعريف على أن الإدارة نشاط جماعي متكامل يعتمد على العلمية والعقلانية لتحقيق أهداف التربية والتعليم وفق ما جاءت في السياسة التعليمية.

ويعرفها آخر بأنها «الاشتراك في وضع السياسات والنشاطات العديدة المطلوبة لتأمين وتوجيه الموارد البشرية والمادية نحو تحقيق أهداف المؤسسة التربوية »(١)، ويركز هذا التعريف على أهمية المشاركة والتوجيه في الإدارة التربوية لاستثمار الإمكانات بطريقة فعالة تحقق الأهداف.

أما (تيسير الدويك وآخرون) فيعرفون الإدارة التربوية بأنها «مجموعة عمليات التخطيط والتنظيم والتوجيه والضبط والتنفيذ والتقييم للأعمال والمسائل التي تتعلق بشئون المؤسسات التربوية للوصول إلى الأهداف التربوية المرسومة باستخدام أفضل الطرق في استثمار القوى البشرية والموارد المتاحة بأقل ما يمكن من الجهد والوقت والمال»(٢) ويركز هذا التعريف على أن الإدارة مجموعة من العمليات أو الوظائف تعمل على استثمار الموارد المتاحة لتحقيق الأهداف التربوية المحددة.

بينما يعرفها (إبراهيم عصمت مطاوع وأمينة حسن) بأنها «عملية اجتماعية Social process تعني بتسيير وحفر العناصر البشرية في فروع ومستويات الإدارة كافة وتوجيه جهودها بصورة منظمة نحو تحقيق أهداف محددة وواضحة بصورة مسبقة، كما تشمل أيضا عملية استثمار الموارد المتاحة بما يحقق تلك الأهداف بأكبر فاعلية ممكنة »(٣).

(١) يوسف إبراهيم نبراي: الإدارة المدرسية الحديثة، الكويت، مكتبة الفلاح، ١٩٩٣م، ص (٣٠).

(٢) تيسير الدويك وآخرون: أسس الإدارة التربوية والمدرسية والإشراف التربوي، عمان، دار الفكر للنشر والتوزيع، (ب . ت) ص (٥٢).

(٣) إبراهيم عصمت مطاوع، أمينة أحمد حسن: الأصول الإدارية للتربية، مرجع سابق، ص (١٦).

ويركز هذا التعريف على أن الإدارة عملية اجتماعية تعتمد على الحفز والتوجيه وأنها وسيلة وليست غاية.

أما (صلاح الدين جوهر) فيعرفها بأنها «عملية اتخاذ قرارات من شأنها توجيه القوى البشرية والمادية لجماعة منظمة من الناس لتحقيق أهداف مرغوبة على أحسن وجه ممكن وبأقل تكلفة وفي إطار الظروف البيئية المحيطة »[1]. ويركز هذا التعريف على أن الإدارة عملية منظمة ذات أهداف محددة تسعى إلى تحقيقها من خلال مجموعة من القرارات والتصرفات الإدارية التي تكفل استثمار كافة الموارد المادية والبشرية المتاحة.

ونخلص من التعريفات السابقة للإدارة التربوية بأنها «تنظيم اجتماعي يستند إلى مجموعة من القوانين واللوائح والقرارات التي توجه العاملين فيه وتنظم العلاقة بين المسئولين عن التربية والتعليم والمستفيدين منها، وهي -أي الإدارة التربوية- مهمة اجتماعية منظمة تعتمد على جماعية العمل، والمشاركة في اتخاذ القرارات، والقيادة، والاتصال، وتفويض السلطات، وغير ذلك.

وأيضًا فإن الإدارة التربوية تتضمن أبعاد ثلاثة.

أ-معرفي فكري: (فهي تتطلب المعرفة والفكر والعلم في كل ما يتصل بمحتواها وأساليبها وأهدافها).

ب-أدائي فني: (حيث تتطلب إتقان مجموعة من المهارات الفنية والإدراكية (الفكرية) اللازمة في التخطيط والتنظيم والتوجيه والرقابة واتخاذ القرارات.

(١) صلاح الدين جوهر: المدخل في إدارة وتنظيم التعليم، القاهرة: دار الثقافة للطباعة والنشر، ١٩٧٤م، ص (٣٤).

جـ-اجتماعي إنساني: (فهي تتطلب مهارات اجتماعية وإنسانية تلزم في القيادة والاتصال ولذا فإن التأهيل المهني الإداري والتربوي الملائم لكافة العاملين في أجهزة الإدارة التربوية وعلى مختلف المستويات الإدارية ضرورة لنجاح الإدارة وتحقيق أهدافها.

٢-رؤية نظامية للإدارة التربوية التعليمية:

عندما ننظر للإدارة التربوية والتعليمية كنظام [١] حتى نستطيع تطويرها نجد أنها تتألف من ثلاثة عناصر رئيسية هي :

أ-مجموعة من المدخلات تعطى للإدارة مقومات قوتها ودرجة جودتها.

ب-عمليات process تفاعل بين هذه المدخلات في اتجاه الأهداف المحددة، وهذه العملية هي التي تعطى للإدارة حيويتها وفعاليتها في الحركة.

جـ-مجموعة مخرجات out puts تعطى للتعليم- موضوع النشاط الإداري- قدرته على التطور في ضوء أهدافه، وتكون مؤشرًا للكفاية الإدارية.

د-التغذية الراجعة: وتعني المقارنة بين الأهداف المحددة والنتائج التي حققها النظام وتصحيح الانحرافات.

---

(١) النظام كيان مادي أو غير مادي يتكون من مجموعة من الأجزاء، ترتبط فيما بينها بعلاقات ويقوم كل جزء بوظيفة تتكامل بدورها مع وظائف الأجزاء الأخرى، وهذه العلاقات والوظائف تجعل النظام وحدة متكاملة تعمل على تحقيق أهداف محددة..

ويوضح ما سبق الشكل التالي:

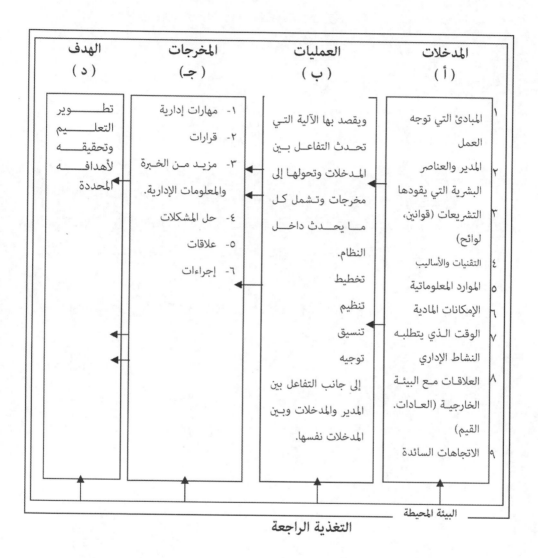

نظام الإدارة التربوية

ويتبين لنا من هذا التحليل (لنظام الإدارة التربوية التعليمية) أن مجموعة المدخلات وعملية التفاعل بينها هما العاملان الحاسمان في تطوير الإدارة ومن ثم تطوير التعليم نفسه.

٣-أهمية الإدارة التربوية:

تمثل الإدارة التربوية منظومة فرعية في النظام التربوي على مستوى والمجتمع بما فيه من مدارس ومؤسسات تربوية وخدمات تعليمية وما يحكم ذلك من تشريعات وقوانين ولوائح تنظم العملية الإدارية في مجال التربية والتعليم.

والإدارة التربوية على المستوى القومي أو المركزي تتطلب جهازًا منظمًا تتدرج فيه السلطات والمسؤوليات، ويوجد في قمته وزير للتربية والتعليم مهمته تنسيق السياسة التربوية والتعليمية مع السياسة العامة للدولة، والإشراف على تنفيذ هذه السياسة إما بطريقة مباشرة أو من خلال أجهزة الوزارة المختلفة)[١].

أما الإدارة التربوية على المستوى الإقليمي (المناطق والمحافظات) فيرأسها مدير للتربية والتعليم (بنين- بنات) يعينهما وزير التربية والتعليم، وتقوم إدارة التربية والتعليم على المستوى المركزي والإقليمي بتنفيذ السياسة التعليمية من خلال الإدارة المدرسية [٢].

وتتوقف فعالية مؤسسات التربية والتعليم في أداء وظائفها وتحقيق أهدافها وتطورها وتعظيم العوائد منها وتفعيلها في المجتمع على نوعية إدارتها، فهي التي تعمل

(١) إبراهيم عصمت مطاوع، أمينة أحمد حسن: الأصول الإدارية للتربية، مرجع سابق، ص (١٨).

(٢) صلاح عبد الحميد مصطفى، فدوي فاروق عمر: مقدمة في الإدارة والتخطيط التربوي، مرجع سابق، ص (٣١).

على تفاعل جميع مدخلات العملية التربية والتعليمية، كما تحدد الأهداف وتضع الخطط المحققة لهذه الأهداف، وتحدد الاستراتيجيات وترسم السياسات مع السلطات التشريعية وتشرف على تنفيذها، ثم تتخذ القرارات التي من شأنها توجيه القوى البشرية والمادية المتاحة لتحقيق أهداف مرغوبة كما تختار الإجراءات المحققة للأهداف، وتصمم الهياكل التنظيمية وتقيم العلاقات التنظيمية الكفيلة بتسيير العمليات في الاتجاه المرغوب مع توفير الإمكانيات البشرية والمادية لدفع حركة العمل التعليمي وتوثيق العلاقة الفعالة بين المؤسسات التربوية والمجتمعات المحلية، وأيضًا توزيع المهام والاختصاصات وتحدد المسئوليات بصورة تتيح العمل التعاوني النشط والفعال، وتقيم الأداء، وتستفيد من التغذية الراجعة في معالجة القصور في المدخلات والعمليات لتحسين جودة العملية التربوية والتعليمية، وأيضا تقوم بالإشراف والرقابة للتحقق من تنفيذ السياسة التربوية والتعليمية المرسومة في مناخ تسوده العلاقات الإنسانية الفعالة.

٤-مقارنة بين الإدارة التربوية والتعليمية والإدارة العامة:

تتفق الإدارة التربوية مع الإدارة العامة في الأهمية الاجتماعية والمعنى وفي الإطار العام للعمليات أو الوظائف الإدارية (كالتخطيط، التنظيم، التوجيه، الرقابة والتقويم... الخ) وتعتبر هذه الوظائف قاسمًا مشتركًا بين الإدارة التربوية والإدارة العامة أيا كان مجال تطبيقها أو نشاطها، ويحكم أداء هذه الوظائف مفاهيم ومبادئ وقواعد عامة وواحدة[١] وأيضا يتفقان في الاعتماد على العنصر البشري، وفي الخضوع للتغير والتطوير الهادف للمصلحة العامة، وفي أسلوب العمل وخطوات التنفيذ، فالإدارة العامة

(١)Mcilory, Andrea & Walker, Robyn: total Quality Management plicy implication for Distance Education, in Evans, Terry & Practices from Open and Distance Education (London: Rout Leadge, ١٩٩٦), pp ١٦٣- ١٤٣

تقوم على الربط بين الخدمة المقدمة والخدمة الإدارية، فتشمل الخدمات التي تقدمها الإدارة العامة عمليات العرض للخدمات أو المنتجات وتوزيعها وكذلك عمليات الاتصال بالمستفيدين [1] وينطبق ذلك على الإدارة التربوية التي تضم نشاطاتها تسجيل الطلاب، وتوزيعهم على المدارس، وتحديد المقررات الدراسية لهم، وعمليات الاتصال بالطلاب وأولياء أمورهم والرد على استفساراتهم، واستخدام طرائق تدريس لتقديم المقررات التعليمية لهم، وكذلك يتفقان في أن كل منهما يعمل على رفع المستوى المعيشي لأفراد المجتمع سواء بطريقة مباشرة أو غير مباشرة، وكذلك يتفقان في أن كل منهما تحدد أهدافها وتعمل على تحقيقها ضمن إطار السياسة العامة للدولة، وأيضا يتفقان في أن كل منهما تستمد سلطاتها من التشريعات والقوانين والأنظمة التي تقرها السلطات التشريعية والتنفيذية في المجتمع، وكذلك يتفقان في أن كل منهما يخضع للرقابة من قبل الدولة والمتمثلة في هيئات رقابية يختلف مسماها من دولة لأخرى.

وبالرغم من وجود عناصر اتفاق بين الإدارة التربوية والإدارة العامة، إلا أن هناك عناصر اختلاف واضحة ولكنها لا تمثل تعارضًا لأوجه الاتفاق، بل تحدد السمات النوعية للإدارة التربوية، وتتمثل هذه الاختلافات في الأهداف الخاصة التي تسعى كل منها لتحقيقها، وأيضًا في نوعية المدخلات والمخرجات في كل منهما، وكذلك يختلفان في المعايير التي يقاس عليها مدى النجاح أو الإخفاق الذي تتعرض له المؤسسات التي تتبع كل منهما سواء أكانت مدرسة أو مصنع أو مستشفى عامة، وأيضًا يوجد اختلاف في طبيعة العمل وتفاصيله والاعتبارات التي تحرك أداء كل منهما والممارسة الفعلية، فالأسلوب والنمط الذي تمارس به الإدارة التربوية أنشطتها الإدارية يختلف عن الأسلوب والنمط الذي تمارس به بقية فروع الإدارة العامة أنشطتها الإدارية بسبب اختلاف

---

(١) أحمد صقر عاشور: الإدارة العامة، مدخل بيئي مقارن، القاهرة، دار النهضة المصرية، ١٩٧٩م ص (٣١).

أهداف العمل وطبيعة البيئة التي تعمل فيها كل منهما [1] فالإدارة التربوية تعمل من خلال العنصر البشري، ومن أجله وتدور حوله مما يعزز أهمية التعامل والعلاقات الإنسانية والقيم الروحية [2] وخصوصية الأعداد لأفرادها وتنميتهم وتطويرهم حتى يصبحوا قادرين على الوفاء باحتياجات التنمية الاقتصادية والاجتماعية في المجتمع، خلافا للإدارة العامة التي ينصب كل اهتمامها على العنصر المادي وكيفية توجيه نشاطات الأفراد لإنتاج سلعة أو خدمة [3]

وأيضًا يختلفان في عمومية المجال، فالإدارة العامة تمتد لتشمل كافة الأنشطة والمؤسسات والمشروعات التابعة للحكومة (صناعية- صحية- إعلامية- عسكرية.. إلخ) التي تستهدف تحقيق الأهداف العامة للمجتمع، بينما تقتصر الإدارة التربوية على الأنشطة والمؤسسات التربوية الحكومية وغير الحكومية (الأهلية) وتستهدف تحقيق الاهداف العامة للتعليم والتي تتضمنها السياسة التعليمية للمجتمع.

وهكذا يتضح أن الاختلاف بين الإدارة العامة والإدارة التربوية هو اختلاف في درجة العمومية والشمول، وليس اختلافًا في النوع، ويتفق ذلك مع ما ذكره (جريفث) فيكتابه (نظرية الإدارة) من أن الفرق بين الإدارة العامة والإدارة التربوية يمكن وصفه بأنها فرق نعتي Adjectival على أساس أن الإدارة موجودة في كل منهما، والاختلاف بينهما يكمن في النعتين (العامة) و(التربوية) وهذا الاختلاف لا يعني وجود فواصل قاطعة بينهما، وإنما يعني وجود سمات ومميزات للإدارة التربوية تجعلها تختلف عن سمات ومميزات بقية فروع الإدارة العامة إلا أنها تتفاعل وتتكامل معها.

---

(1) فؤاد الشيخ سالم وآخرون: المفاهيم الإدارية الحديثة، مرجع سابق، ص (٣٢).

(2) فريز محمد وأحمد الشعلوط: نظريات في الإدارة التربوية، مرجع سابق، ص (٤٥).

(3) حمد بن إبراهيم السلوم: التربية والتعليم العام في المملكة العربية السعودية، بين السياسة والنظرية والتطبيق، الرياض: مؤسسة انترناشيونال جرافيكس، ١٤١٦هـ - ١٩٩٦م، ص (٤٢٠).

٥-العلاقة بين الإدارة التربوية والإدارة العامة.

تمثل الإدارة التربوية Educational Administration أبرز المجـالات التطبيقيـة للإدارة العامـة Public Administration وفروعًا مـن فروعها شـأنها فـي ذلك شـأن الفروع الإداريـة الأخرى كالإدارة الصناعية أو الإدارة الصحية أو الإدارة الثقافية والتي تنتمي جميعها إلى الإدارة العامة التي تقوم على تنفيذ السياسة العامة للدولة التي تشكل السياسة التعليمية جزءًا منها.

والإدارة التربوية تقع في نطاق الإدارة العامـة وجزء منها باعتبار التعليم (خدمـة عامـة) مـن الخدمات التي تقدمها الأجهزة الحكومية (على المستويين المركزي والمحلي أحدهما أو كليهما) لكل أبناء المجتمع بغض النظر عن مستوياتهم الاجتماعية والاقتصادية أو انتماءاتهم الطبقيـة أو الجنسية أو الدينيـة أو غيرها، وهي أي الإدارة التربوية تقوم علـى تنفيذ السياسـة التعليميـة التي تـشكل جزءًا مـن السـياسة العامـة، وترتبط ارتباطًا وثيقًا وتتـداخل وتتـشابك في أهدافها وإجراءاتها مـع بقية فروع الإدارة العامـة (الاقتصادية، المالية، الصحية، السكانية، القوى العاملة) كما تتفاعل معها وتؤثر فيها وتتأثر بها ولا تتناقض معها -وإن اختلفت أنشطتها ووسائلها- فالإدارة التربوية ترتبط بالإدارة المالية، لأن الميزانيات التي تخصص للإنفاق على التربية والتعليم يتم إقرارها مـن قبل الإدارة المالية (وزارة المالية)، وايضًا فإن إدارة التربيـة والتعليم ترتبط ارتباطًا وثيقًا بالإدارة الصحية، لأن الرعاية الـصحية التي يتلقاهـا الطلاب والمعلمون يـتم إقرارها من قبل الإدارة الصحية (وزارة الصحة) وأيضًا فإن إدارة التربية والتعليم ترتبط بإدارة القوى العاملة (وزارة العمل) لأن المنظمات التعليمية هي المسؤولة عن الوفاء باحتياجات سوق العمل من القوى العاملة المؤهلة والمناسبة والتي تحددها وزارة العمل.

ومن هنا يمكن القـول بـأن الإدارة التربويـة أو التعليميـة تـشتق أسـها وعملياتهـا ومبادؤهـا مـن ميـدان الإدارة العامـة كمـا تكتسب صفتها وطبيعتها مـن ميـدان التربيـة

والتعليم باعتبار أنها تطبق في ميدان له خصوصياته وهو ميدان بناء البشر، ومن المعروف أن التربية تتعامل مع (الفرد) في وسط اجتماعي [1].

ويوضح الشكل التالي العلاقة بين الإدارة التربوية والإدارة العامة.

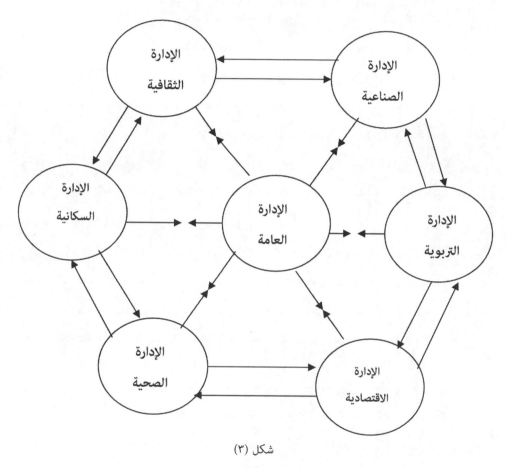

شكل (٣)

يوضح العلاقة بين الإدارة التربوية والإدارة العامة

(1) أحمد إسماعيل حجي، الإدارة التعليمية والإدارة المدرسية، مرجع سابق، (١٥).

ولذلك كله فإنه على قدر ترابط الإدارات الفرعية وجودتها وتكاملها والتنسيق بينها تكون قوة الإدارة العامة للدولة، ولذا يمكن القول كما تكون الإدارات الفرعية- ومنها الإدارة التربوية- تكون الإدارة العامة قوة بقوة، وضعف بضعف.

ومن هنا فإن التنسيق والتكامل بين الإدارة التربوية والإدارة العامة، التي انتقلت مفاهيمها ومبادؤها وعملياتها إلى الإدارة التربوية يشكل ضرورة حتمية لضمان سير الجهود الجماعية في اتجاه يحقق طموحات المجتمع وغاياته العليا.

ومن هذا المنطلق فإن الإدارة التربوية الناجحة هي القادرة على إدراك وفهم علاقتها بالإدارة العامة وتقوية هذه العلاقة يشكل مدخلا لنجاح الإدارة التربوية وجعلها قادرة على تحقيق أهدافها وتطوير ذاتها، وذلك من خلال التعاون مع بقية أجهزة الإدارة العامة هذا من جانب وأن الإدارة التربوية الناجحة ينبغي أن تستفيد من البحوث والدراسات ذات الصلة بالإدارة العامة وفروعها المختلفة، وذلك من جانب آخر.

٦-وظيفة الإدارة التربوية على المستوى المركزي:

تقوم الإدارة التربوية على المستوى المركزي (الوزارة) بحشد الطاقات والإمكانات المتاحة، وتعبئتها وتنسيقها وتوجيهها في صورة مشروعات وخطط وإجراءات الهدف منها تقديم الخدمات التربوية والتعليمية الرسمية (لأبناء المجتمع) والتي تكفل توفير التعليم لكل فرد طبقًا لقدراته واستعداداته، حتى يستطيع فهم الحياة والاتصال والتواصل مع الآخرين ومعرفة ما عليه من واجبات وما يستحقه من حقوق [1].

كما تقوم الإدارة التربوية بإجراء البحوث العلمية في مجال التربية والتعليم واختيار العاملين وتوظيفهم وتدريبهم وإمدادهم باللوائح والقرارات والنشرات المنظمة لأعمالهم، وتحديد واجباتهم ومسؤولياتهم والإشراف عليهم والتنسيق بين أدوارهم

(١) حسين عبد الله محضر: الجديد في الإدارة المدرسية، جدة: دار الشروق، ١٩٧٥م، ص (٦٨).

المختلفة وتحفيزهم على العمل بالحوافز المادية والمعنوية، وتقويم أدائهم، فضلا عن تقويم بقية عناصر العمل التربوية والتعليمي كالمناهج والأبنية المدرسية والإدارية والتجهيزات والمختبرات وغير ذلك، وتوفير معلومات عن نتائج ذلك التقويم -وهو ما يسمى بالتغذية الراجعة- للاستفادة منها في تطوير مختلف جوانب التربية والتعليم [1].

وأيضًا تقوم الإدارة التربوية بوضع البرامج والمناهج الدارسة وتقويمها وتطويرها من وقت لآخر، وتوفير الإمكانات والتسهيلات اللازمة للعملية التربوية والتعليمية، وتوجيه ورقابة وتقويم الإدارة المدرسية.

وكذلك تقوم الإدارة التربوية بإعداد الميزانية السنوية لتقديمها للجهات المختصة لإقرارها، وصرف رواتب المعلمين وغيرهم والإعلان عن المناقصات الخاصة بالإنشاءات والتجهيزات وفق اللوائح والقواعد المنظمة لذلك [2] وكذلك تقوم الإدارة التربوية بتوفير المباني المدرسية المناسبة، وتزويدها بالإمكانات والمعدات والأجهزة والأدوات ومصادر التعلم المختلفة.

وأيضًا تقوم الإدارة التربوية بإعداد الكتب الدراسية وطباعتها وتوزيعها على إدارات التربية والتعليم بالمناطق والمحافظات، والتأكد من تسليمها للطلاب والطالبات في الوقت المناسب.

(١) منصور حسين، محمد مصطفى زيدان: سيكولوجية الإدارة المدرسية والإشراف التربوي القاهرة: مكتبة غريب، ١٩٧٦م، ص ص (٩-١٠)

(٢) صلاح عبد الحميد مصطفى، فدوي فاروق عمر: مقدمة في الإدارة والتخطيط التربوي، مرجع سابق، ص (٣٠).

وكذلك تقوم الإدارة التربوية بوضع شروط القبول للطلاب والطالبات في المراحل الدراسية المختلفة، وتحديد مواعيد الامتحانات والإجازات، وتدريب المعلمين والمشرفين التربويين قبل الخدمة وأثنائها ونحو ذلك.

كما تقوم الإدارة التربوية بتقديم الخدمات الطلابية التي تكمل التعليم المدرسي ومن بينها الخدمات الاجتماعية والثقافية والتوجيهية والإرشادية والصحية وغير ذلك، وأيضًا توفر نوعًا من التوجيه والرقابة لكل الأعمال، التي تتم في نطاق المدرسة.

ومن هنا فإن نجاح النظام التعليمي المجتمعي وتحقيق غاياته يتوقف بشكل كبير على امتلاكه إدارة تربوية تكون قادرة على تأدية واجباتها ومسئولياتها بطريقة فعالة.

٧-طبيعة الإدارة التربوية: (الإدارة علم أم فن أم مهنة)

لقد كثر الجدل والنقاش حول طبيعة الإدارة ومنها الإدارة في التربية والتعليم، هل هي علم، أم فن، أم مهنة، أم جوانب متلازمة متكاملة من كل ذلك؟ بمعنى أن رجل الإدارة في ممارسته لوظائفه وفي سلوكه التنظيمي، هل يعتمد على أسس علمية، أم يعتمد على مهاراته الشخصية، أم يعتبر الإدارة مهنة كغيرها من المهن؟ أم يعتمد على جميع ما سبق؟

يرى بعض المختصون في الإدارة أنها علم لأنها مجموعة منظمة من المعرفة (مفاهيم ومبادئ) الإدارية تم التوصل إليها بالاعتماد على الأساليب والطرق العلمية في ملاحظة ظاهرة أو مشكلة معينة وتحليلها ومعرفة أسبابها والتعرف على الاتجاهات التي تسير فيها، ووضع الفروض لها واختبارها، والتوصل منها إلى نتائج معينة وقبولها، وبهذا يمكن استقراء القواعد التي تحكم مسار الظواهر الإدارية، والتي يمكن

تدريسها ودراستها، وبهذا فإن الإدارة علم بالمعنى الذي توصف به العلوم التطبيقية. هذا من جانب، وتعمل على تطوير جانب العلم بها في السنوات الأخيرة وذلك من جانب آخر.

ويتفق ذلك مع ما ذكره كل (هالبين Halpin) و(كولا دارسي Colodarci) و(جتزلز W.Getzels)، من أن الإدارة ما هي إلا ميدان من ميادين العلوم التطبيقية، تطبق فيه الأساليب العلمية، ويوضح جريفس (Griffiths) ذلك بقوله: أن الإدارة أو من يمارس عملية الإدارة يقوم بتطبيق الأسس العلمية بنفس الطريقة التي يتبعها كل من المهندس أو الطبيب في عمله، صحيح أن هناك جانب الفن في الإدارة كما في الهندسة ولكن كلما زادت المعلومات العلمية عن الإدارة ساعد ذلك على تقليل جانب الفن.

ويعني ذلك أن المدير في ممارسته لوظائفه (القيادة- الاتصال- اتخاذ القرارات) وفي ممارسته للوظائف الإدارية (التخطيط، التنظيم، التوجيه، الرقابة والتقويم) مع مرؤوسيه، ينبغي عليه أن لا يعتمد على الخبرة والمشاهدة فقط وإنما يكون هناك إطار علمي ونظري يوجه الجانب العملي ويرشده،وأن رجل الإدارة الحديثة عليه أن يهتدي في ممارسة عمله الإداري بالمبادئ والقواعد والنظريات المتضمنة في علم إدارة التربية والتعليم، حتى يحقق النجاح الإداري.

ويرى آخرون أن الإدارة ما زالت فنا من الفنون لأنها تعتمد على موهبة الإبداع والابتكار والمبادأة عند القائمين عليها، يعتمد النجاح في إجادته على الصفات الشخصية التي تصقلها الخبرة والتجربة [1] وامتلاك المهارات والمواهب وحسن التصرف في المواقف وفق الظروف الموفقية بالإضافة إلى القدرة على التعامل مع العنصر البشري ونقل المعرفة الإدارية إلى حيز التطبيق مع مراعاة الظروف البيئة المحيطة بالمنظمة [2].

---

(١) محمد منير مرسي: الإدارة التعليمية، أصولها وتطبيقاتها، مرجع سابق، ص (٢٠).

(٢) محمد عبد الغني خواجة: أساسيات إدارة الأعمال، مرجع سابق، ص (٨).

وكل ذلك لتحقيق أهداف معينة، وهذا هو الجانب الفني في الإدارة الذي يقل كلما زادت المعرفة العلمية عن الإدارة.

ولعل النظرة إلى الإدارة التعليمية كفن -كما يقول جوبا (E.Guba)، ترجع في أساسها إلى ما كان يحدث من تركيز الاهتمام على الصفة «التعليمية» أكثر من الموصوف «الإدارة»، ويتركز جانب الفن في الإدارة حول مفهوم «رجل الإدارة» بأنه من يولد قائدًا أو من كانت لديه سمات شخصية قيادية يثقلها بالخبرة والتجربة، ومن ثم يستطيع باستمرار أن يحسن ويجيد فن الإدارة بطريقة ناجحة [١].

وبالتالي فإن جانب العلم في الإدارة التعليمية لا يلغي جانب الفن والذي يعتمد على درجة ذكاء المدير، وقوة تصوره، وصواب حكمه، واستعداده القيادي، ويعني ذلك أن العلم يقدم لرجل الإدارة ما ينبغي أن يلتزم به من مناهج وقواعد إدارية وجانب الفن يُمكنه من تطبيق تلك القواعد بأكبر قدر من الفعالية بحيث يؤتي التطبيق بأفضل النتائج في موقف معين.

وأيضًا يرى آخرون أن الإدارة مهنة كسائر المهن (الطب والمحاماة والتدريس) حيث ينطبق عليها من المواصفات ما ينطبق على المهن الأخرى ومن أبرزها قيامها بخدمة اجتماعية محددة وتخضع لأسس ومبادئ خلقية يدركها أفراد المهنة ويلتزمون بها، واعتمادها على وسائل وأساليب علمية في تقديم خدماتها،وتركز على الأنشطة العقلية، وتتطلب مدة طويلة من التدريب المتخصص، ووجود هيئة مستقلة تضم أعضاء المهنة، فضلا عن أن المدير يمكنه أن يدير منشأة مهما كانت طبيعة عملها وهذا ما يجعل الإدارة مهنة [٢]..

---

(١)   محمد منير مرسي: الإدارة التعليمية، أصولها وتطبيقاتها، مرجع سابق ص (٢٠).

(٢) فؤاد الشيخ سالم وآخرون: المفاهيم الإدارية الحديثة، مرجع سابق ص (٢٧).

كما يرون أن الإدارة مهنة لأنها تحتاج إلى أفراد مؤهلين يملكون قاعدة معرفية متخصصة تكتسب بالتعليم والتدريب، بجانب امتلاكهم قدر كاف من المهارات التي تعينهم على تطبيق المعرفة الإدارية أثناء العمل مع الآخرين [1].

ومن هنا فإن الرأي الأقرب إلى الصواب هو أن العلم والفن والمهنية جوانب متلازمة متكاملة في مجال إدارة التربية والتعليم، وأن العلم والموهبة والخبرة والممارسة والأخلاق ما هي إلا نقاط متكاملة ومتفاعلة معا، ولذا فإن نجاح رجل الإدارة يتوقف على تحقيق الموازنة الموضوعية بين الإدارة كعلم له أصول ونظمه وبين فن التطبيق العملي الذي يعتمد على الذكاء، وقوة التصور، والاستعداد القيادي والموهبة والخبرة وحسن التصرف في تطبيق المفاهيم والقواعد الإدارية، والإعداد والدريب المتخصص، والالتزام بالقيم والمتطلبات المهنية والأخلاقية للإدارة.

ومن هذا المنطلق فإن إدارة التربية والتعليم تتطلب فيمن يمارسها (مدير تعليم، مدير مدرسة، مشرف تربوي، معلم... الخ) أن يُلم المفاهيم والمبادئ التي يسترشد بها في عمله، بالإضافة إلى قدر مناسب (حسب دوره) من المهارات التي تعينه على مواجهة المواقف أثناء العمل وتعينه على حسن التصرف في تطبيق المعارف والمعلومات فضلا عن امتلاكه لقدر كبير من المبادئ والقيم الأخلاقية مع الالتزام بها في عمله، ويعني ذلك أن نجاح الإداري يتوقف على تحقيق الموازنة الموضوعية بين الإدارة كعلم له أصوله العلمية ونظمه وبين فن التطبيق العملي الإبداعي الذي يعتمد على الذكاء وقوة التصور وصواب الحكم والاستعداد القيادي وبين متطلبات المهنة.

---

(١) صلاح الدين جوهر: مقدمة في إدارة وتنظيم التعليم العام، مرجع سابق، ص)(٣٦)

الإدارة التربوية والإدارة التعليمية:

يرى بعض المهتمين في مجال التربية والتعليم أن الإدارة التربوية والإدارة التعليمية مصطلحين ويعنيان شيئًا واحدًا يمكن استخدام أحدهما محل الآخر في الكتب والمؤلفات العربية التي تناولت موضوع الإدارة في ميدان التربية والتعليم، ويعود الخلط بين هذين المفهومين إلى ترجمة كلمات Education Administration إلى الإدارة التربوية مرة والإدارة التعليمية مرة أخرى على الرغم من أنهما يعنيان شيئًا واحد، ولا يوجد فرق بينهما، وهذا هو الاتجاه الغالب.

ويفضل فريق آخر استخدام مصطلح (الإدارة التربوية) الذي يركز على مفهوم التربية ويعتبره أكثر شمولا من مصطلح (الإدارة التعليمية) الذي يركز على التعليم وذلك انطلاقا من اقتناعه بالاتجاهات التربوية الحديثة التي تفصل استخدام كلمة (تربية) على كلمة (تعليم) باعتبار أن التربية أشمل وأعم من التعليم وأن وظيفة المؤسسة التعليمية هي التربية الشاملة المتكاملة، ومن ثم تصبح الإدارة التربوية مرادفة للإدارة التعليمية.

ويرى فريق ثالث أن التعليم جزءًا من التربية بمفهومها الشامل، حيث ينظر للتعليم على أنه التربية المقصودة التي تتم في مؤسسات رسمية تدار بهياكل إدارية بيروقراطية متدرجة يوجد في قمتها القائم بالإدارة على المستوى القومي أو المركزي، ولذا فإن هذا الفريق يفضل استخدام مصطلح الإدارة التعليمية لأنه أكثر تحديدًا ووضوحًا من حيث المعالجة العلمية، وعندما يختص الأمر بما يتم داخل النظام التعليمي، ويعتبر هذا الفريق أن الإدارة التعليمية جزءا من الإدارة التربوية بمفهومها الشامل [1]، والتي ينظر إليها على أنها أشمل وأعم حيث تضم إلى جانب النظام التعليمي

---

(١) عبد اللـه السيد عبد الجواد: الإدارة التربوية والتخطيط التربوي، مرجع سابق، ص (١٨)

جميع المؤسسات التي تقوم بالتربية من خلال مؤسسات غير رسمية كالأسرة ومؤسسات الثقافة والإعلام والمؤسسات الدينية والأندية الاجتماعية والرياضية.

ومع ضرورة عدم المبالغة في التفريق بين المصطلحين (وفق ما جاء في الرأيين الأخيرين) فإن الفيصل النهائي بينهما يعود إلى رؤية جمهور المربين والعاملين في مجال التربية وفق ما يقصدون منه عند استخدامه ووفق القضايا التي يتناولونها وأيهما يشيع استخدامه بينهم أو يتفقون على استخدامه وبأي معنى يستقر استخدامهم له [1].

ومن هنا فإن مصطلح إدارة التربية والتعليم) يعد أفضل تعبيراً وشمولا من الإدارة التعليمية وأكثر تحديدًا وواقعية من حيث المعالجة العلمية الصحيحة.

وبالتالي فإن مصطلح (إدارة التربية والتعليم) يشير إلى نمط من الإدارة يطبق في النظام التربوي والتعليمي ويعمل على إحداث التفاعل بين مدخلات العملية التربوية والتعليمية (موارد بشرية/ موارد مادية/ موارد معلوماتية/ أهداف/ تمويل/ بيئة محيطة) من خلال قيامها بمجموعة من العمليات أو الوظائف الإدارية (تخطيط- تنظيم- توجيه- رقابة- تقويم- اتخاذ قرارات) لتحقيق الجودة الشاملة في مخرجات (منتجات) النظام التعليمي.

<u>وتتضمن إدارة التربية والتعليم في المملكة ثلاثة مستويات وهي:</u>

أ-المستوى المركزي، أي وزارة التربية والتعليم المسؤولة عن التعليم العام للبنين والبنات.

ب-المستوى اللا مركزي، أي إدارات التعليم في المناطق والمحافظات.

---

(١) محمد منير مرسي: الإدارة التعليمية، أصولها وتطبيقاتها، مرجع سابق، ص (١٦)

جـ-المستوى التنفيذي، أي إدارة المدارس بمراحلها الثلاث (الابتدائية- المتوسطة- الثانوية).

٩-صفات وخصائص الإدارة التربوية الناجحة:

الإدارة التربوية والتعليمية (إدارة التربية والتعليم) هي نشاط يعتمد على التفكير والتنظيم واتخاذ القرارات وتحفيز الجهود الفردية والجماعية -وفق أسس ومفاهيم علمية إدارية- والتنسيق بينها وتوجيهها نحو استثمار الموارد المتاحة لتحقيق الأهداف ورسم السياسات ووضع الاستراتيجيات والخطط والبرامج والهياكل التنظيمية والرقابة على الأداء لضمان تحقيق الأهداف.

وإدارة التربية والتعليم أو الإدارة التربوية الناجحة (الفعالة) تتصف بصفات وخصائص من أبرزها ما يلي:

أ- ترتبط إدارة التربية والتعليم الناجحة ارتباطًا وثيقًا بالمجتمع وآماله وتطلعاته، وتحرص أثناء تأديتها لواجباتها ومسؤولياتها على مراعاة الظروف السياسية والاقتصادية والاجتماعية والتشريعية والمحافظة على الأعراف والعادات والتقاليد المطلوب المحافظ عليها.

ب- تقوم الإدارة التربوية والتعليمية (إدارة التربية والتعليم) بوظائف مختلفة، فإدارة المناهج وإدارة القياس والتقويم التربوي وإدارة الإشراف التربوي وإدارة التخطيط والمتابعة كلها تقوم بواجبات تختلف بعضها عن بعضها الآخر ولكنها متداخلة مع بعضها البعض وتؤثر إحداها في الأخرى، ولذلك فإن الإدارة التربوية الناجحة ينبغي عليها أن تركز على التنسيق الإداري القائم على التلاحم الفعال بين أجهزتها، مع عدم التداخل في الاختصاصات والمسؤوليات [1].

(١) عبد الله السيد عبد الجواد: الإدارة والتخطيط التربوي، مرجع سابق، ص (٥٥).

ج- وجود معايير وأسس واضحة يتم اتخاذ القرار على أساسها، وفي هذه الحالة فإن منطق القرار منطق رشيد يعتمد على التحليل والتفكير مستخدما الأساليب الإدارية الحديثة المساعدة على الاختيار من بين البدائل المتاحة، فضلا عن إتاحة الفرصة أمام أعضاء المؤسسة للإدلاء بالرأي والمناقشة، شريطة أن يتحملوا مسؤولية اتخاذ القرار، أي المشاركة في التنفيذ بكفاءة وفعالية ، وذلك إيمانًا من إدارة التربية والتعليم بأن كفاية القرار الإداري تتوقف على طريقة صناعته لا على سلطة اتخاذه [1].

د- تتسم الإدارة التربوية والتعليمية الناجحة بالقدرة على الإبداع والتعامل مع المتغيرات الخارجية وسلامة الإجراءات المتبعة خلال تأدية وظائفها وأنشطتها المختلفة.

هـ - تقوم على مبادئ أساسية هي: الفهم والوضوح والثقة المتبادلة وجماعية العمل وتنمية العلاقات الإنسانية وتفويض السلطة والمشاركة والالتزام لدى جميع العاملين نحو تحقيق الأهداف، ورفع الروح المعنوية والولاء والانتماء التنظيمي، وكل ذلك من أجل تحقيق الأهداف والنتائج المتوقعة.

و - تتسم بالمرونة التامة في الحركة والعمل وان تبتعد تماما عن الجمود وتتكيف وفق مقتضيات الموقف وتغير الظروف، والقدرة على التغيير.

ز- تحرص على تطوير حاجات المعلمين والطلاب، وتطوير مهنة التعليم، وتحقيق تكافؤ الفرص التعليمية.

ح - تجعل المعلمين والموظفين أكثر نضجًا مهنيًا وأخلاقيًا، وأكاديميًا، وبما يجعلها إدارة قادرة على التسيير والتطوير المتجدد.

---

(١) أحمد إبراهيم أحمد: الإدارة التربوية والإشراف الفني بين النظرية والتطبيق، القاهرة: دار الفكر العربي، ١٩٩٠، ص (١٧١).

ط- تحرص على توثيق الصلة بينها وبين المجتمع ومنظماته المدنية وبقية فروع الإدارة العامة.

ي- تستخدم معايير الجودة التي يمكن من خلالها الحكم على نوعية مخرجات المنظمة واكتشاف القصور فيه ومعالجته.

ك- تضع برنامجا للعلاقات العامة يهدف إلى تعريف المجتمع بسياسة المنظمة التربوية والتعليمية التي تديرها وما تقوم به من نشاطات تسهم في تحقيق أهداف المجتمع.

ل- تقوم بمشاركة الإدارات الإقليمية والمدرسية في إعداد الخطط التعليمية لضمان سلامتها وحسن تنفيذها.

م- تختار النخبة المطلوبة للعمل في القطاع التعليمي، وتحرص على جودة إعدادهم قبل الخدمة وأثنائها.

ن- تستخدم التكنولوجيا الإدارية بشقيها العقلي والمادي [1].

س- تحرص على الاستخدام الأمثل لإمكانياتها البشرية والمادية.

ويوضح الشكل التالي أهم خصائص وصفات الإدارة التربوية والتعليمية الناجحة أو الفعالة.

---

(١) محمود عبد القادر على فرازة: نحو إدارة تربوية واعية، بيروت: دار الفكر اللبناني ١٩٨٧، ص (٢٢).

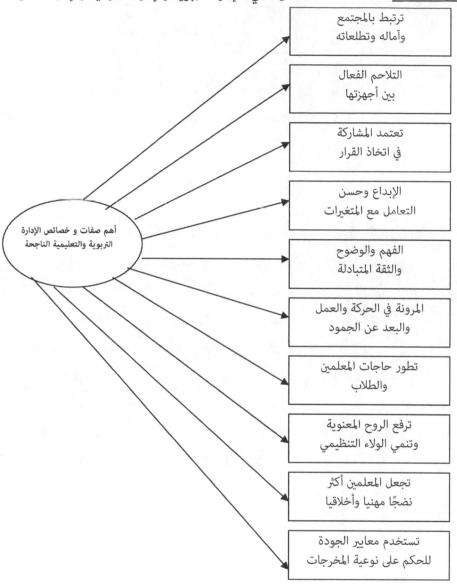

ترتبط بالمجتمع
وآماله وتطلعاته

التلاحم الفعال
بين أجهزتها

تعتمد المشاركة
في اتخاذ القرار

الإبداع وحسن
التعامل مع المتغيرات

الفهم والوضوح
والثقة المتبادلة

المرونة في الحركة والعمل
والبعد عن الجمود

تطور حاجات المعلمين
والطلاب

ترفع الروح المعنوية
وتنمي الولاء التنظيمي

تجعل المعلمين أكثر
نضجًا مهنيا وأخلاقيا

تستخدم معايير الجودة
للحكم على نوعية المخرجات

أهم صفات و خصائص الإدارة
التربوية والتعليمية الناجحة

شكل (٤) يوضح أهم صفات وخصائص الإدارة التربوية الناجح

١٠- أهمية دراسة علم الإدارة المدرسية للمعلم:

ويصبح التساؤل هنا لماذا يدرس المعلم الإدارة المدرسية؟

المدرسة هي الوحدة القائمة بتنفيذ السياسة التعليمية، وهي الأداة القادرة على إحداث التفاعل بين مدخلات العملية التربوية والتعليمية في المدرسة وتحقيق أهدافها.

وتعود أهمية الإدارة في النظام المدرسي إلى أن نجاح أي مدرسة مرهون بنجاح إدارتها، والتي تمثل أكثر عناصر النظام أهمية، حيث تتركز خطورتها فيما تتخذه من قرارات وإجراءات لتغيير أو تطوير النظام المدرسي وتحقيق أهدافه.

وعلى ذلك فإن عمليات الإدارة المدرسية (التخطيط- التنظيم- التوجيه- الرقابة) إن لم تكن على درجة عالية من الجودة في أساليبها ووسائلها فإن نتائجها تأتي غير مرضية، ولما كان المعلم أحد عناصر الإدارة المدرسية فإن الضرورة تقضي أن يُلِم بوظائف ونشاطات الإدارة ونوعية القيادة القادرة على تحقيق أهداف المدرسة، فضلا عن دراسة الإدارة في الإسلام والاستفادة من مفاهيمها وقواعدها في العمل الإداري على مستوى المدرسة والصف الدراسي، وكذلك دراسة الاتصال والأزمات في التعليم.

ولعلنا نجمل المغزى والأهمية من دراسة المعلم للإدارة المدرسية في النقاط التالية:

أ-يُمثل المعلم أحد العناصر البشرية الهامة في جهاز الإدارة المدرسية ويسند إليه مسئوليات إدارية وتنظيمية وتخطيطية، ونجاحه في القيام بها يتطلب فهمه للمفاهيم والمبادئ والقواعد الإدارية والتخطيطية والفن في تطبيقها بما يتفق والبيئة المحيطة بالمدرسة.

ب-المعلم سلطة مدرسية بما تتضمنه من معاني مرتبطة بالضبط، الرقابة، الثواب، والعقاب، استخدام الحوافز المادية أو المعنوية، يفوض بعض تلاميذه في الحفاظ

على نظام الفصل، ولا يتحقق ذلك إلا إذا تعرف على الأنماط القيادية الإدارية المختلفة [١].

جـ-يحتل المعلم قاعدة الهيكل التنظيمي للمدرسة، لذلك يجب أن يعرف حدود وظيفته ومسئولياته وواجباته وعلاقاته التظيمية، وقنوات الاتصال في مدرسته، وفي إدارة التربية والتعليم، وأهمية الدور الذي يقوم به لتحقيق أهداف المدرسة التي يعمل فيها.

د- تزود المعلم بالمعارف والمهارات الإدارية التي تمكنه من فهم الظواهر والأزمات والمشكلات الإدارية القائمة في المدرسة ودوره في مواجهتها.

هـ-يشارك المعلم في إعداد الخطط المدرسية الاستراتيجية والتفصيلية، ويقتضي ذلك معرفته بكيفية تحديد الأهداف واختيار الوسائل والطرق التي تحقق الأهداف.

٥- تنمية قدرة المعلم على القيادة الفعالة، وكيفية اتخاذ القرارات الصائبة، والمشاركة في مواجهة الأزمات التي يمكن أن تواجهها المدرسة.

١١-مفهوم الإدارة المدرسية School Management:

من أبرز رواد حركة الإدارة العلمية (التي ظهرت منذ عام ١٩١١م) الأمريكي (فردريك تايلور) والفرنسي (هنري فايول)، ومن خلال التطور التاريخي لهذه الحركة تم التوصل إلى مجموعة من المبادئ العلمية العامة والتي عرفت فيما بعد بعلم إدارة الأعمال الذي أحرز نجاحات في القطاع الخاص (الأهلي)، ومن ثم تم تطويعه في القطاع

(١) عباس بلة محمد أحمد: مبادئ الإدارة المدرسية (وظائفها- مجالاتها - مهاراتها- تطبيقاتها)، الرياض: مكتبة الرشد، ١٤٢٧هـ-٢٠٠٦ م، ص (٣٢).

العام (الحكومي) إلى ما يطلق عليه بعلم الإدارة العامة، وقد انتقلت مبادئ إدارة الأعمال والإدارة العامة إلى إدارة المدرسة.

وتحتل الإدارة المدرسية- كهيئة تقوم بالنشاط الإداري التربوي والتعليمي- المستوى الثالث والأخير من مستويات الإدارة التربوية التي يمثلها الجهاز المركزي المشرف على التعليم العام (وزارة التربية والتعليم) المستوى الأول منها، وتمثل إدارة التربية والتعليم بالمنطقة أو المحافظة المستوى الثاني.

وتُمثل الإدارة المدرسية أحد المنظومات الفرعية في النظام المدرسي، وهي تعمل على تفعيل العناصر البشرية والمادية المتاحة للمدرسة، وتتغلغل في جميع أوجه النشاط التربوي والتعليمي داخلها وخارجها تحت إشرافها، بقصد تنفيذ السياسة التعليمية، بل إن الأهداف العامة للإدارة التربوية التعليمية لا يمكن تحقيقها إلا من خلال الإدارة المدرسية.

ولقد تغير مفهوم الإدارة المدرسية من المفهوم التقليدي الذي ينظر للإدارة المدرسية على أنها تعتمد على البداهة والموهبة والخبرة والقدرة الشخصية التي يمتلكها مدير المدرسة، وتدور وظيفتها حول الحفاظ على تطبيق النظام المدرسي بما فيه من لوائح وتعليمات وقرارات، تضمن سير العملية التعليمية، وتنفيذ الخطط الدراسية المحددة من قبل السلطات التربوية والتعليمية العليا (وزارة التربية والتعليم والمناطق والإدارات التعليمية) وحصر الحضور والغياب اليومي للمعلمين والإداريين والطلاب والمستخدمين، وقبول وتسجيل الطلاب الجدد، وتوزيع الطلاب الجدد والقدامى على الفصول الدراسية، والاهتمام بتحفيظ وتلقين المواد الدراسية للطلاب، وترفيع الطلاب من مستوى دراسي إلى مستوى أعلى، وتسيير الأمور الإدارية والتنظيمية وإغفال التخطيط والتنظيم والتوجيه والإبداع الإداري، أما المفهوم الحديث للإدارة فيرى أن الإدارة المدرسية مجموعة من الأنشطة المنظمة والمقصودة والهادفة، وترتكز على مفاهيم

ومبادئ ونظريات إدارية تساعد على فهم وتفسير ظاهرة السلوك الإداري في المجتمع المدرسي، والتنبؤ بما سيحدث في عالم الواقع، وأنها -أي الإدارة المدرسية- وسيلة يتم من خلالها توفير كافة الظروف والإمكانات والتسهيلات التي تساعد على توجيه وتنمية شخصية المتعلم- جسديا وعقليا ووجدانيا وروحيا- باعتباره محور عمليتي التعليم والتعلم Learning and Instruction، وهي -أي الإدارة المدرسية- وسيلة لتحقيق الأهداف التربوية والتعليمية للمدرسة، وإشباع حاجات المعلمين وتنميتهم مهنيا، وتحفيزهم على العمل الجماعي كفريق متعاون، وتقديم الخدمات التوجيهية والإرشادية للطلاب والطالبات، وتكوين علاقات إنسانية فعالة، وتوفير التسهيلات اللازمة للعمل المدرسي، وتوثيق علاقة المدرسة بالمجتمع المحلي من خلال مشاركتها في اهتماماته وحل مشكلاته، ومشاركة المجتمع في أعمال المدرسة وتوفير بعض التسهيلات التعليمية الضرورية للمدرسة وذلك من خلال مجالس الآباء والأمهات التي تشكل تنظيمات فرعية في الإدارة المدرسية، كما تقوم الإدارة المدرسية بتهيئة البيئة التعليمية المشجعة على عمليتي التعليم والتعلم، وتطبيق الأنظمة والقوانين الصادرة من السلطات التعليمية الأعلى، واكتشاف الطلاب الموهوبين ورعايتهم وإكسابهم مهارات التفكير التي تجعلهم قادرين على مواجهة المشكلات وحلها بطرق إبداعية، ورعاية ذوي الاحتياجات الخاصة، وإعداد الطلاب لفهم الحياة الحاضرة والماضية والاستعداد لمواجهة المستقبل، وتنمية مختلف جوانب شخصياتهم بصورة متوازنة، وتطوير العملية التعليمية والإدارية في المدرسة من خلال التخطيط والتنظيم والإبداع ونحو ذلك، وأصبحت الإدارة المدرسية تشمل جانبين إداري وفني متكاملين وكلاهما يسهل عمل الجانب الآخر، ويرتكزان في ممارستهما على مفاهيم وقواعد علمية، بمعنى إقامة كل سلوك إداري وفني على أسس علمية قوامها المعلومات والبحث والدراسة سواء أكان ذلك خلال التخطيط، والتنظيم أو صناعة القرارات، أو رسم خطوات التنفيذ،

والتوجيه، والتقويم والرقابة في ظل مجموعة من النظم والضوابط التي تكفل للعملية التربوية والتعليمية الاستمرار وتحقيق الجودة الشاملة في التعليم المدرسي.

وقد أصبح كل سلوك إداري وفني تقوم به الإدارة المدرسية يرتكز على مفهوم الكفاءة بمعنى القدرة على أداء الأعمال الصحيحة والتوصل إلى أفضل النتائج بأقل تكلفة ممكنة [١] وأيضا مفهوم الفعالية أي القدرة على تحقيق الأهداف المطلوبة.

والإدارة المدرسية وحدة أو جزء لا يتجزأ من إدارة التربية والتعليم، أو الإدارة التربوية، وصورة مصغرة لتنظيماتها وتستمد استراتيجيتها وأهدافها من الإدارة التربوية[٢] وتمثل المستوى الإجرائي أو التنفيذي في إدارة التربية والتعليم، وتخضع لسلطة الإدارة التربوية والتعليمية =وزارة التربية والتعليم وإدارة التربية والتعليم بالمحافظة-وصلة الإدارة المدرسية بالإدارة التربوية والتعليمية هي صلة الخاص بالعام، ويقع على قمة الهيكل التنظيمي لجهاز الإدارة المدرسية مدير مسئول عن أعمال الجهاز الإداري للمدرسة المتمثل في جميع الموظفين، وأعمال الجهاز التعليمي والفني للمدرسة والمتمثل في المعلمين والمرشدين الطلابيين، وأيضا الطلاب الذين يمثلون المحور الرئيسي للتربية والتعليم في المدرسة، وهذا المدير مهمته قيادة وتوجيه العمل المدرسي الإداري والفني وتحقيق التكامل بينهما، وكل ذلك بقصد تحقيق الأهداف وتنفيذ اللوائح والقوانين والتعليمات التي تصدر من الوزارة ويتعاون معه وكيل المدرسة والمعلمين والإداريين والفنيين، فالإدارة المدرسية الناجحة تقوم على جماعية العمل والمشاركة في اتخاذ

(١) صلاح عبد الحميد مصطفى، فدوي فاروق عمر: مقدمة في الإدارة والتخطيط التربوي، مرجع سابق، ص (٣٨).

(٢) دليل العمل المدرسي، المملكة العربية السعودية، الرئاسة العامة لتعليم البنات، الإدارة العامة للتوجيه والإشراف التربوي، شعبة التعليم العام، (ب- ت) ص (٢).

القرارات، ويعتبر مدير المدرسة المسؤول الأول أمام مدير التربية والتعليم فيما يتعلق بشئون مدرسته، وتنفيذ التعليمات الصادرة من وزارة التربية والتعليم أو من إدارة التربية والتعليم في المحافظة، ويفوض مدير التربية والتعليم على المستوى الإقليمي (المحافظة) بعض سلطاته وصلاحياته -الممنوحة له من قبل وزير التربية والتعليم- لمدير المدرسة حتى يستطيع تأدية الواجبات والمسؤوليات المحددة له من قبل السلطات الأعلى وهي وزارة التربية والتعليم.

ولقد تعددت تعريفات الإدارة المدرسية فهناك من يراها الهيئة القائمة بالنشاط الإداري التربوي والتعليمي بما لديها من أفراد (المدير- الوكيل- المعلمين- الموظفين) قادرين على اتخاذ القرارات المحققة لأهداف المدرسة.

أما إبراهيم عصمت مطاوع فيعرفها بأنها: "هي الوحدة القائمة بتنفيذ السياسة التعليمية، ويقوم على رأسها مدير أو ناظر، مسئوليته الرئيسة، هي توجيه المدرسة نحو أداء رسالتها، وتنفيذ اللوائح والقوانين التعليمية، التي تصدر من الوزارة[١]، وهناك من يرى أنها مجموعة من العمليات أو الأنشطة التي تحقق أهداف المدرسة[٢].

ويعرفها (عمر محمد خلف) بأنها «فرع من فروع الإدارة التربوية وهي معنية بالأنشطة التنفيذية»[٣]

(١) إبراهيم عصمت مطاوع، أمينة أحمد حسن: الأصول الإدارية للتربية، مرجع سابق، ص (١٩)..

(٢) عمر محمد خلف: أساسيات الإدارة والاقتصاد في التنظيمات التربوية، الكويت: منشورات دار السلاسل، ١٩٨٦م، ص (٣٢).

(٣) تيسير الدويك وآخرون: أسس الإدارة التربوية والمدرسية والإشراف التربوي، عمان: دار الفكر للنشر والتوزيع، (ب.ت) ص (٥١).

بينما يُعرفها (محمد منير مرسي وآخر) بأنها «عملية تخطيط وتنظيم وتنسيق لكل الأعمال التربوية والتعليمية التي تحدث داخل المدرسة أو خارجها تحت إشرافها من أجل تحقيق أهداف المدرسة»[١].

أما حمد السلوم فيعرفها بأنها «مجموعة من العمليات الوظيفية التي يقوم بها مدير المدرسة ومساعدوه بغرض تنفيذ مهام المدرسة ومساعدتها على القيام بوظيفتها وتحقيق أهدافها»[٢].

أما (عبد الله بن عبد الرحمن الفايز) فيعرفها بأنها «مجموعة من الجهود المنظمة التي يقوم بها أفراد داخل إطار واحد هو المدرسة لتحقيق الأهداف التربوية المرسومة والتي ينعكس آثارها على المجتمع»[٣].

بينما يعرفها (محمد سيف الدين فهمي وحسن عبد الله المالك) بأنها «جميع الجهود والنشاطات المنسقة التي يقوم بها فريق العاملين بالمدرسة الذي يتكون من المدير ومساعديه والمدرسين والإداريين والفنيين بغية تحقيق الأهداف التربوية داخل المدرسة وخارجها وبما يتمشى مع ما يهدف إليه المجتمع من تربية أبنائه تربية صحيحة وعلى أسس سليمة»[٤].

---

(١) محمد منير مرسي، وهيب سمعان: الإدارة المدرسية الحديثة، القاهرة، عالم الكتب، ١٩٧٥م، ص (٦٦).

(٢) حمد بن إبراهيم السلوم: التربية والتعليم في المملكة العربية السعودية، مرجع سابق، ص (٤٥٧).

(٣) عبد الله بن عبد الرحمن الفايز: الإدارة التعليمية والإدارة المدرسية، ط٢، الرياض: مكتب التربية العربي لدول الخليج ١٤١١هـ ١٩٩٣م، ص (٩).

(٤) محمد سيف الدين فهمي، حسن عبد المالك محمود: تطور الإدارة المدرسية في دول الخليج، الرياض: مكتب التربية العربي لدول الخليج، ١٤٢٧هـ - ١٩٢٣م، ص (٧٠).

ومن هذا المنطلق فإن الإدارة المدرسية هي التي تقوم بتنفيذ السياسة التعليمية -إجرائيًا وعمليا- وفق الإمكانات البشرية والمادية المتاحة، وهي مجموعة من الأنشطة المنظمة والمقصودة التي يقوم بها الإداريون والمعلمون وغيرهم بغرض تنفيذ المهام المدرسية، ويعني ذلك أن الإدارة المدرسية وسيلة وليست غاية، فهي وسيلة لتحقيق أهداف المدرسة.

ولما كانت الإدارة المدرسية جزء لا يتجزأ من إدارة التربية والتعليم (الإدارة التربوية والتعليمية) التي تشكل جزءًا من الإدارة العامة، فإن وظائفها هي الوظائف الإدارية نفسها، وأن الاختلاف بين هذه المفاهيم الثلاثة (الإدارة العامة- الإدارة التربوية- الإدارة المدرسية) ليس اختلافا في النوع وإنما اختلاف في الدرجة، وهذا يقتضي من جهاز الإدارة المدرسية أن يقوم بمجموعة من الأنشطة أو الوظائف التي تبدأ بالتخطيط، ثم التنظيم، والتنسيق، واتخاذ القرارات، والتوجيه، والرقابة، والتقويم لتحقيق الأهداف المدرسية المحددة.

وتجدر الإشارة هنا إلى أن الإدارة المدرسية- في المملكة العربية السعودية- تمثل المستوى التنفيذي في إدارة التربية والتعليم في التعليم العام- الابتدائي- المتوسط- الثانوي) وهي حلقة الوصل بين إدارة التربية والتعليم (بنين، وبنات) بالمحافظة (المستوى الإقليمي اللامركزي) من جهة وبين (الطلاب أو الطالبات) وأولياء أمورهم من جهة أخرى، ويوضح ما سبق الشكل التالي:

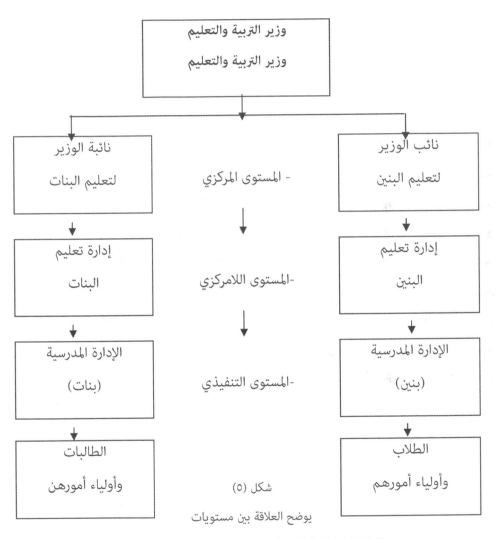

شكل (٥)

يوضح العلاقة بين مستويات

الإدارة التربوية والتعليمية الثلاثة في المملكة العربية السعودية

وأيضًا تجدر الإشارة إلى أن الإدارة المدرسية الحديثة تشهد تغييرات واسعة في الوقت الحاضر، وذلك بسبب التغيرات التي حدثت في علوم الاتصال وظهور مفاهيم حديثة مثل: إدارة الوقت، الأزمات، إدارة الجودة الشاملة، بناء الفريق، إدارة المفاوضات، التفكير الإبداعي، وغير ذلك.

ومن هنا ينبغي على جهاز الإدارة المدرسية الأخذ بهذه المفاهيم الإدارية الحديثة وتطبيقها في مجالات العمل المدرسي [1].

١٢-أهمية الإدارة المدرسية [2]:

هناك عدة أسباب تؤكد أهمية الإدارة المدرسية، نورد بعضًا منها فيما يلي:

أ-ضرورية لكل مدرسة (ابتدائية- متوسطة- ثانوية).

إن وجود عدد من المدرسين والموظفين والطلاب، وقدر من المال، لا يؤدي إلى إتمام إعداد هؤلاء الطلاب، فلابد من (إنسان) بالتعاون والمشاركة مع آخرين يضع الأهداف المواد تحقيقها، ويقرر من يقوم بكل مهمة من مهام العمل، وتوجيههم وإرشادهم وتنسيق التعاون بينهم، ورفع روحهم المعنوية وتنمية التعاون الاختياري بينهم، ويقرر بما إذا كانت الأعمال التي تمت بالجهد الجماعي -مطابقة للأعمال المطلوب إتمامها وسبب القصور إن وجد، وكيف يمكن تصحيحه - وهذا (الإنسان) ومن يعاونوه ضروريون لكل جهد جماعي في كافة الأعمال التعليمية التي منها العمل المدرسي، أي أن الإدارة المدرسية لازمة لكل جهد جماعي مهما كان مستواه -مدرسة

(١) صلاح عبد الحميد مصطفى، فدوي فاروق عمر: مقدمة في الإدارة والتخطيط التربوي، مرجع سابق، ص ص (٣٢- ٤٣).
(٢) صلاح عبد الحميد مصطفى: الإدارة المدرسية في ضوء الفكر الإداري المعاصر، الرياض، دار المريخ للنشر ١٩٩٨م، ص (٣٩-٤٠)

ابتدائية، متوسطة، ثانوية- وأنها وسيلة لتطوير المدرسة، وهي مسؤولية جماعية وليست فردية.

ب- تنفيذ الأعمال بواسطة آخرين بتخطيط وتنظيم وتوجيه ورقابة مجهوداتهم وتصرفاتهم.

من طبيعة النشاط الإداري، تحديد الأهداف، وتحديد العناصر الواجب استخدامها وتحديد كيفية هذا الاستخدام، والوقت اللازم لتنفيذ كل مهمة من مهام العمل، ووضع ذلك في خطة يسير عليها الرئيس الإداري (مدير المدرسة) في المستقبل (وهذا ما يسمى بالتخطيط)، ثم يقوم (مدير المدرسة) بتحديد من سيقوم بأداء كل مهمة من مهام العمل الذي تقرر في الخطة، وهو بهذا يقوم بتحديد المسؤولية ومنح السلطة اللازمة، فتحديد المسؤولية والسلطة هما أساس التنظيم، ولابد للرئيس الإداري (مدير المدرسة) من توجيه مرؤوسيه وإرشادهم عن كيفية إتمام الأعمال، وتنمية التعاون الاختياري بينهم وهذا ما يسمى بالتوجيه ويجب على الرئيس الإداري (مدير المدرسة) أن يقوم بالتأكد من أن ما تم مطابق لما هو في الخطة، وهذا ما يطلق عليه بالرقاب، فالتخطيط والتنظيم والتوجيه والرقابة عناصر الإدارة ووظائف الرؤساء الإداريين، مهما اختلفت مجالات الإدارة ونطاقها.

جـ- الاستخدام الأمثل للموارد البشرية والمادية المتاحة:

إن المبرر من وجود الإدارة المدرسية هو الاستخدام الأمثل للموارد المادية والبشرية من طلاب ومدرسين وموظفين وأدوات تعليمية وأموال لتحقيق حاجات التلاميذ وتنمية شخصياتهم إلى أقصى ما تعينهم عليه قدراتهم واستعداداتهم، ولهذا يجب أن تكون تصرفات وقرارات مدير المدرسة قادرة على تحويل الموارد المادية والبشرية المتاحة إلى مشاريع وبرامج تربوية وتعليمية مفيدة.

د-الإشباع الكامل للحاجات والرغبات الإنسانية داخل المدرسة وخارجها:

إن مدير المدرسة كرئيس للإدارة المدرسية، ليس حرًا في اتخاذ ما يراه من قرارات، وإنما يحكم تصرفاته قاعدة (المسؤولية الاجتماعية) فعليه أن يأخذ بعين الاعتبار الحاجات الاقتصادية والاجتماعية والثقافية للمدرسين والطلاب والمجتمع الذي توجد به المدرسة عند إصداره للقرارات المختلفة، كما أنه مسئول عن الوصول إلى أعلى مستوى من التوازن بين المصالح المتعارضة لأفراد المجتمع المدرسي ككل، فإذا اتخذ قرارًا من شأنه أن يحدث منفعة لفئة معينة من العاملين وجب عليه التأكد من أن الفئات الأخرى لن يصيبها ضررًا من اتخاذ مثل هذا القرار.

١٣-وظيفة الإدارة المدرسية الحديثة [١]:

لقد أدى تطور الفكر الإداري والفلسفي والتربوي إلى تغير وظيفة الإدارة المدرسية واتساع مجالها في الوقت الحاضر، فلم تعد الإدارة المدرسية مجرد عملية روتينية تهدف لتسيير شئون المدرسة سيرا رتيبا وفق قواعد وتعليمات معينة صادرة من السلطات التعليمية الأعلى كالمحافظة على نظام المدرسة وحصر غياب التلاميذ وحضورهم وحفظهم للمقررات المدرسية وصيانة الأبنية المدرسية وتجهيزاتها وتركز على الحاضر ومشكلاته، إلى وظيفة ترى أن المتعلم محور التربية والتعليم في المدرسة، وتركز على تنظيم وتسهيل وتطوير نظام العمل بالمدرسة، وتهتم بالمستقبل مع الاهتمام بالحاضر ومشكلاته، وتوفير المعلومات والبيانات باعتبارها مصدر قوتها وكفاءتها، ووضع الموظف في الوظيفة التي تتناسب مع قدراته وخبراته ومؤهلاته الدراسية، وتوفير الظروف والإمكانات المادية والبشرية التي تساعد على تحقيق الأهداف التربوية

---

(١) صلاح عبد الحميد مصطفى: الإدارة المدرسية في ضوء الفكر الإداري المعاصر، ط ٢، الرياض: دار المريخ للنشر، ١٩٩٤.

والاجتماعية، وتطوير المناهج الدراسية، وتنمية المعلمين مهنيًا، والنهوض بالمكتبات المدرسية، ورعاية الموهوبين، وعلاج المتأخرين دراسيا، وتقديم الخدمات الصحية للطلاب، وإعداد برامج التوجيه والإرشاد الطلابي، والإشراف على النواحي المالية للمدرسة، وتعزيز العلاقة بين المدرسة وبيئتها (المجتمع المحلي) والاستفادة من هذه العلاقة في خدمة العملية التعليمية والتعلمية... وغير ذلك.

ومن هنا فإن الإدارة المدرسية الحديثة تتضمن جوانب إدارية وفنية، يخدم كل منهما الآخر، وبما يحقق أهداف المدرسة، بيد أن الملاحظ في مدارسنا العربية أن الإدارة المدرسية تعطي كل اهتمامها ووقتها للجوانب الإدارية وتغفل الجوانب الفنية رغم أهميتها وضرورتها للإدارة المدرسية الحديثة.

وهي –أي الإدارة المدرسة- عند قيامها بوظائفها الإدارية والفنية لابد أن تراعي ما يلي:

أ- اختيار البديل الملائم (اتخاذ القرارات) لتحقيق الأهداف التربوية بأقل ما يمكن من المال والوقت والجهد، أي تحقيق مبدأ الكفاءة الإنتاجية Efficiency.

ب- شحذ الهمم أي حفز العاملين Motivation والتنسيق فيما بينهم.

جـ- التأكد من تحقيق الأهداف واكتشاف الانحرافات واتخاذ ما يلزم من إجراءات تصحيحية، ومتابعة تنفيذ هذه الإجراءات للتأكد من ملاءمتها لوضع الثواب للأكفاء وإيقاع العقوبات Discipline بالمهملين في أعمالهم.

وتجدر الإشارة هنا إلى أن الإدارة المدرسية بصورتها القديمة- والتي ما زالت في نظمنا التعليمية العربية - «صممت أساسًا لتخدم دورًا إشرافيًا وتنظيميًا في الوقت الذي تحتاج فيه النظم التعليمية إلى نوع من الإدارة المدرسية الحديثة أكثر فاعلية، يستهدف

التنمية التعليمية ويأخذ في حسبانه المبادأة ويفك عقال الابتكار والتجديد داخل النظام كله ويحقق النمو والتغير الملائم لمقتضيات العصر »[١].

وحتى تحقق الإدارة المدرسية الأهداف المرجوة منها، في ضوء السياسة التعليمية التي يؤمن بها المجتمع «ينبغي أن نخرج من مفهومها التقليدي لتكون عمليات فنية وتنظيم للعلاقات الإنسانية من أجل أهداف مشتركة يتطلب تحقيقها تخطيطًا مشتركًا وتقويمًا مستمرًا، فالوظيفة الفكرية للمدرسة مشتركة بين المعلمين وجميع أطراف العملية التربوية وفي مقدمتهم مديري المدارس »[٢] ولذلك لابد أن نضع قدرًا أكبر من الصلاحيات والسلطات بين يدي مدراء المدارس مهما كان نظام الإدارة التعليمية المأخوذ به نظاما مركزيا أو لا مركزيا أو نظاما يقوم على المشاركة بين المركزية واللامركزية فالوحدة التعليمية التي تعني الكثير في نظر التلاميذ وأولياء أمورهم وأفراد المجتمع كافة هي المدرسة التي ينتسبون إليها، وهي القائمة فعلا بتنفيذ السياسة التعليمية، وعندما يدرك مدراء المدارس أن مدارسهم وحدات مستقلة في النظام التعليمي فإنهم سيقدرون أهمية وظيفتهم والمسؤولية الضخمة التي يضطلعون بها في سبيل تطوير وتحسين العمل بهذه الوحدات التعليمية حتى تحقق الأهداف التربوية والاجتماعية المحددة لها من قبل المجتمع.

إن الإدارة المدرسية لم تعد في ضوء ما تحدثنا عنه عملا يستطيع كل فرد أداؤه وبالكفاءة المطلوبة، فقد أصبحت (علما) له أصوله وقواعده و (فنا) يحتاج فيمن

---

(١) Philip . H: Coombs: The World Educational Crisis System Analysis, Published by Oxford University press. ١٩٨٦, p . ٦٢

(٢) محمد عبد الهادي عفيفي: في أصول التربية، الأصول الفلسفية للتربية، القاهرة، مكتبة الأنجلو المصرية، ١٩٧٤م، ص (٣٨).

سيمارسه إلى صفات وسمات شخصية ونفسية وعقلية خاصة و (مهنة) لها أخلاقياتها وتقاليدها المستمدة من القيم الاجتماعية والاقتصادية الإيجابية.

لذلك ينبغي على النظم التعليمية أن تكون حريصة كل الحرص عند اختيار مدراء المدارس، فيتم اختيارهم بعناية فائقة وفق شروط معينة بالإضافة إلى تدريبهم قبل الخدمة وأثنائها وإمدادهم بالنظريات والمفاهيم الإدارية والنفسية والتربوية والاجتماعية والاقتصادية وكيفية إجراء البحوث الميدانية وغيرها حتى يكون تدريبا فعالا، وتُعد قادة إداريين يملكون قدرات إدارية تمكنهم من تأدية وظائف الإدارة المدرسية.

١٤-العلاقة بين الإدارة المدرسية والإدارة التربوية والتعليمية والإدارة العامة:

تمثل الإدارة المدرسية وحدة أو جزء لا يتجزأ من الإدارة التربوية والتعليمية، أو فرع من فروعها، وصورة مصغرة لتنظيماتها واستراتيجية محددة تتركز فيها فعاليتها [1] ويتحدد مستواها الإجرائي بأنه على مستوى المدرسة، وهي -أي الإدارة المدرسية- ليست كيانًا منفصلا ومستقلا أو قائمًا بذته بقدر ما هي جزء من الكيان الأكبر وهو الإدارة التربوية والتعليمية [2] التي تشكل جزءًا من الإدارة العامة Public Administration ، وتقوم الإدارة التربوية والتعليمية العليا (وزارة التربية والتعليم) برسم السياسة التعليمية على مستوى المجتمع بينما تقوم الإدارة المدرسية بتنفيذ هذه السياسة بكل دقة وإتقان وأن هناك ارتباطًا وثيقًا بينهما، ويدوران حول محور واحد هو التربية والتعليم، وصلة الأولى بالثانية هي صلة العام بالخاص [3] ويتشكل نمط

---

(١) محمد منير مرسي: الإدارة التعليمية، أصولها وتطبيقاتها، مرجع سابق، ص (١١).

(٢) عبد اللـه بن عبد الرحمن الفايز: الإدارة التعليمية، أصولها وتطبيقاتها، مرجع سابق، ص (١١).

(٣) إبراهيم عصمت مطاوع، أمينة حسن، الأصول الإدارية للتربية، مرجع سابق، ص (١٢).

الإدارة المدرسية وفقا لنمط الإدارة التربوية التعليمية (أوتقراطي- تسلطي- تشاركي- تسيبي) ويتفقان في الإطار العام للعملية الإدارية ووظائفها ويختلفان في أسلوب العمل وفنياته، والفارق بينهما هو فارق بين الجزء والكل.

ويتمثل محور عمل الإدارة المدرسية في كل ما تقوم به المدرسة في سبيل تحقيق أهدافها، بينما محور عمل الإدارة التربوية والتعليمية أوسع وأشمل ويتصل بالنظام التعليمي ككل في المجتمع وتحقيق الأهداف العامة للتعليم وفق ما جاء بسياسة التعليم، ويعني ذلك أن الفارق بين الإدارة المدرسية والإدارة التعليمية هو فارق في الدرجة وليس في النوع، كما هو الفارق بين الإدارة التربوية والتعليمية والإدارة العامة.

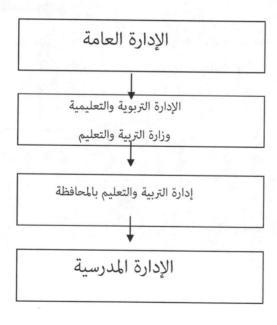

شكل (٦)

يوضح الشكل السابق العلاقة بين الإدارة العامة والإدارة التربوية والتعليمية وإدارة التربية والتعليم بالمحافظة والإدارة المدرسية ويعني ذلك أن العلاقة بين الإدارة المدرسية والإدارة التعليمية هي علاقة الكل بالجزء، وهي علاقة وثيقة وتفاعلية وتكاملية، ولذلك ينبغي أن تقوم على الود والتفاهم والثقة والاحترام المتبادل لأنهما يعملان معًا على تحقيق الأهداف التربوية والتعليمية، وأيضًا يجب على كافة مستويات الإدارة التربوية والتعليمية تقديم العون والمساعدة المالية والفنية للإدارة المدرسية وإمدادها بالقوى البشرية المؤهلة لتنفيذ السياسة التعليمية، كما تقوم بالإشراف والرقابة عليها لتضمن سلامة هذا التنفيذ [1].

لكل ذلك فإن الإدارة المدرسية تقوم على مبادئ وقواعد إدارية مستمدة من الإدارة العامة، ولذلك ينبغي على مدير المدرسة أن يكون ملمًا بها حتى يتمكن من تأدية دوره الإداري ينجاح.

١٥- تنظيم الإدارة المدرسية:

المدرسة هي الوحدة الأساسية القائمة بتنفيذ السياسة التربوية والتعليمية، من خلال التنظيم الإداري الخاص بها، ويعني ذلك أن الإدارة المدرسية كتنظيم إداري واجتماعي هي الوسيلة العملية لتنفيذ السياسات التربوية والتعليمية.

أ-تعريف تنظيم الإدارة المدرسية:

يُعرف تنظيم الإدارة المدرسية بأنه "الإطار الذي يتم من خلاله تفاعل كل العناصر التي تتكون منها الإدارة المدرسية، وتتمثل في الأهداف التعليمية والإمكانات البشرية المادية والطرق والوسائل وأنماط وأشكال العلاقات وذلك بقصد تحقيق أهداف المدرسة.

(١) محمد منير مرسي: الإدارة التعليمية، أصولها وتطبيقاتها، مرجع سابق، ص (١١).

ويعرفه آخر بأنه "تحديد للبرامج والوسائل والأنشطة المدرسية وترتيبها في مجموعات تمكن من إناطة القيام بها إلى الأفراد العاملين بالمدرسة»[١].

أما (ليندال إيرويك L. Urwick) فهو يعرف التنظيم بأنه تحديد للأنشطة الضرورية من أجل تحقيق أي هدف (إنتاج مادي في مصنع أو إنتاج اجتماعي في المدرسة مثلا) وترتيبها وتنظيمها في أقسام أو مجموعات يمكن تكليف الأفراد بأدائها)[٢].

ويلاحظ أن هذه التعريفات وغيرها تتفق فيما بينها على أن تنظيم الإدارة المدرسية هو الإطار الذي يتم بموجبه ترتيب جهود جماعة من الأفراد وتنسيقها في سبيل تحقيق أهداف محددة.

ب-عناصر تنظيم الإدارة المدرسية:

من خلال تعريفات تنظيم الإدارة المدرسية يتبين أنه يتضمن مجموعة من العناصر وهي[٣]:

١- أهداف واضحة ومحددة ومتفق عليها ومطلوب إنجازها.

٢- الإمكانات أو الموارد التي تشتمل على المبنى المدرسي ومرافقه ووسائل التكنولوجيا التعليمية والمكتبة والمختبر وقاعات للنشاط الطلابي.

---

(١) أحمد شاكر عصفور: أصول التنظيم والأساليب، جدة: دار الشروق، ١٩٧٣، م ص (٦١).

(٢) نبيل السمالوطي: التنظيم المدرسي والتحديث التربوي، دراسة في اجتماعيات التربية الإسلامية، جدة: دارالشروق، ١٩٩٢، ص (١٨).

(٣) نبيل السمالوطي: التنظيم المدرسي والتحديث التربوي، دراسة في اجتماعيات التربية الإسلامية مرجع سابق، ص (١٩).

٣- الهيكل التنظيمي Organizational Structure ويأخذ شكل الهرم، تتمثل قمته في مدير المدرسة وقاعدته في العاملين في المدرسة (المعلمين، المرشد الطلابي، مسؤول المختبر، الإداريين، وغيرهم بمختلف المستويات)[1] ويحدد الهيكل أسلوب توزيع الأفراد العاملين بين الأعمال والنشاطات المختلفة ويوضح علاقاتهم الوظيفية، وخطوط الاتصال ومواقع المسؤولية واتخاذ القرارات.

٤- مجموعة من الأفراد (المدير، الوكيل، المعلمون، التلاميذ... الخ) تقوم بينهم تفاعل علاقات تنظيمية محددة في الهيكل التنظيمي وهؤلاء الأفراد يوجد مستمر ويحدد هذا التفاعل شكل التنظيم، واتجاهاته، وأهدافه، ووسائله، كما يقوم هؤلاء الأفراد بأداء أعمال محددة متخصصة وتقوم بينهم علاقات تنظيمية وشخصية خلال أدائهم لهذه الأعمال، وهؤلاء الأفراد أهم عناصر التنظيم لأنهم القوة الدافعة الحقيقية والمحركة للتنظيم حيث يقومون بالتنفيذ الفعلي للنشاطات.

٥- مجموعة من النشاطات التي يمارسها التنظيم التعليمي من أجل بلوغ أهدافه (كالتدريس في الصفوف، توفير الظروف المناسبة للتعليم، الأنشطة الصيفية واللا صيفية ونحو ذلك.

٦- اشتراك الأفراد في تحقيق الأهداف، وذلك بتقسيم الأعمال بينهم وفق التخصص.

٧- أسلوب نمطي للعمل، وذلك عن طريق الإجراءات المفصلة والقواعد المحددة التي يضعها التنظيم من أجل تحديد أسلوب سير العمل وكيفية أداء الأعمال أو الأنشطة التربوية والتعليمية[2] وهكذا تترك الحرية لكل فرد لأن يقرر الإجراءات والقواعد وفق هواه.

---

(١) صلاح الدين جوهر، مقدمة في إدارة وتنظيم التعليم العام، مرجع سابق، ص (١٨٩).
(٢) نبيل السمالوطي: التنظيم المدرسي والتحديث التربوي، مرجع سابق، ص (١٩).

٨- نظام للاتصال الفعال ينقل الأفكار والقرارات والاقتراحات بحيث يستطيع نقل القرار من أعلى لأسفل ومن أسفل لأعلى أو على المستوى الأفقي[١].

ويعني ذلك أن التنظيم الإداري للمدرسة يتمثل في وجود عدد من الأفراد الذين تربط بينهم علاقات تنظيمية وهم مدير المدرسة، وكيل المدرسة، المعلمون، المرشد الطلابي وغيرهم، وأيضًا وجود مجموعة من الأهداف الواضحة المحددة للمدرسة وأهدافه خاصة لكل نشاط من الأنشطة التربوية والتعليمية، ويقتضي ذلك تكليف كل فرد أو مجموعة من الأفراد بأدوار ومهام معينة، وبمعنى آخر تكليفهم بمسؤوليات وواجبات واضحة ومحددة مع منحهم السلطات الكافية التي تمكنهم من القيام بهذه الأعمال وضع الشخص المناسب في المكان المناسب، وأن يؤخذ رأي الأفراد فيما يفضلون من أعمال تتفق وقدراتهم ومؤهلاتهم العلمية، مع ضرورة تحديد الفرد المسؤول عن كل عمل من الأعمال الفنية والإدارية في المدرسة [٢].

ويوضح الشكل التالي خريطة تنظيم الإدارة المدرسية في المرحلة المتوسطة والمرحلة الثانوية في إحدى البلاد العربية وهي المملكة العربية السعودية.

(١) نفس المرجع ص (٢١).

(٢) صلاح عبد الحميد مصطفى، فدوي فاروق عمر: مقدمة في الإدارة والتخطيط التربوي، مرجع سابق، ص (١٣٥).

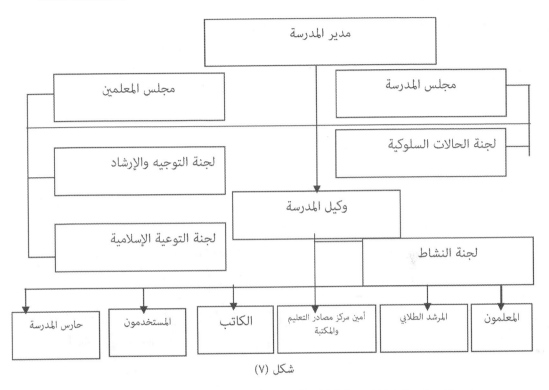

شكل (٧)

يبين خريطة تنظيم الإدارة المدرسية في المرحلة المتوسطة والمرحلة الثانوية في المملكة العربية السعودية

ويتبين من دراسة خريطة التنظيم أنه تنظيم تنفيذي Line organization أو

تنظيم راسي تنازلي، يتكون من ثلاثة مستويات إدارية، مستوى المدير ومستوى

الوكيل أو المساعد ومستوى المعلمين وغيرهم، ونطاق إشرافه (١٣) وهو أبسط أنواع التنظيم لأن السلطة تسير فيه بشكل تسلسلي من أعلى إلى أسفل.

وتتركز السلطة في يد المدير الذي يشرف على كل ما يختص بمدرسته، فهو الذي يصدر الأوامر والتعليمات وإليه ترجع كل الأمور.

ويتميز هذا التنظيم بالبساطة والوضوح في العلاقات حيث يعرف كل فرد مهامه ومسؤولياته، كما يتميز بالسرعة في اتخاذ القرارات وحل المشكلات التي تواجه المدرسة، ويعتبر من أفضل أنواع التنظيم بالنسبة للمنظمات الصغيرة الحجم والبسيطة في أعمالها كالمدرسة [١].

ويتضمن تنظيم الإدارة المدرسية وجود مجالس ولجان استشارية متعددة لها وظائفها محددة تدور حول مساعدة المدير ومساعدة على تسيير الأمور وتطوير العمل المدرسي، وتحقيق المشاركة، وتنمية روح العمل الجماعي بين العاملين وبينهم وبين الطلاب، وكل ما يعمل على تحقيق أهداف تنظيم الإدارة المدرسية [٢]

وتتكون هذه المجالس واللجان من:

١- مجلس المدرسة.

٢- مجلس المعلمين.

٣- لجنة التوعية الإسلامية.

---

(١) محمد شاكر عصفور: أصول التنظيم والأساليب، جدة: دار الشروق، ١٩٧٣م ، ص (٨٢- ١٠٥).

(٢) المملكة العربية السعودية، وزارة المعارف:" القواعد التنظيمية لمدارس التعليم العام، ١٤٢٠هـ المواد (٢٨، ٤٦) ص ص (٣٧- ٣٩).

٤- لجنة التوجيه والإرشاد.

٥- لجنة الحالات السلوكية الطارئة.

٦- لجنة النشاط (وتتبع وكيل المدرسة).

وتشير أدبيات الإدارة المدرسية إلى أن إقامة الهيكل التنظيمي للمدرسة دون وجود قيادة إدارية ناجحة -على قمة تنظيم الإدارة المدرسية- قادرة على تحقيق العدل والمساواة بين المرؤوسين وتحقيق التعاون بينهم، وتحفيزهم على العمل، فغياب كل ذلك وغيره يؤدي إلى التسيب والفوضى والصراعات الداخلية، وعدم تحقيق الغاية من تنظيم الإدارة المدرسية [١].

أما تنظيم إدارة المدرسة المتوسطة والثانوية (بنات) فيتبين من الخريطة التنظيمية أنه يتكون من ثلاثة مستويات إدارية (مدير المدرسة- المساعدة- المعلمات وغيرهن) فضلا عن وجود مجالس ولجان (مجلس المدرسة- مجلس المعلمات- مجلس معلمات المواد، مجلس الأمهات، اللجان الإدارية) ونطاق إشرافه محدود وهو أبسط أنواع التنظيم ويتمشى إلى حد كبير مع الاتجاهات الحديثة في الإدارة والتي من بينها وحدة الأمر ويعني أن المعلمات والإداريات يتلقين التعليمات والأوامر من رئيسة واحدة فقط هي مديرة المدرسة، كما أن مقترحاتهم وآرائهم وطلباتهم ترفع إلى تلك الرئيسة مباشرة، وأيضا جماعية القيادة والمشاركة في اتخاذ القرار، ووضوح خطوط السلطة والعلاقات التنظيمية... الخ.

---

(١) نبيل السمالوطي: التنظيم المدرسي والتحديث التربوي، دراسة في اجتماعيات التربية الإسلامية، مرجع سابق، ص ص (١٩- ٢٠).

١٦-صفات وخصائص الإدارة المدرسية الناجحة:

تتصف الإدارة المدرسية الناجحة بمجموعة من الخصائص، ومن أبرزها ما يلي:

١- وضوح الأهداف التي تسعى الإدارة المدرسية إلى تحقيقها حتى يمكن اختيار الطرق والوسائل والأنشطة الكفيلة بتحقيق هذه الأهداف.

٢- التحديد الواضح للواجبات والمسئوليات وذلك بتقسيم واضح للعمل، وتوزيعه على الأفراد وفق قدراتهم وخبراتهم وطموحاتهم، مع تفويضهم السلطات والصلاحيات المناسبة لإنجاز ما أسند إليهم من مهام.

٣- وجود معايير محددة لقياس الأداء المحقق في ضوئها ومقارنته بالمستويات الموضوعة في الخطة، وتحديد نقاط الضعف في الأداء واتخاذ الإجراء التصحيحي وإلزاة الفجوة بين المخطط (المأمول) والواقع.

٤- تعبئة الإمكانيات البشرية والمادية المتاحة، واستثمارها بالطرق الملائمة لأداء العمل وتحسينه، ومن ثم تحقيق الجودة الشاملة في مخرجات التعليم والتعلم، مع الاقتصاد في الوقت والجهد والمال.

٥- توفر نظامًا للاتصال الفعال داخل المدرسة وبينها وبين السلطات التعليمية الأعلى أو بينها وبين المجتمع المحلي.

٦- تعتمد مبدأ جماعية العمل التشاركي وتنمية روح العمل في فريق والمشاركة في رسم السياسات المدرسية ووضع الخطط وتنفيذها وتقويمها وفي صنع القرار واتخاذه.

٧- تُدرك أن الإدارة (علم وعقل) وتعني علم بمعنى أنها تبني قراراتها على أساس من المعلومات والمبادئ الإدارية والحسابات المستقبلية، وهي عقل بمعنى أنها تعتمد على البدائل والموازنة بينها واختيار أفضلها (اتخاذ القرار) لمواجهة المشكلات أو المواقف

الإدارية المختلفة وتحقيق الأهداف بأقل تكلفة ممكنة، ومن ثم تستخدم هذه الإدارة التكنولوجيا الإدارية بشقيها العقلي والمادي.

٨-   تهيئة المناخ الملائم لإقامة علاقات إنسانية تستند على فهم حقيقي لأهمية احترام الفرد والثقة فيه وإشباع حاجاته ومساعدته على حل مشكلاته، وتحفيزه على العمل، وهذا يؤدي إلى تحقيق الولاء التنظيمي والانتماء للمدرسة، ويشعر الجميع بالرضا عن العمل.

٩-   تتسم بالمرونة التامة في الحركة والعمل وأن تبتعد عن الجمود وتتكيف وفق مقتضيات الموقف وتغير الظروف الداخلية والخارجية المؤثرة في المدرسة.

١٠- تجعل المعلمين والموظفين ملتزمين بأخلاقيات مهنة التعليم ويملكون الكفايات التي تجعلهم قادرين على أداء أدوارهم بتميز، ويحدث ذلك من خلال التنمية المهنية الذاتية والتدريب داخل المدرسة وبرامج التدريب الأخرى، وتطوير حاجات المعلين والموظفين والطلاب.

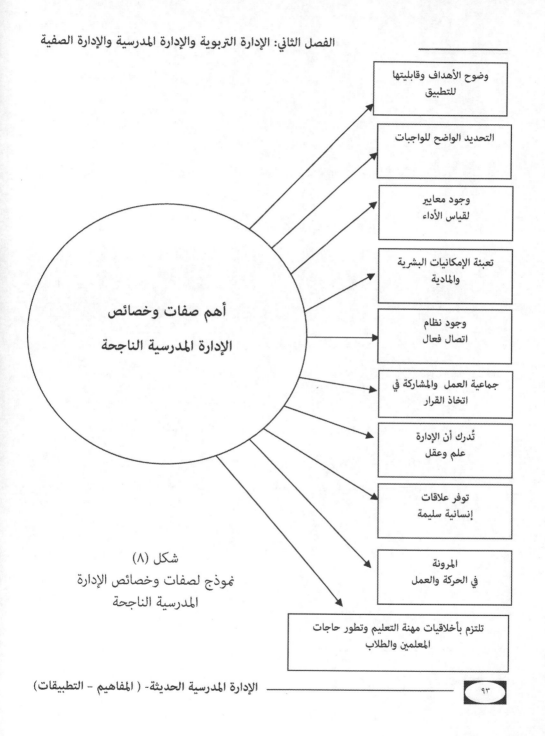

أهم صفات وخصائص
الإدارة المدرسية الناجحة

وضوح الأهداف وقابليتها للتطبيق

التحديد الواضح للواجبات

وجود معايير لقياس الأداء

تعبئة الإمكانيات البشرية والمادية

وجود نظام اتصال فعال

جماعية العمل والمشاركة في اتخاذ القرار

تُدرك أن الإدارة علم وعقل

توفر علاقات إنسانية سليمة

المرونة في الحركة والعمل

تلتزم بأخلاقيات مهنة التعليم وتطور حاجات المعلمين والطلاب

شكل (٨)
نموذج لصفات وخصائص الإدارة
المدرسية الناجحة

١٧-الوظائف الإدارية في المدرسة (الواجبات والمسئوليات)

أولاً: واجبات مدير المدرسة:

يعتبر مدير المدرسة أهم عناصر الإدارة المدرسية، فهو الرئيس المباشر للمدرسة، وهو المسئول عن سير العمل في مدرسته، وهو يستخدم كفاياته الإدارية في تلبية متطلبات العملية التربوية والتعليمية وتحقيق أهدافها.

ومدير المدرسة بصفة عامة أعلى سلطة إدارية بالمدرسة وفي النظم التعليمية التي يغلب عليها الطالب المركزي في الإدارة كنظام التعليم السعودي؛ فإنه يمكن تعريفه بأنه "القائد المحلي لمدرسته والذي يقوم بتنفيذ السياسة التعليمية العامة للدولة عن طريق ما يتاح له من موارد بشرية، وموارد مالية، وفقا للمعايير السائدة في هذا النظام، وهو الذي ينقل ويترجم لمرؤوسيه قرارات المستويات الأعلى، وبحكم تأثيره ونفوذه عليهم يستطيع أن يتوصل للطريقة التي يمكنهم بها تنفيذ هذه السياسة".

ومدير المدرسة مسئول عن مدرسته في الأعمال الفنية والإدارية والمالية وغيرها، وتأديته لهذه الواجبات بفعالية من شأنه أن يحقق أهداف المدرسة [(١)]

ويعد مدير المدرسة من أكثر الأفراد نفوذًا وسلطة بالمدرسة، ولذلك فإنه يؤثر إيجابًا وسلبًا في أداء مرؤوسيه، ومن هنا ينبغي أن يكون ملمًا بالمعارف والمهارات التي تمكنه من أداء أدواره القيادية والفنية والإدارية والتربوية وذلك من أجل تحقيق الأهداف المرجوة من العمل المدرسي.

---

(١) عماد محمد محمد عطية: الإدارة المدرسية (حاضرها ومستقبلها)، الرياض: مكتبة الرشد، ١٤٣١هـ- ٢٠١٠ ص ص (٢٠٦-٢٠٧)

ولقد حددت القواعد التنظيمية لمدارس التعليم العام في المملكة العربية السعودية اختصاصات وواجبات مدير المدرسة في المواد (٢٨-٤٦)، ومن بين هذه الواجبات أو المسئوليات ما يلي [1]:

<u>أ-المسئوليات الفنية:</u>

تتركز هذه المسئوليات حول كل ما من شأنه تحسين العملية التربوية والارتقاء بمستواها، ومن أبرز هذه المسئوليات ما يلي:

١- وضع الخطة السنوية التي تغطي كافة الأنشطة التعليمية التي يقوم بها المدير ومعاونيه خلال العام الدراسي.

٢- توجيه المدرسة وجهة أخلاقية، وهذا يفرض عليه أن يكون قدوة صالحة لأعضاء المدرسة.

٣- توفير أكبر قدر من الخدمات التربوية الاجتماعية والنفسية لطلاب المدرسة.

٤- توثيق الروابط بينه وبين المعلمين واحترام وجهة نظرهم وتشجيعهم على التعبير عن آرائهم.

٥- زيارة الفصول الدراسية بهدف تقويم المعلمين والطلاب، وبشرط أن تحدث أثرًا إيجابيًا على المنهج المدرسي بمفهومه الشامل.

٦- تخطيط وتنظيم الاختبارات المدرسية والإشراف على تنفيذها وفق اللوائح المنظمة لذلك ودراسة نتائجها بغرض الاستفادة منها مع إرسال تقارير لأولياء الأمور عن نتائج التحصيل الدراسي لأبنائهم.

---

(١) المملكة العربية السعودية: وزارة المعارف: القواعد التنظيمية لمدارس التعليم العام، ١٤٢٠ هـ (المواد ٢٨-٤٦)، ص ص (٣٧-٣٩).

٧- تقديم التقارير الفنية والإدارية إلى السلطات العليا للتعليم في المناطق والإدارات التعليمية.

٨- تقويم الأداء الوظيفي للعاملين بالمدرسة وفقا للتعليمات المنظمة لذلك مع مراعاة الموضوعية والتحقق من الشواهد المؤيدة لما يضعه من تقديرات.

٩- تفعيل دور المجالس واللجان المدرسية وتنظيم الاجتماعات مع هيئة العاملين بالمدرسة لمناقشة الجوانب الإدارية والتنظيمية، وضمان قيام كل فرد بمسئولياته وواجباته على الوجه المطلوب.

١٠- تهيئة وكيل المدرسة للقيام بأعمال المدير عند الحاجة.

١١- مساعدة المعلمين الجدد وتقديم العناية الخاصة بهم وتزويدهم بالتعاميم والقرارات واللوائح والتعليمات المنظمة للعمل المدرسي، ويوثق زيارته لهم في الفصل وتوجيهاته في (سجل المتابعة الخاص بالمعلمين وتقويمهم) ويبلغ المعلم كتابيا عقب كل زيارة بما عليه من ملاحظات.

١٢- التعاون مع المشرفين التربويين وغيرهم ممن تقتضي طبيعة عملهم زيارة المدرسة وتسهيل مهماتهم ومتابعة تنفيذ توجيهاتهم وتوصياتهم والمبادرة في دعوة المشرف التربوي المختص عند الحاجة.

<u>ب- المسئوليات الإدارية والمالية</u>

ويمكن حصر بعضها فيما يلي:

١- تنفيذ القوانين والنظم واللوائح والتعاميم التي تصدرها الوزارة وإدارة التربية والتعليم.

٢- قبول الطلاب الجدد والمحولين من مدارس أخرى وإعادة قيدهم في حدود اللوائح والتعليمات المنظمة لذلك.

٣- توزيع الطلاب على الفصول الدراسية في بداية كل عام دراسي.

٤- توزيع أعمال المدرسة خلال العطلة الصيفية على وكلاء المدرسة ومعلميها ولا يجوز إنابة معلم عن مدير المدرسة إلا إذا خلت المدرسة من الوكلاء.

٥- تفقد منشآت المدرسة وتجهيزاتها والتأكد من نظافتها وسلامتها وحسن مظهرها وإعداد سجل خاص بحالة المبنى وأعمال الصيانة والمبادأة في إبلاغ إدارة التعليم عن وجود أية ملاحظات يخشى من خطورتها.

٦- توزيع الإشراف اليومي على معلمي المدرسة مع مراعاة العدالة في التوزيع.

٧- اعتماد الوثائق والشهادات الصادرة من المدرسة.

٨- تكوين اللجان الخاصة بشؤون التوريدات والعهد.

٩- حصر احتياجات المدرسة من قوى بشرية ومادية، ورفعها للإدارة التعليمية قبل بداية العام الدراسي.

١٠- الإشراف على الشئون المالية المتعلقة بالمقصف المدرسي والسلفة المدرسية وفقًا للتعليمات المنظمة للصرف مع مراعاة الأغراض التربوية.

١١- تسجيل لجان الجرد السنوي واستلام وإضافة وقيد عهدة جديدة.

١٢- مراجعة السجلات والدفاتر المالية والإدارية من وقت لآخر.

١٣- رئاسة مجلس إدارة المدرسة ومتابعة تنفيذ قراراته.

ثانيًا: مسؤوليات أو واجبات وكيل المدرسة:

يقوم وكيل المدرسة بمساعدة المدير في أداء جميع الأعمال الفنية والإدارية، وينوب عنه في حالة غيابه، وتشتمل أهم واجباته على ما يلي:

١- الإشراف على قبول الطلاب الجدد وفحص وثائقهم وملفاتهم عند التسجيل والتحويل.

٢- الإعداد للأسبوع التمهيدي وتنظيم استقبال الطلاب الجدد ومتابعة أعمال اللجان المشكلة لهذا الغرض.

٣- متابعة الحالات المرضية لدى الطلاب بصفة عامة، والمعدية منها بصفة خاصة وإحالتها للعلاج واتخاذ اللازم للوقاية منها.

٤- الإشراف على توقيت الحصص بداية ونهاية والتأكد من وجود المعلمين في فصولهم وفق الجدول اليومي ومعالجة ما قد يطرأ من حالة تأخر أو غياب بعض المعلمين.

٥- الإشراف على مرافق المدرسة ومتابعة المحافظة عليها وصيانتها.

٦- المشاركة في المجالس واللجان المدرسية والإسهام في متابعة تنفيذ قرارتها.

٧- توزيع الأعمال على الكتبة والمستخدمين والعمال ومتابعة أدائهم لأعمالهم.

٨- تنظيم قاعدة المعلومات والسجلات والملفات اللازمة للعمل في المدرسة.

٩- إعداد ملف لكل معلم وموظف يحفظ فيه جميع البيانات والمعلومات الخاصة به.

ومن الملاحظ أن واجبات المدير ووكيل المدرسة متكاملة، وأن نجاح الإدارة المدرسية يتوقف بشكل كبير على فعالية العلاقات التنظيمية بينهما، فضلا عن توفر قدر كبير من الثقة المتبادلة والمشورة الصادقة والتعاون المشترك بينهما وبين جميع العاملين في هيئة المدرسة.

<u>ثالثاً: واجبات المعلم:</u>

يشكل المعلم عنصرًا مهمًا في الإدارة المدرسية، كما أن دوره مؤثر وفعال في نجاح الإدارة وتحقيق أهدافها، ومن أبرز واجبات المعلم ومسئولياته ما يلي:

١- الالتزام بأحكام الإسلام والتقيد بالأنظمة والتعليمات وقواعد السلوك والآداب، واجتناب كل ما هو مخل بشرف المهنة.

٢- احترام الطالب ومعاملته معاملة تربوية تحقق له الأمن والطمأنينة وتشعره بقيمته وترعى موهبته وتغرس في نفسه حب المعرفة وتؤصل فيه الاستقامة والثقة بالنفس.

٣- المشاركة في الإشراف اليومي على الطلاب وشغل حصص الانتظار والقيام بعمل المعلم الغائب.

٤- ريادة الفصل الذي يسنده إليه مدير المدرسة والقيام بالدور التربوي والإرشادي الشامل تجاه طلاب ذلك الفصل.

٥- تنفيذ ما يسنده إليه مدير المدرسة من برامج النشاط والالتزام بما يخصص لهذه البرامج من ساعات.

٦- التعاون مع إدارة المدرسة وسائر المعلمين والعاملين بالمدرسة في كل ما من شأنه تحقيق انتظام العمل المدرسي وجديته لتحقيق أهداف المدرسة.

٧- السعي لتنمية ذاته علميًا ومهنيًا وتطوير طرائقه في التدريس واستخدام تكنولوجيا التعليم، والمشاركة في الاجتماعات واللجان وبرامج النشاط والدورات التدريبية التجديدية وورش العمل الذي ينظمها الإشراف التربوي.

٨- التعاون مع المشرفين التربويين والاستفادة مما يقترحونه وما يقدمونه من تجارب وخبرات.

١٨- بعض مشكلات الإدارة المدرسية في المملكة العربية السعودية:

هناك مشكلات في الإدارة المدرسية في المملكة، بعضها يتعلق بالقوانين واللوائح المنظمة، والآخر يتعلق بالمعلمين أو الطلاب، وكذلك العلاقة بين مراكز الإشراف التربوي وإدارات المدارس، وأيضًا مشكلات تتعلق بمدير المدرسة، وقد حددها (حمد بن إبراهيم السلوم) فيما يلي [١]:

أ- كثير من مدراء المدارس لا يبذلون الجهد الكافي لإفساح المجال للعمل الجماعي المنظم، وللمشاركة الإيجابية في وضع الخطط والبرامج والأنشطة وفي اتخاذ القرارات المهمة، وفي تنفيذ التعليمات بدقة.

ب- لا يعمل مدير المدرسة من أجل رفع المستوى المهني والفني للعاملين في المدرسة، ومن أجل تشجيعهم على النمو الذاتي والوصول بقدراتهم إلى أقصى طاقاتها الإنتاجية.

ج- عدم قدرة مدير المدرسة على العمل بفعالية لمساعدة العاملين بالمدرسة -خاصة الجدد منهم- على التكيف مع المهنة والبيئة وتفهم طبيعة أعمالهم وإتاحة الفرصة لاستغلال مواهبه وقدراته واستعداداته بما يخدم العملية التعليمية.

---

(١) حمد بن إبراهيم السلوم: التربية والتعليم في المملكة العربية السعودية، مرجع سابق، ص (٤٥٩-٤٦٢)

د- يؤخذ على بعض مديري المدارس عدم تمكنهم -فنيًا وإداريًا- من استثمار الإمكانات المادية المتوفرة في المدرسة واستكمال ما قد يكون فيها من نقص أو قصور.

هـ- لا يعطي كثير من مدراء المدارس الاهتمام الكافي لتوثيق العلاقة بين مدارسهم والبيئة المحلية من خلال مجالس الآباء والمعلمين وغيرهم.

و- لا يهتم الكثير من مدراء المدارس بدراسة المشكلات الميدانية التي تعترض عمل المدرسة والتعرف على أسبابها ووضع الحلول لها مثل تكرار غياب وتأخر بعض المعلمين عن الحضور في الصباح لأسباب مختلفة، وكذلك تدني المستوى التحصيلي للطلاب وانسحابهم من الدراسة، وأيضًا عدم اهتمام أولياء ـكزر الطلاب بالمشكلات المدرسية، والتأخر الصباحي للطلاب وغير ذلك.

ز- بعض مدراء المدارس يديرون مدارسهم بطريقة بيروقراطية شديدة، وأنجح مديري المدارس هو الذي يمارس أكبر قدر من السيطرة بصرف النظر عن الوسائل التي يستخدمها.

ح-دم كفاية معايير الاختيار الإداري التربوي (لمدير المدرسة) من قبل الجهات ذات الاختصاص.

ومن أهم الأسباب التي يمكن أن تؤدي إلى تفعيل دور مدير المدرسة ما يلي:

١- أن يؤهل مدير المدرسة التأهيل الكافي بحصوله على درجة علمية في مجال الإدارة المدرسية، ودورات تدريبية مستمرة.

٢- دقة واختيار الأفراد ذوي الصفات الشخصية والمهارات التي تجعل منهم مديرون قادرون على التأثير في مرؤوسيهم.

٣- منح مديري المدارس الصلاحيات الكافية والتي تتناسب مع مسؤولياتهم للحد من الرجوع إلى مديري التربية والتعليم بالمناطق والمحافظات عند اتخاذ قراراتهم اليومية.

٤- يتم اختيار مدير المدرسة وفق معايير (الخبرة العلمية المتجددة) الكفاءة العلمية والتربوية والإدارية، القدوة الحسنة، حسن معاملة الآخرين، الذكاء وقوة الشخصية، الإخلاص للمهنة، المبادرة وحسن التصرف...)

٥- اعتبار مدير المدرسة موجهًا مقيمًا في مدرسته يعمل على تحسين عمليتي التعليم والتعلم بمختلف الوسائل المناسبة.

٦- عند اختيار مدير المدرسة لابد أن تتوافر فيه الخبرة العملية المتحددة، والكفاءة العلمية والتربوية والإدارية، حسن معاملة الآخرين، الذكاء وقوة الشخصية، المبادرة وحسن التصرف، شمولية النظرة، والإبداع في العمل وغير ذلك.

١٩- الإدارة الصفية: (المفهوم والوظائف)

أ- المفهوم:

تشكل الإدارة الصفية جزءًا من الإدارة المدرسية ككل، وصورة مصغرة منها، والمنفذ للسياسة التي تتبعها هذه الإدارة، أي أن صلة الإدارة الصفية بالإدارة المدرسية هي صلة الخاص بالعام.

وهي – أي الإدارة الصفية- تعمل على تهيئة البيئة الصفية المناسبة التي تؤدي دورًا فاعلاً وأساسيًا في عمليتي التعليم والتعلم وفي الصحة النفسية للمتعلمين، فالمناخ الصفي الديمقراطي يحدث أثرًا إيجابيًا على المتعلمين والتعلم بينما يؤدي المناخ التسلطي إلى حدوث آثار سلبية تحد من مشاركة التلاميذ وتفاعلهم في الموقف التعليمي والتعلمي.

وتؤدي الإدارة الصفية الفعالة دورًا هامًا في استثمار الوقت والإمكانيت المتوافرة والجهود المختلفة وتوظيفها في تحيق تعلم ذي معنى للمتعلمين وقابل للانتقال والاستفادة منه في المواقف الحياتية ذات الصلة [١].

وإذا كان التعليم مجموعة من الأنشطة التي تستهدف تيسير تحقيق التلاميذ للأهداف التعليمية على نحو صحيح، وإذا كانت إدارة الصف تستهدف خلق الظروف وتوفير الشروط التي يحدث في إطارها التعلم، فإن هذا يعني أن الإدارة الصفية الفعالة شرط ضروري للتعلم الفعال، فالمنطق السليم يدعم الفكرة القائلة بأن الإدارة الفعالة للصف جزء هام من عمليتي التعليم والتعلم، إضافة إلى أن البحوث التربوية والنفسية التي أجريت على فاعلية التدريس تؤكد أهمية الإدارة الفعالة للصف في تحقيق الأهداف التعليمية، فهناك أعداد متزايدة من البحوث تكشف عن وجود علاقات موجهة بين أساليب المعلم في إدارة الصف وبين نتائج سلوكية مرغوب فيها لدى التلاميذ، بما في ذلك تحصيلهم واتجاهاتهم الدراسية [٢].

وقد أجمعت كثير من الدراسات على أهمية المهارات الإدارية والتنظيمية للتدريس، وأن المعلم لا يحقق النجاح في عمله، دون أن يمتلك القدرة على أداء المهام الإدارية للتعليم [٣].

(١) أحمد بلقيس: إدارة الصف وحفظ النظام فيه -المفاهيم والمبادئ والممارسات- ورقة عمل مقدمة إلى الأونروا / اليونسكو، دائرة التربية والتعليم- دورات التربية في أثناء الخدمة- الرئاسة العامة لوكالة الغوث الدولية، الأردن: عمان، ١٩٨٤م، ص (٣).

(٢) جابر عبد الحميد وآخرنن: مهارات التدريس، القاهرة: دار النهضة العربية، ١٩٨٢م، ص (٣١٢).

(٣) محمد أحمد كريم، صلاح عبد الحميد، وآخرون: الإدارة الصفية بين النظرية والتطبيق، الكويت: مكتبة الفلاح، ١٩٩٢م، ص (١٨).

كما أكد كل من جود (Good) وميدلي (Medley) على أهمية إدارة الصف ليس لكونها واحدة من أهم الكفايات التدريسية للمعلم فحسب، ولكن كذلك لكونها ترتبط ارتباطًا وثيقًا بأداء التلاميذ وتحصيلهم [1].

بينما أوضحت مجموعة أخرى من الدراسات مثل: دراسة أفرتسون وزملائه Evertson & Evetal) أهمية إدارة الصف للتدريس الفعال [2].

من هنا فإن الإدارة الصفية -وفي إطار تطور العملية التربوية- تصبح عملية هامة في المدرسة الحديثة، بل إن أهميتها تزداد بزيادة مجال النشاط التربوية والتعليمية واتساعها من جانب، واتجاهها نحو المزيد من التخصص والتنوع من جانب آخر، إضافة إلى ما أحدثته التطورات العلمية والتكنولوجية ·وخاصة في مجال تكنولوجيا التعليم- وما زالت تحدثه من تغييرات في طبيعة وممارسات العملية التربوية، وأصبح على المعلم كمسئول عن الإدارة الصفية استخدام أساليب وتطبيقات إدارية تجعله قادرًا على التواصل والتفاعل الإيجابي مع المتعلمين في المواقف التعليمية، كما تجعل التلاميذ متفاعلين مع أنفسهم، وكل ذلك في إطار النشاطات المنظمة والمحددة الرامية إلى تحقيق الأهداف المرغوبة.

ب-تعريف الإدارة الصفية:

ويعرفها أصحاب المدرسة السلوكية في علم النفس بأنها "تمثل مجموعة من الأنشطة التي يسعى المعلم من خلالها إلى تعزيز السلوك المرغوب فيه لدى الطلاب، ويعمل على إلغاء وحذف السلوك غير المرغوب فيه لديهم».

---

(١) نفس المرجع: ص (١٩).

(٢) نفس المرجع: ص (١٨).

أما مؤيدوا النظرية الإنسانية فيرون أن الإدارة الصفية هي «مجموعة من الأنشطة التي يسعى المعلم من خلالها إلى خلق وتوفير جو صفي تسوده العلاقات الاجتماعية الإيجابية بين المعلم وطلابه، وبين طلابه أنفسهم داخل الفصل ».

ومن التعريفات السابقة وغيرها يمكن أن نعرف الإدارة الصفية بأنها «مجموعة من العمليات أو الأنشطة التي يقوم بها المعلم وتلاميذه وأنماط السلوك التنظيمي المتصلة بها، بقصد توفير الظروف الصفية الملائمة لإحداث التفاعل الصفي، والاتجاه بالطاقات والإمكانيات المادية والبشرية المتوفرة نحو تحقيق أهداف تعليمية وتعلمية (داخل الفصل وخارجه) ».

ويعني ما سبق أن الإدارة الصفية مفهوم واسع لا يقتصر على الجوانب الإدارية بمفهومها التقليدي، والتي تتمركز حول تسيير شئون التعليم والتعلم الصفي سيرا روتينيًا، ولم يعد هدف المعلم مجرد المحافظة على الضبط والنظام الذي يكفل هدوء التلاميذ في الصف ليتمكن من التدريس ويتقن التلاميذ المواد الدراسية وإنما يرتبط هذا المفهوم بالتربية الصفية بجوانبها المختلفة، والتي تشمل كل ما يتصل بالمتعلم، والمعلم، والمنهج، والأهداف التربوية والإشراف على الأنشطة والفعاليات الصفية المختلفة، وتوفير علاقات إنسانية فعالة بين المعلم وتلاميذ تعتمد على الاحترام المتبادل والتقدير لكفاءات وقدرات التلاميذ ومراعاة الفروق الفردية وتحقيق الأمن والاطمئنان لهم، وإشباع حاجاتهم النفسية والاجتماعية، وغير ذلك من العمليات التربوية الصفية التي تتم داخل الصف الدراسي.

وهي – أي الإدارة الصفية- وفق هذا المعنى ليست غاية في ذاتها بل وسيلة إلى غاية هي تنمية شخصية التلميذ، حتى يكون قادرًا على التكيف مع البيئة الطبيعية والاجتماعية التي يعيش فيها، بل وتطويرها.

وأيضًا فإن الإدارة الصفية الناجحة لا تعتمد كليا على السلطة وما منحتها من صلاحيات، وإنما تعتمد على قدرتها في جعل سلطات الجماعة (التلاميذ) ومصلحتها التي لا تتعارض مع المبادئ التربوية والتعليمية، هي الموجه الأساسي لجهود الجماعة والضابط لسلوكها لجعل التعليم والتعلم أمرًا ممكنًا وممتعا وهادفًا دون إهدار في الجهد والوقت المحدد.

ج-وظائف الإدارة الصفية الناجحة أو الفعالة:

إن عملية إدارة الصف لا تتوقف على حفظ النظام والانضباط، بل تتعدى ذلك إلى مهام وأعمال أخرى، وتشتمل على جوانب كثيرة منها:

١- حفظ النظام والذي لا يعني الصمت التام الذي يكون مصدره الخوف من المعلم بل الهدوء والنظام الذي ينبع من رغبة الطلاب أنفسهم في أن يتعلموا وأن يستفيدوا من كل فرصة تتاح لهم للتعلم والنمو، ويقوم حفظ النظام على أساس الاحترام المتبادل بين المعلم وطلابه وبين الطلاب أنفسهم، وبما يحقق الهدوء والتفاعل المثمر بينهم جميعًا.

٢-توفير المناخ العاطفي والاجتماعي: الذي يتسم بعلاقات إنسانية صحيحة ومناخ نفسي واجتماعي يستند على المودة والتراحم والثقة في النفس، وهذا يساعد على التعاون والتآلف والانسجام بين طلاب الفصل الواحد، ويشعر كل منهم بأنه عضو فعال في الجماعة، مع توفير فرص التنافس بينهم وكل ذلك يؤدي إلى حدوث تعلم فعال.

٣-تنظيم البيئة الفيزيقية: التي تشكل الإطار الذي تتم فيه عملية التعليم والتعلم، وهذا التنظيم يتطلب فهم طبيعة المتعلمين واحتياجاتهم النفسية والاجتماعية وأساليبهم في العمل، بالإضافة إلى استثمار كل جزء من حجرة الدراسة، وتوزيع

الأثاثات والتجهيزات والوسائل والمواد التعليمية بما يتناسب وطبيعة الأنشطة التي يمكن أن تنفذ بسهولة في غرفة الصف، ويسمح بالتالي من تنقل الطلاب من مكان لآخر فيها.

٤- توفير الخبرات التعليمية المتنوعة وحسن التخطيط لها، ومتابعة الطلاب وتوجيه أدائهم ومراعاة الفروق الفردية بينهم.

٥- ملاحظة الطلاب ومتابعتهم وتقويمهم في المجالات التي يدرسونها والمهارات التي يتدربون عليها، ويمكن للمعلم قياس استعدادات الطلاب ونموهم وتحصيلهم الدراسي، باستخدام أدوات القياس والتقويم المختلفة للتعلم.

٦- تقديم تقارير عن سير العمل: ويتم ذلك باستخدام المعلم لكشوف بأسماء الطلاب يرصد فيها حضورهم وغيابهم، ويسجل فيها درجاتهم التي يحصلون عليها، وأيضا كتابة المعلم لتقارير تقدم للإدارة المدرسية من أجل التأكد من سير عمليتي التعليم والتعلم في الصف ومدى تقدمها والصعوبات التي تواجهها.

ويوضح النموذج التالي أهم وظائف الإدارة الصفية.

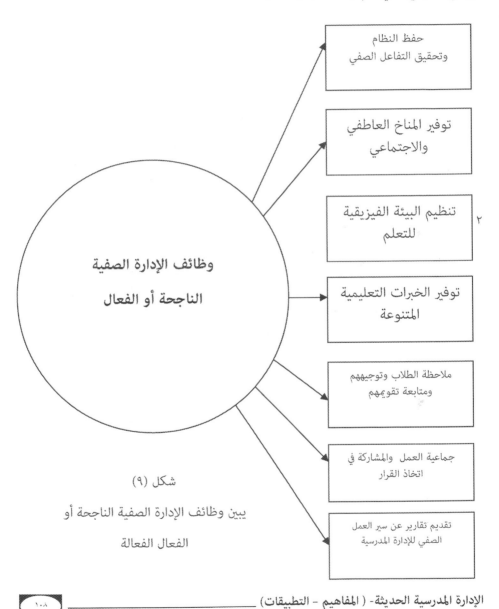

شكل (٩)

يبين وظائف الإدارة الصفية الناجحة أو

الفعال الفعالة

٢٠- العلاقة بين الإدارة الصفية والإدارة المدرسية:

يشير مفهوم (إدارة الصف) إلى عمليات توجيه وقيادة الجهود التي يبذلها المعلم وتلاميذه في غرفة الصف وأنماط السلوك المتصلة بها، باتجاه توفير المناخ اللازم لبلوغ الأهداف التعليمية المخططة.

وللإدارة الصفية أهمية كما للإدارة المدرسية أهمية، ولكن أهمية الإدارة الصفية تنبع من كونها أداء تهيئ الجو الذي يحدث التفاعل الإيجابي بين المعلم وطلابه خلال عمليتي التعليم والتعلم الصفي، ويتعلق بما يتم في الصف الدراسي، من أجل تحقيق أهداف محددة، ويتحدد مستواها الإجرائي بأنه على مستوى الفصل الدراسي فقط، وهي تكون جزء لا يتجزأ من الإدارة المدرسية، وبالتالي لا تفهم الإدارة الصفية إلا في ظل الإدارة المدرسية، لأن شخصية الفصل- إن جاز هذا التعبير - تستمد من شخصية الإدارة المدرسية والنظام التعليمي كله.

ويمكن أن يقال أن الإدارة الصفية صورة مصغرة للإدارة المدرسية، والإدارة الصفية تعتبر القائمة بالتخطيط والتنفيذ والتقويم لعمليتي التعليم والتعلم.

وتؤدي الإدارة الصفية الفعالة دورا هاما في استثمار الوقت والإمكانات المتوافرة في الصف الدراسي والجهود المختلفة وتوظيفها في تحقيق تعلم ذي معنى للمتعلمين وقابل للاستبقاء والاستدعاء والانتقال إلى المواقف الحياتية ذات الصلة.

وتتفق الإدارة الصفية مع الإدارة المدرسية في الوظائف والعمليات الإدارية (التخطيط، التنظيم، التنسيق، التوجيه، والتقويم) ومحور عملها تنمية شخصية المتعلم (جسديا وعقليا وروحيا وأخلاقيا) ونجاح كل منهما يرتبط بنجاح الآخر.

وبصورة أكثر وضوحًا وتحديدًا يمكن تناول علاقة الإدارة الصفية بالإدارة المدرسية على النحو التالي:

١- يوجد اتفاق بين خصائص وسمات الإدارة الصفية والإدارة المدرسية: حيث تؤسس كل منهما على الفهم والوضوح والمشاركة والثقة المتبادلة وسيادة روح الفريق والاعتقاد بأن العمل الجماعي والإبداع، والقدرة على التغيير هو أساس النجاح والتميز لكل منهما.

٢- تؤسس الإدارة المدرسية على التحرر من القيود البيروقراطية مع التأكيد على الجودة في عملياتها وبخاصة جودة عمليات التخطيط والتنفيذ والتقويم مع استخدام معايير الجودة لمراجعة الأداء، وهذه أسس لإدارة الصف الدراسي.

٢١= متطلبات الإدارة الصفية الناجحة:

هناك بعض المتطلبات التي يتوقع من المعلم أن يقوم بها لتوفير إدارة صف ناجحة ومن أبرزها ما يلي:

أ- تحديد المهمات التي يؤديها بنفسه، وكذلك المهمات التي يمكن أن يقوم بها الطلاب في سبيل بلوغ الأهداف التعليمية المرغوبة.

ب- تنظيم المواد والأدوات والأجهزة التعليمية التعلمية المتوفرة بشكل ييسر عمليات التعليم والتعلم والوصول بها إلى أقصى ما تستطيعه قدرات المتعلمين.

جـ- تنظيم الوقت وألوان النشاط وتحريك الجهود وأنماط السلوك جميعها لجعل التعليم والتعلم في غرفة الصف أمرًا ممكنا وممتعا وهادفًا دون إهدار في الجهد أو الوقت.

د- توزيع مسؤوليات إدارة الصف على التلاميذ جميعًا وفق قدراتهم وإمكاناتهم.

هـ- تنمية العلاقات الاجتماعية التي تقوم على الثقة والاحترام المتبادل بين التلاميذ.

و- استخدام استراتيجيات تعليمية متنوعة، وعدم الاعتماد على أسلوب تعليمي محدد.

ح- تنظيم بيئة صفية يشيع فيها الشعور بالأمن والاطمئنان وتسودها الحرية المسؤولة العدالة بعيدًا عن التهديد والعقاب.

٢٢-صفات وخصائص الإدارة الصفية الناجحة:

هناك مجموعة من المعايير أو الصفات والخصائص التي يتم من خلالها التعرف على مدى فعالية الإدارة الصفية من أبرزها ما يلي [١].

أ- وضوح أهداف الموقف التعليمي لدى كل من المعلم والمتعلم حتى يعرف كل متعلم المرامي التي يقصدها والنتائج التي يسعى إلى بلوغها، وما ينبغي عليه فعله، وكيف سيؤدي عمله وينفذ نشاطاته، وأين سيقوم بذلك، ويعرف الوسائل والأدوات التي تلزمه لتنفيذ العمل وأماكن توافرها، ويتأكد من مشاهدة جميع التلاميذ بسهولة.

ب- تشخيص حالة التلاميذ الذين يعانون من ضعف السمع والبصر ووضعهم في الأماكن المناسبة.

ج- توفير المناخ الصفي المناسب الذي يشبع فيه الشعور بالأمن والاطمئنان والعدالة للمتعلم حتى يتعلم ويمارس حريته المسؤولة في تحقق النتاجات التعليمية المخططة.

---

(١) تم الرجوع إلى: -نصر العلي وتوفيق مرعي وآخرون: إدارة الصف وتنظيمه، عمان: الجمعية العلمية الملكية: ١٩٨٦ م.
- أحمد بلقيس: إدارة الصف وحفظ النظام فيه (المفاهيم والمبادئ والممارسات)، مرجع سابق، ص ١٦- ٢٥.

د- استخدام التعزيز الإيجابي في تحقيق النظام والانضباط الصفي من خلال أثره الإيجابي على نفس المتعلم وحفز التلاميذ على تكرار السلوك المعزز رغبة في الحصول على المزيد من التعزيز والإثابة.

هـ- تجنب المعلم للتهديد أو استخدام العقاب، لأن لجوء المعلم لمعاقبة التلميذ على سلوك أو قول غير مرغوب صدر عنه قد يؤدي إلى غياب السلوك من أداء المتعلم خوفًا من العقاب إلا أنه قد يعود فور اختفاء العقاب والظرف الذي وقع فيه، فالتلميذ قد أقلع عن السلوك غير المرغوب فيه دون الاقتناع بذلك ولكنه آثر تجنب العقاب.

و - توفير النشاطات التعلمية التي تستوجب التعاون والمشاركة وتوسع فرص الحوار والمناقشة وتنمي العلاقات الأفقية بين التلاميذ وتجعلهم أكثر إيجابية في كل خطوة من خطوات التنفيذ بما يحقق لهم الوقوف على نتائج أعمالهم وما حققوه من تقدم ومن خلال هذه الأنشطة يتعلم كل تلميذ ما له وما عليه، ويدرك الحد الذي تنتهي فيه حريته لتبدأ حرية الآخرين في التعبير والعمل.

ز- استخدام الأسئلة بمختلف أنواعها ومستوياتها على أن يحسن المعلم إعدادها وتوظيفها في زيادة مشاركة التلاميذ في ألوان النشاط الصفي.

ح - تقبل أفكار التلاميذ ومشاعرهم وتزويدهم بالتغذية الراجعة الهادفة والبناءة التي تعينهم على وعي سلوكهم وتعديله بالإتجاه المرغوب دون قسر.

ط- الاستخدام الوظيفي للوسائط والتقنيات التي توظف جميع الحواس في تحقيق تعلم فعال قابل للاحتفاظ مدة أ"ول ويكون أكثر معنى من التعلم الناتج عن حاسة واحدة فقط.

ي- التوظيف الفعال لطرائق التعليم الحديثة كالتجارب، والنشاط العملي، والعمل في فرق صغير، وتوظيف الألعاب التربوية، وحل المشكلات، وهذه الطرائق وغيرها تيسير عملية التوافق بين المتعلم والموقف الصفي، وتحقق النظام والانضباط الصفي وتحسن من نوعية التعلم الحاصل.

ك- التركيز على تعليم التلاميذ كيف يتعلمون وإكسابهم مهارات التعلم اللازمة لذلك مثل استخدام المراجع وعمل الملخصات وكتابة التقارير والأبحاث، وتوظيف التعليم المبرمج وإجراء التجارب.

ل- الاستفادة من أسلوب تعليم الأقران حيث يتعاون التلاميذ الأقوياء مع المعلم في مساعدة تلاميذ معينين في عمليات التعلم عندما يريد المعلم التفرغ لتلاميذ آخرين من ذوي الاحتياجات الخاصة في غرفة الصف.

م- التخطيط للتعليم والتعلم الصفي [1] عند قيام المعلم بالتخطيط للأنشطة التعليمية التي سيؤديها التلاميذ في الصف ينبغي أن يسأل المعلم نفسه الأسئلة التالية:

- ما هي المفاهيم والاتجاهات والمهارات التي سيتعلمها الطلاب؟
- ما هي المهام والأنشطة المطلوبة لتحقق تعلم فعال؟
- ما الوسائط والمواد التعليمية الأنسب لتحقيق التعلم؟
- ما هو الزمن اللازم للقيام بالنشاط التعليمي؟
- كيف يمكن التأكد من تعلم التلاميذ؟

(١) عباس بله محمد أحمد: مبادئ الإدارية المدرسية، مرجع سابق، ص (١١٨).

ن- تحقيق الكفاءة والتي تعني الوصول في ضوء الأهداف إلى أعلى ناتج تعلمي بأقل تكلفة وذلك بالاستخدام الأفضل للإمكانيات المادية والبشرية والزمن.

٢٣- العوامل المؤثرة في إدارة الصف وحفظ النظام فيه:

يتأثر النظام والانضباط الصفي بعوامل متعددة ومتنوعة يتصل بعضها بدور المعلم ومفهومه للنظام والانضباط وسلوكه الصفي ومقدرته على إدارة الوقت والمكان، ويتصل بعضها الآخر بالتلاميذ والمناخ التعليمي السائد في غرفة الصف، وبمدى إدراكهم للمعاني التي تحملها ألوان النشاط الصفي بالنسبة لكل منهم، كما تتوقف إدارة الصف وحفظ النظام فيه على البيئة المادية التي تسود غرفة الصف من حيث اتساعها وتنظيم المقاعد فيها، وقدرتها على توفير القدر اللازم من حرية الحركة والعمل لكل من المعلم والمتعلمين، وأيضًا توفير المواد التعليمية والوسائط السمعية والبصرية وغيرها من التقنيات التعليمية وحسن توظيفها في تنظيم التعليم وإدارة نشاطاته، كما تتوقف فعالية الإدارة الصفية على العلاقة بين المعلم والتلاميذ فالعلاقة الطيبة لها أكبر الأثر في تحقيق الانضباط الصفي [١] وأيضًا تتوقف على حسن استخدام المعلم للحوافز الإيجابية والحوافز السلبية المادية والمعنوية ليحافظ الطالب على النظام داخل الفصل.

والخلاصة: أن هناك علاقة وثيقة وتفاعلية بين الإدارة العامة والإدارة التربوية، وإدارة التربية والتعليم والإدارة المدرسية والإدارة الصفية في المدرسة، وتؤكد هذه العلاقة على ضرورة توثيق العلاقة بين الإدارة التربوية وإدارة التربية والتعليم وبقية فروع الإدارة العامة وإدراك القيادات الإدارية في التربية والتعليم أن نجاحهم أو فشلهم في إدارة

(١) المرجع السابق ص (١٢٢).

مؤسساتهم التعليمية يتوقف عن نوعية العلاقات بينهم وبين القيادات الإدارية في المؤسسات المجتمعية الأخرى.

وأيضًا يتوقف نجاح الإدارة التربوية على مدى ما تقدمه من عون ومساعدة للإدارة المدرسية باعتبارها الوحدة القائمة على تنفيذ السياسة التعليمية.

وكذلك فإن الإدارة الصفية تؤثر وتتأثر بالإدارة المدرسية والإدارة التعليمية في المحافظة بل والإدارة التربوية على المستوى المركزي، ومن هنا، فإن تحقيق الإدارة الصفية لأهدافها يتوقف على حسن العلاقة بينها وبين الإدارة المدرسية ومدى العون والتفاهم بينهما.

ويوضح الشكل التالي العلاقة بين الإدارات الأربع.

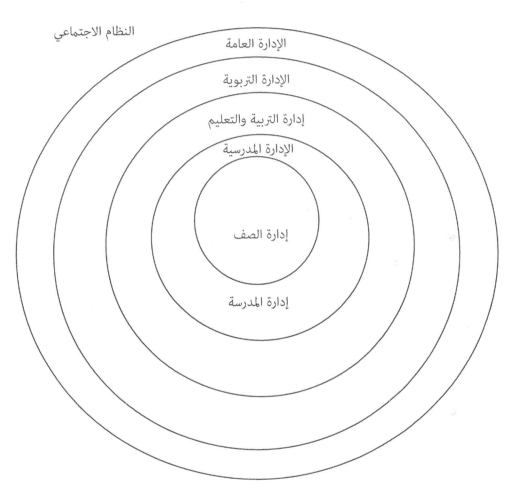

شكل (١٠)

[نموذج العلاقة بين الإدارة الصفية والنظم الأم]

الفصل الثالث

الفكري الإداري الإسلامي وتطبيقه في المجال التربوي

أولاً: أهداف الوحدة الدراسة:

في نهاية الوحدة ينبغي أن يكون المتعلم قادرًا على أن:

١- يُعرف كل مما يأتي: الإدارة بصفة عامة من المنظور الإسلامي- الإدارة التربوية والتعليمية الإسلامية.

٢- يُعد مصادر الفكر الإداري التربوي من المنظور الإسلامي.

٣- يُعدد أسس الإدارة التربوية والتعليمية من المنظور الإسلامي.

٤- يذكر مبادئ الإدارة التربوية والتعليمية من منظور إسلامي.

٥- يطبق مبادئ الإدارة التربوية والتعليمية في حياته المهنية.

٦- يقارن بين الرقابة في الإدارة الإسلامية والرقابة في الإدارة الحديثة.

ثانيًا: تتضمن هذه الوحدة ما يلي:

١- تعريف الإدارة في الإسلام.

٢- مصادر الفكر الإداري التربوي، من المنظور الإسلامي.

٣- تعريف الإدارة التربوية من المنظور الإسلامي.

٤- أسس الإدارة التربوية والتعليمية من المنظور الإسلامي.

٥- مبادئ الإدارية التربوية والتعليمية من المنظور الإسلامي.

أ- المشاورة في العمل الإداري.

ب- العدالة.

ج- التوظيف حسب الكفاءة.

د- تسلسل الرئاسة.

هـ- الالتزام بالمسئولية.

و- تخصصية المهام وتفويض السلطات.

ز- الرقابة.

ح- المرونة واللين في التعامل مع المرؤوسين.

٦- خصائص الفكر الإداري التربوي الإسلامي.

الفصل الثالث

الفكر الإداري وتطبيقه في المجال التربوي الإسلامي

أولاً: تقديم:

يتفق علماء الشريعة الإسلامية على أن الإسلام هو دين يعني بشئون الدنيا إلى جانب عنايته بشئون الآخرة، وقد تأكد ذلك في كثير من الآيات القرآنية ومنها قوله تعالى: (وَابْتَغِ فِيمَا آتَاكَ اللَّهُ الدَّارَ الْآخِرَةَ وَلَا تَنسَ نَصِيبَكَ مِنَ الدُّنْيَا وَأَحْسِن كَمَا أَحْسَنَ اللَّهُ إِلَيْكَ) [القصص:٧٧]

وعلى ذلك فالإسلام دين ودولة ولا يمكن فصل أحدهم عن الآخر.

ومن هنا جاء الإسلام كدين بشريعة تتضمن أحكام مدنية وجنائية وأحوال شخصية، وسياسية وإدارية... مصدرها القرآن الكريم والسنة النبوية المطهرة واجتهادات علماء المسلمين فيما هو ظني الثبوت والدلالة وليس فيما هو قطعي الثبوت والدلالة [١].

وقد ساعد ذلك المجتمع الإسلامي على إقامة دولة مدنية تعني بتنفيذ تلك الشريعة وقوانينها وأحكامها ونظمها والالتزام بما جاء فيها منذ عهد الرسول صلى الله عليه وسلم في المدينة المنورة.

ومن هذا المنطلق فقد استمد الفكر الإداري في الإسلام أسسه ومبادؤه العامة من القرآن الكريم والسنة النبوية الشريفة وكثير من القيم الإنسانية التي كانت تسود

---

(١) محمد عبد السلام العجمي: الفكر التربوي الإسلامي (مصادره، معالمه، سماته) في مصطفى عبد القادر زيادة وآخرون، الفكر التربوي (مدارسه واتجاهاته وتطوره) الرياض: مكتبة الرشد ١٤٢٧هـ/ ٢٠٠٦، ص (١٢٧).

المجتمع الإسلامي في صدر الإسلام، وأيضًا من الممارسات التطبيقية للعمليات الإدارية من تخطيط وتنظيم للنشاط البشري الجماعي ورقابته وتمويله وغير ذلك، في عهد الرسول الكريم وعهود الخلفاء الراشدين من بعده، وقد ساعد ذلك على إقامة دولة الكفاية والعدل.

ثانيًا: تعريف الإدارة بصفة عامة من المنظور الإسلامي:

تعني الإدارة بصفة عامة من منظور إسلامي بأنها «الوسيلة التي تستخدمها الدولة للوصول إلى غاياتها وأهدافها، وهي ترتبط ارتباطًا وثيقًا بمبادئ وقيم المجتمع الإسلامي»[(١)]، ومركز هذا التعريف على أن الإدارة وسيلة لتحقيق الأهداف العامة للدولة الإسلامية، وفق مبادئ وقيم المجتمع الإسلامي النابعة من القرآن الكريم وسنة رسول الله صلى الله عليه وسلم واجتهادات علماء المسلمين.

أو هي تلك الإدارة التي يتحلى أفرادها قيادة وجماعات، رجالاً ونساء بالعلم والإيمان عند أدائهم لأعمالهم الموكلة إليهم على اختلاف مستوياتهم ومسؤولياتهم في الدولة الإسلامية أو بمعنى آخر هي الإدارة التي يقوم أفرادها بتنفيذ الجوانب المختلفة للعملية الإدارية على جميع المستويات وفقا للسياسة الشرعية[(٢)].

ويركز هذا التعريف على أن الإدارة الإسلامية سلسلة متصلة الحلقات من العمليات الإدارية التي تعمل على إنجاز الأعمال عن طريق الآخرين وفق السياسة الشرعية المنبثقة من القرآن الكريم والسنة النبوية والإجماع وأن أداء القيادة الإدارية وتابعيها يستند إلى أسس ومبادئ علمية وأخلاقية وإيمانية رصينة ومحددة.

---

(١) أحمد إبراهيم أبو سن: الإدارة في الإسلام، ط٢، دبي: المطبعة العصرية، ١٩٨١، ص (١٥٢).

(٢) حزام بن ماطر عويض المطيري: الإدارة الإسلامية المنهج والممارسة، ط٢، الرياض: مكتبة الرشد، ١٤٢٤ هـ ص (٢٢).

ومن هذا المنطلق فإن الإدارة من المنظور الإسلامي تؤكد على أهمية القدوة الحسنة والعمل الجماعي القائم على الإتقان والشورى، وحرية الرأي، والعدل والمساواة، والتخطيط المنظم، والمحاسبة للنفس والآخرين، والقدوة الحسنة، وفق معاملة الغير، والمسئولية الفردية والاجتماعية، ومراعاة القدرات والمواهب الإنسانية، والكفاءة في العمل، وفي ذلك يقول تعالى ﴿ **وَشَاوِرْهُمْ فِي الأَمْرِ** ﴾.

ويقول صلى الله عليه وسلم «إذا عمل أحدكم عملاً أن يتقنه » ويقول تعالى: ﴿**إِنَّ اللَّهَ يَأْمُرُ بِالْعَدْلِ وَالإِحْسَانِ**﴾.

وأيضًا يقول سبحانه وتعالى: ﴿ **وَاخْفِضْ جَنَاحَكَ لِمَنِ اتَّبَعَكَ مِنَ الْمُؤْمِنِين** ﴾[الشعراء: ٢١٥]، ويقول صلى الله عليه وسلم : «كلكم راع وكلكم مسئول عن رعيته » ويقول تعالى: ﴿ **وَكُلَّ إِنسَانٍ أَلْزَمْنَاهُ طَآئِرَهُ فِي عُنُقِهِ** ﴾ [الإسراء: ١٢]. وقوله تعالى: ﴿ **لاَ يُكَلِّفُ اللَّهُ نَفْسًا إِلاَّ وُسْعَهَا** ﴾ [البقرة: ٢٨] وقوله تعالى ﴿**قَالَتْ إِحْدَاهُمَا يَا أَبَتِ اسْتَأْجِرْهُ إِنَّ خَيْرَ مَنِ اسْتَأْجَرْتَ الْقَوِيُّ الأَمِين** ﴾ [القصص: ٢٦].

كما تقوم الإدارة من المنظور الإسلامي على الارتباط الوثيق بين العلم والعمل وبين العقيدة والسلوك إذ لا قيمة لتوجيه لا تنفيذ له ولا تأثير لموعظة من واعظ لا ينتفع بها ولا تظهر في سلوكه [(١)].

ولقد أثرت هذه القيم والمبادئ الإسلامية على التنظيم الإداري الإسلامي وفعاليته، مما جعله قادرًا على تحقيق أهداف الدولة الإسلامية التي كانت تدور حول ما يرضي الله ورسوله وتبتغي المصلحة العامة للمجتمع.

---

(١) أحمد محمد جمال: محاضرات في الثقافة الإسلامية، بيروت: دار الكتاب العربي، ١٤٢٨هـ (ص ٢٦٨). في : عماد محمد محمد عطية، الإدارة المدرسية حاضرها ومستقبلها، الرياض: مكتبة الرشد، ١٤٢١ هـ ٢٠١٠م، ص (٢٨).

ثالثًا: مصادر الفكر الإداري التربوي من المنظور الإسلامي:

ينبثق الفكر الإداري التربوي من المنظور الإسلامي من عدة مصادر تتمثل في القرآن الكريم، وأيضًا السنة النبوية الشريفة، وكذلك الإجماع، وهي وفق ما يلي:

١- القرآن الكريم:[١]

هو كلام الله المعجز، المنزل على خاتم الأنبياء والمرسلين بواسطة الأمين جبريل -عليه السلام- المكتوب في المصاحف المحفوظ في الصدور، المنقول إلينا بالتواتر، المتعبد بتلاوته المبدوء بسورة الفاتحة، المختتم بسورة الناس »[٢]..

والقرآن الكريم هو: المصدر الأول اليقيني الذي يشتمل على نظام كامل للدين والدنيا، فيشتمل على قيم ومبادئ اجتماعية وأخلاقية ودينية واقتصادية وسياسية ومنها الإدارية وغيرها، ولذلك يعده الفقهاء المصدر الأول للفكر الإسلامي بصفة عامة.

٢-السنة النبوية:

وهي كل ما صدر عن النبي صلى الله عليه وسلم عبر القرآن من قول أو فعل أو تقرير » والسنة هي: المصدر الثاني من مصادر الشريعة الإسلامية والإدارة الإسلامية، وتأتي رتبتها في الاعتبار بعد الكتاب قال رسول الله صلى الله عليه وسلم «ألا إني أوتيت الكتاب ومثله معه »[٣]. ويقول

(١) ذكي الدين سفيان: أصول الفقه الإسلامي، ط٢، بيروت: دار القلم، ١٩٧٤م، ص (٣٣).

(٢) أبو داود: سنن أبي داود، كتاب السنة، القاهرة: دار إحياء السنة النبوية، د. ت باب في لزوم السنة، ج (٥)، ص (١٠).

(٣) أخرجه البخاري: ص (١١١) حديث ٣٤). انظر في ذلك: خالد بن عبد الله بن دهيش وآخرون الإدارة والتخطيط التربوي، أسس نظرية وتطبيقات عملية، الرياض: مكتبة الرشد، ٢٠٠٥ م ص (٤٩).

تعالى ﴿ وَمَا آتَاكُمُ الرَّسُولُ فَخُذُوهُ وَمَا نَهَاكُمْ عَنْهُ فَانتَهُوا ﴾،[الحشر: ٧].

وهناك العديد من الأحاديث الشريفة التي تناولت الشريفة أحكاما إدارية تعالج أمور الحياة وشئون الرعية تثبت بأن السنة الشريفة مصدر مهم من مصادر الفكر الإداري، ومن أحاديث الرسول الكريم «أربع من كن فيه كان منافقًا خالصًا، ومن كانت فيه خصلة منهن كانت فيه خصلة من النفاق حتى يدعها: إذا أؤتمن خان، وإذا حدث كذب، وإذا عاهد غدر، وإذا خاصم فجر »[١]، ولقد استطاع رسول الله صلى الله عليه وسلم تنظيم الدولة المدنية في المدينة المنورة من خلال الأسس والمبادئ الإدارية التي كان لها آثارها الفعالة في تنظيم المجتمع المدني، كما استطاع تحديد العلاقات والحقوق والواجبات بين المسلمين ويهود المدينة المنورة.

٣-الإجماع:

هو اتفاق فقهاء الإسلام والمجتهدين من أمة محمد صلى الله عليه وسلم بعد وفاته في عصر من العصور على أمرين من الأمور [٢]، بشرط إسناده إلى القرآن الكريم أو السنة النبوية الشريفة أو الاثنين معًا، ويعتبر الإجماع هو الأصل الثالث من أصول التشريع الإسلامي، والإدارة الإسلامية، وهو نوع من أنواع الاجتهاد؛ فالاجتهاد إما فردي وهو «القياس » أو جماعي وهو «الإجماع »[٣].

(١) أبو إسحاق إبراهيم بن علي الشيرازي: اللمع في أصول الفقه، بيروت: عالم الكتب، ١٩٨٤م، ص (٢٣٥).
(٢) أبو إسحاق إبراهيم بن علي الشيرازي: اللمع في أصول الفقه، بيروت: عالم الكتب، ١٩٨٤م، ص (٢٣٥).
(٣) بدران أبو العينين بدران: أصول الفقه الإسلامي، الإسكندرية: مؤسسة شباب الجامعة، (د. ت)، ص (١٠١١)

والإجماع كأحد مصادر الفكر الإداري الإسلامي المبنية على الرأي، يساهم في تطوير الإدارة وتقدمها، فالباحث عن المبادئ أو الأحكام الإدارية التي وردت في الرأي أو الإجماع يجد لها تطبيقًا فعالاً ولا سيما في فترة خلافة عمر بن الخطاب حيث كانت له قرارات وقوانين وممارسات وأحكام طبقت في كثير من البلاد التي فتحت في عهده.

رابعًا: تعريف الإدارة التربوية والتعليمية من المنظور الإسلامي:

إذا فهمنا الإدارة على أنها مجموعة من العمليات المتشابكة التي تتكامل فيما بينها لتحقق غرضًا مشتركًا، وإذا قصرنا هذا التعريف على مجال التربية والتعليم، فإن الإدارة التربوية من المنظور الإسلامي تصبح «مجموعة من العمليات المتشابكة التي تتكامل فيما بينها، وتستند إلى الأسس والمبادئ والقيم والأساليب المستمدة من القرآن الكريم والسنة النبوية ويتم بواسطتها استخدام الإمكانيات البشرية والمادية المتاحة بقصد تحقيق أغراض التربية الإسلامية».

وإدارة التربية والتعليم من المنظور الإسلامي بهذا المعنى شأنها شأن الإدارة في الميادين الأخرى وسيلة وليست غاية، فضلا عن أنها تتضمن عدة وظائف أو عمليات (التخطيط- التنظيم- التوجيه- القيادة- الرقابة والتقويم) ترتكز على شمولية وعمومية الأسس والمبادئ الإسلامية وصلاحيتها لكل زمان ومكان، وهذا يضفي على هذا النمط الإداري الجودة والقدرة على مواكبة التطورات الإدارية المعاصرة.

خامسًا: أسس الإدارة التربوية والتعليمية من المنظور الإسلامي:

بناءًا على القيم والمبادئ التي جاءت بها الشريعة الإسلامية والمنبثقة من القرآن الكريم والسنة النبوية الشريفة وإجماع علماء الأمة الإسلامية، فإنه يمكن رصد مجموعة من الأسس تتميز بالثبات والشمول والتكامل والوضوح والموضوعية تستند

عليها الإدارة بصفة عامة ومنها إدارة التربية والتعليم الإسلامية، أن تتبناها تطبيقًا ومن أبرز هذه الأسس ما يلي [(1)]:

أ-البشر متساوون في نظر الإسلام من حيث الحقوق والواجبات ولا امتياز لأحد على غيره بسبب اللون أو الجنس، أو الطبقة الاجتماعية، ويأتي هذا التمايز نتيجة الفروق في القدرات والاستعدادات وما يبذله الإنسان من جهد في العمل الذي يتفق مع تعاليم الإسلام ويحبه الله ويرضاه.

وهناك مؤشرات ينبغي على إدارة التربية والتعليم الإسلامية أن تتبناها تطبيقًا لهذا الأساس، ومن أبرزها ما يلي [(2)]:

١- تتيح المنظمة التعليمية فرصًا متكافئة لتحقيق التميز للجميع.

٢- مراعاة الفروق الفردية في عمليتي التعليم والتعلم.

٣- العمل الجماعي التعاوني.

٤- المشاركة في صنع واتخاذ القرارات.

٥- توفير مناخ تنظيمي يساعد على الإنتاج والإنجاز.

٦- يسود المنظمة التعليمية جو من الاحترام المتبادل.

---

(١) علي خليل: النموذج الأخلاقي للإدارة الإسلامية، المؤتمر السنوي الخامس للجمعية المصرية للتربية المقارنة والإدارة التعليمية، (٢٥- ٢٧ يناير ١٩٩٧م)، القاهرة: دار الفكر العربي ١٩٩٧م، ص ص (١٦٩- ١٩٢).

(٢) السيد سلامة الخميسي: معايير جودة المدرسة الفعالة في ضوء منحى النظم، ورقة عمل، المملكة العربية السعودية، كلية التربية جامعة الملك سعود، (د. ت)، ص ص (١٢-١٧).

٧- تحقيق العدالة بين العاملين والطلاب.

٨- تحديد واضح للأدوار والمسئوليات يلتزم بها جميع الأطراف.

ب-البشر جميعًا مستخلفون في الأرض، والمسلمون بخاصة مستخلصون لتحقيق رسالة الإسلام، ومن ثم كانت الدولة الإسلامية والمؤسسات التنظيمية والإدارية، وكافة ما يتصل بها تعمل لمصلحة الفرد والمجتمع، وإرضاء الله.

وهناك مؤشرات ينبغي على إدارة التربية والتعليم الإسلامية تبنيها تطبيقًا لهذا الأساس ومن أبرزها ما يلي:

١-التزام العاملين والطلاب الصدق في معاملاتهم.

٢- توفير فرصة الإدارة الذاتية للطلاب والمعلمين.

٣- تنمية جميع جوانب شخصية المتعلم بشكل متكامل ومتوازن.

٤- توثيق العلاقة بين المدرسة والمجتمع المحلي.

٥- التزام المعلمين بأخلاقيات مهنة التعليم.

٦- تحريض إمكانات الإبداع والاستفسار والتحليل.

ج-البشر متصلون ببعضهم على أساس الأخوة في الإسلام، فهم جميعًا عباد الله وهذا الاعتقاد يتعلق بالعمل والمنفعة المتبادلة، ومن ثم تكون صلتهم ببعضهم صلة انتماء اختياري إلى عقيدة إيمانية وليست صلة رحم أو انتماء قبلي أو عنصرية أو قومية معينة.

وهناك مؤشرات ينبغي على إدارة التربية والتعليم الإسلامية تبينها تطبيقا لهذا الأساس، ومن أبرزها ما يلي:

١- مساعدة المعلمين جميع التلاميذ بدون تمييز.

٢- يلتزم العاملون بعدم استغلال سلطاتهم بصورة غير مشروعة.

٣- يقدم العاملون المساعدة الفنية لزملائهم الأحدث.

د- يحرص الإسلام على حياة الإنسان وكرامته ﴿ **وَلَقَدْ كَرَّمْنَا بَنِي آدَمَ وَحَمَلْنَاهُمْ فِي الْبَرِّ وَالْبَحْرِ وَرَزَقْنَاهُم مِّنَ الطَّيِّبَاتِ وَفَضَّلْنَاهُمْ عَلَى كَثِيرٍ مِّمَّنْ خَلَقْنَا تَفْضِيلا** ﴾ [الإسراء: ٧٠].

ويعتبره أغلى قيمة في الوجود بغض النظر عن جنسه أو عرقه أو ظروفه الاجتماعية والاقتصادية ولذلك كان للإنسان حقوقه في الإسلام والمتمثلة في حماية النفس، العقل، الكرامة، منع الحجر على الحريات، ومنع القتل بغير الحق، ومنع التعذيب، وكل ذلك صونا لكرامة الإنسان ولمنزلته عند الله.

وهناك مؤشرات ينبغي على إدارة التربية والتعليم الإسلامية أن تتبناها تطبيقًا لهذا الأساس، ومن أبرزها ما يلي:

١- حث الطلاب على الاستقلالية في اختياراتهم وطرحهم للأفكار والنقد الذاتي في عملية التعلم.

٢- مساعدة المعلمين جميع التلاميذ بدون تمييز.

٣- إتاحة فرص متكافئة لتحقيق التميز للجميع.

٤- تقديم تعليم يتمركز حول المتعلم ويقوم على الاستقصاء والسؤال والإبداع.

هـ - العمل في الإسلام فريضة، وهو مصدر قيمة السلوك الإنساني، ووسيلة للكسب وأساس للتقدم، وقد أوصى الشرع بأهمية العمل ومزاولته وإتقانه ووسيلة تقدير الإنسان ولمن يحسنه ﴿ **إِنَّ الَّذِينَ آمَنُوا وَعَمِلُوا الصَّالِحَاتِ إِنَّا لاَ نُضِيعُ أَجْرَ مَنْ أَحْسَنَ عَمَلاً** ﴾ [الكهف: ٣٠]، ويقول صلى الله عليه وسلم «إن قامت الساعة وفي يد أحدكم فسيلة فإن

استطاع أن يغرسها فليغرسها»، ويقول أيضًا صلى اللـه عليه وسلم «إن اللـه يحب إذا عمل أحدكم عملاً أن يتقنه».

وهناك مؤشرات ينبغي على إدارة التربية والتعليم الإسلامية تبنيها تطبيقا لهذا الأساس، ومن أبرزها ما يلي:

١- تضمين المنهج لجوانب تطبيقية بجانب الجوانب النظرية.

٢- تشجيع الطلاب على الالتحاق بالتعليم التقني والمهني بوسائل متنوعة مادية ومعنوية.

٣- اعتبار التعليم التقني والمهني جزءًا لا يتجزأ من العملية التربوية والتعليمية في التعليم العام.

٤- إكساب المهارات والاتجاهات والمعارف التي تتسم بالطابع العملي المرتبط بالمهن والأعمال في كافة قطاعات الحياة الاقتصادية والاجتماعية.

ومن منطلق هذه الأسس العامة التي جاءت في القرآن الكريم والسنة النبوية الشريفة والإجماع يتضح أن النشاط الإداري في التربية والتعليم ينبغي أن يتمركز حول تنمية شخصية المتعلم بشكل شامل ومتوازن وفق مبادئ التربية الإسلامية وبما يحقق عبوديته لله، تصديقا لقوله تعالى ﴿ **وَمَا خَلَقْتُ الْجِنَّ وَالإِنسَ إِلاَّ لِيَعْبُدُون** ﴾، إضافة إلى ذلك تنمية المجتمع المسلم اجتماعيا واقتصاديا وسياسيا وبما يجعله قادرًا على منافسة المجتمعات الأخرى في شتى مناحي الحياة.

سادسًا: مبادئ الإدارية التربوية والتعليمية من المنظور الإسلامي:

تستند الإدارة التربوية والتعليمية على ما جاء في القرآن الكريم والسنة النبوية المطهرة والتراث الإسلامي في أساليبها وأدواتها، وأيضا فإن الخلفاء الراشدون والسلف

الصالح انطلقوا في إدارة شئون بلادهم وحياتهم من مبادئ أو مقومات إدارية راسخة، ومن أبرز المبادئ الإدارية الإسلامية التي يمكن أن يكون لها أثرها على إدارة التربية والتعليم من منظور إسلامي ما يلي:

١-المشاورة في العمل الإداري:

لقد حظيت الشورى بمكانة كبيرة في التشريع الإسلامي[١] وأصبحت أحد المبادئ التي يقوم عليها نظام الحكم والإدارة في الدولة الإسلامية في مختلف مراحلها، وتكون في الأمور التي لم يرد فيها نص شرعي، فإذا وجد نص فلا مشورة ولا رأي ولا اختيار ولا مداولة وإنما الامتثال والتنفيذ، وقد أكد الفكر الإداري الإسلامي على المشاورة تطبيقا لما جاء في القرآن الكريم والسنة النبوية، حيث أوجب الله سبحانه وتعالى الرجوع إلى الجماعة والتشاور معها قبل اتخاذ القرارات المهمة وعدم الانفراد بالرأي، فيقول سبحانه وتعالى ﴿ وَشَاوِرْهُمْ فِي الأَمْرِ فَإِذَا عَزَمْتَ فَتَوَكَّلْ عَلَى اللهِ إِنَّ اللهَ يُحِبُّ الْمُتَوَكِّلِين﴾ [الشورى: ٣٨]، وقال أيضًا سبحانه وتعالى ﴿ وَالَّذِينَ اسْتَجَابُوا لِرَبِّهِمْ وَأَقَامُوا الصَّلاَةَ وَأَمْرُهُمْ شُورَى بَيْنَهُمْ وَمِمَّا رَزَقْنَاهُمْ يُنفِقُون ﴾ [الشورى: ٣٨]، وقال أيضًا سبحانه وتعالى ﴿ فَإِنْ أَرَادَا فِصَالاً عَن تَرَاضٍ مِّنْهُمَا وَتَشَاوُرٍ فَلاَ جُنَاحَ عَلَيْهِمَا﴾[البقرة: ٢٣٣]، وقال رسول صلى الله عليه وسلم .«ما خاب من استخار ولا ندم من استشار ولا عال من اقتصد »[٢] وأيضًا قال: «ما تشاور قوم قط إلا هدوا لأرشد أمرهم »[٣] ، وورد عن الرسول صلى الله عليه وسلم «إذا استشار أحدكم أخاه فليشر عليه » (ابن ماجه أدب المعجم ١٩٤٣م، ج ٤: ٢١٢)، وقال أبو هريرة رضي الله عنه «ما رأيت أحدًا، أكثر مشاورة لأصحابه من رسول الله صلى الله عليه وسلم، وقد قال الخليفة عمر بن

---

(١) حيث خصها القرآن الكريم القرآن الكريم بصورة مستقلة، كما جاءت وسطا بين الصلاة والإنفاق في الآية (٣٨) من سورة الشورى، وهما شكلان من أشكال العبادة.

(٢) نفس المرجع.

(٣) سنن البيهقي، جـ ٢ ، ص (٤٨٠).

الخطاب رضي الـلـه عنه «لا خير في أمر أبرم من غير مشورة» كما قال علي بن أبي طالب رضي الـلـه عنه «شاوروا فالنجاح في المشاورة»[(١)].

وقد اتخذ الرسول الكريم له مجلسًا للمشاورة، وكان يتكون من سبعة من المهاجرين، ومثلهم من الأنصار، وكان يشاورهم قبل اتخاذ قراره في المواقف المختلفة[(٢)].

ويعني ذلك التزام رسول الـلـه صلى الـلـه عليه وسلم في ممارسته مبدأ المشاورة بعدة أساليب؛ فأحيانًا يستشير الواحد بالرأي فيراه صوابًا ويعمل به، وإن كان يخالف رأيه كما حصل مع الحباب بن المنذر في اختيار موقع المسلمين في بدر، وأيضًا أشار سلمان الفارسي على رسول الـلـه صلى الـلـه عليه وسلم بحفر الخندق حول المدينة؛ فأخذ برأيه وباشر الحفر.

ولقد التزم الخلفاء الراشدون بالسلوك التنظيمي للرسول فكان أبي بكر رضي الـلـه عنه يستشير الصحابة فيما يعرض عليه من شئون الجماعة، وقد قال الخليفة عمر بن الخطاب رضي الـلـه عنه «لا خير في أمر أبرم من غير مشورة»[(٣)]، كما قال علي بن أبي طالب رضي الـلـه عنه: «فشاوروا فالنجاح في المشاورة»[(٤)].

والمشاورة في العمل الإداري بين المدير والمرؤوسين ويتم فيها طرح آراء تعتمد على الخبرة والمشاركة مما يجعل القرار صائبًا في كثير من الأحيان.

---

(١) نفس المرجع ص (٢٧٠).

(٢) عبد الـلـه السيد عبد الجواد: الإدارة والتخطيط التربوي، مرجع سابق ص (١٠٤).

(٣) علي علي منصور: نظم الحكم والإدارة في الشريعة الإسلامية والقوانين الوضعية، مرجع سابق، ص (٢٦٩).

(٤) نفس المرجع ص ٢٧٠.

الفصل الثالث: الفكري الإداري الإسلامي وتطبيقه في المجال التربوي

إن مبدأ المشاورة مبدأ أساسي في الإدارة يجعل المرؤوسين إيجابيًا وفعالاً ومساهمًا بـدور بـارز في إدارة مؤسسته كما يجعـل المؤسـسين في إدارة المـنظمات الإداريـة الإسـلامية ومنهـا (التربويـة والتعليميـة) ملتزمين ومتشاركين فيه باعتباره أسلوبًا يجعل أهل الحل والعقد مشاركين في تحمل المسئولية الإدارية مـما يحفزهم على العمل والبذل والعطاء ».

وقد ذكر «محمد عبد القادر أبو فارس » فوائد المشاورة وخصالها، فيقـول: «وفي المـشاورة عـدة خصال: استنباط الصواب، واكتساب الرأي، والتحصن من السلطة، وحرز مـن المـلأ، وألفـة القلـوب، واتبـاع الأثر »[1].

ويشترط الإسلام في أهل الشورى شروطًا منها: الخبرة والاختصاص، قال تعالى (فَاسْأَلُواْ أَهْلَ الذِّكْرِ إِن كُنتُمْ لاَ تَعْلَمُونَ {١٦/٤٣}) [النحل: ٤٣]

وتعتبر المشاورة مظهرًا عمليًا لمـشاركة العـاملين في اتخـاذ القـرار إلا أن المـشاورة يترتـب عليهـا بالضرورة إبداء المرؤوسين الرأي والنصيحة أثناء اجتماع المدير بالمرؤوسين لاستخلاص الصواب بطرح جملـة آراء أو مجموعة بدائل في مسألة: لكي يهتدوا إلى قرار[2]، في حين أن ليس ذلك بالضرورة في حالة المشاركة - التي جاءت بها الإدارة المعاصرة- فقد تتم المشاركة دون تقديم رأي أو نصيحة.

وتتطلب المشاورة احترام كرامة الفرد وقدرته على الحـوار وإشـعاره بالثقـة في رأيـه وتـشجيعه عـلى المـشاركة بـالرأي بقـصد التوصـل إلى قـرارات صـائبة نتيجـة الحـوار

(١) محمد عبد القادر أبو فارس: النظام السياسي في الإسلام، بيروت: دار الفكر اللبناني، ١٩٨٦م، ص (٨٧).
(٢) محمد عبد القادر أبو فارس: النظام السياسي في الإسلام، مرجع سابق، ص (٨٩).

١٣١ الإدارة المدرسية الحديثة- (المفاهيم - التطبيقات)

البناء وتبادل الآراء، كما تعمل المشاركة أو المشاورة على تماسك الجماعة ورفع الروح المعنوية والتحفيز على العمل [1].

ويعني ذلك أن المشاورة في الفكر الإداري الإسلامي أوسع واشمل من المشاركة وأنهما يختلفان في الدرجة وليس في النوع، وينبغي الاعتماد عليهما عند اتخاذ القرار.

ولما كانت إدارة التربية واتعليم تتخذ قرارات تمس مصالح المعلمين والطلاب والموظفين وأولياء الأمور وغيرهم وقرارات أخرى تتعلق بالمناهج والأبنية المدرسية والتجهيزات والأنشطة والخدمات الاجتماعية المقدمة للمعلمين والطلاب، فإن المشاورة ينبغي أن تكون الدعامة الأساسية في صناعة القرار الإداري في التربية والتعليم وتحديد السياسات والاستراتيجيات والخطط والبرامج ونحو ذلك، وعلى مختلف المستويات التنظيمية (الفصل الدراسي- المدرسة- (إدارة التربية والتعليم بالمحافظة- الوحدة التعليمية- وغير ذلك؛ لأن المشاورة فيها عصمة القائد الإداري التربوي من الإقدام على اتخاذ قرارات تضر بالعمل التربوي والتعليمي ولا يشعر هو بضررها [2].

وأيضًا فإن المشاورة (الشورى) تبنى جسورًا قوية من المحبة والتعاون بين أفراد التنظيم، وتنمي قدراتهم، وتزيد من فرص الإبداع والابتكار، وترفع من معنوياتهم

---

(١) صلاح عبد الحميد مصطفى، فدوي فاروق عمر: مقدمة في الإدارة والتخطيط التربوي مرجع سابق، ص (٨٧).

(٢) محمد منير مرسي: الإدارة التعليمية (أصولها وتطبيقاتها) مرجع سابق، ص (١٣١).

وتزيد من رغبتهم في العمل وتحسين نوعيته، كما وتعمل على زيادة الإنتاجية في المؤسسة التعليمية [1].

ولما كانت المدرسة تتضمن في تنظيمها أو هيكلها التنظيمي مجالس ولجان متعددة: مثل مجلس أمناء المدرسة، مجلس المعلمين، مجلس الآباء، لجنة التوصية والإرشاد، لجنة التوعية الإسلامية، فإن الضرورة تقتضي أن تستند هذه المجالس واللجان على طرح أعضائها لجملة آراء في مسألة ما، لكي يهتدوا إلى قرار يأتي صائبًا في أغلب الأحوال.

٢- العدالة: Justice:

تقوم الإدارة في الإسلام على مبدأ (قاعدة) العدالة بين الجميع دون مراعاة للفوارق الاقتصادية والاجتماعية أو اللونية أو الجنسية، لأن الله سبحانه وتعالى جعل إقرار العدل هدفًا أسمى من وراء بعث الرسل والأنبياء ونزول الرسالات السماوية، وقد كُلف الرسول الكريم بهذا في قوله تعالى (وَأُمِرْتُ لِأَعْدِلَ بَيْنَكُمُ) [الشورى: ١٥]، ولما كان العدل مطلب للناس جميعًا؛ فإن الآيات القرآنية التي وردت عن العدالة كثيرة، ومن تلك الآيات التي وردت في الحكم بين الناس قوله تعالى: (إِنَّ اللّهَ يَأْمُرُكُمْ أَن تُؤدُّواْ الأَمَانَاتِ إِلَى أَهْلِهَا وَإِذَا حَكَمْتُم بَيْنَ النَّاسِ أَن تَحْكُمُواْ بِالْعَدْلِ إِنَّ اللّهَ نِعِمَّا يَعِظُكُم بِهِ إِنَّ اللّهَ كَانَ سَمِيعًا بَصِيرًا {٤/٥٨}) [النساء: ٥٨]، وقوله سبحانه وتعالى: (إِنَّ اللّهَ يَأْمُرُ بِالْعَدْلِ وَالإِحْسَانِ) [النحل: ٩٠].

وقد أمر الله سبحانه وتعالى بالعدالة حتى مع النفس، والعدالة مع الوالدين وذوي القربى، حيث يقول سبحانه: (يَا أَيُّهَا الَّذِينَ آمَنُواْ كُونُواْ قَوَّامِينَ بِالْقِسْطِ شُهَدَاء لِلّهِ وَلَوْ عَلَى أَنفُسِكُمْ أَوِ الْوَالِدَيْنِ وَالأَقْرَبِينَ إِن يَكُنْ غَنِيًّا أَوْ فَقَيرًا فَاللّهُ أَوْلَى بِهِمَا فَلاَ تَتَّبِعُواْ الْهَوَى أَن تَعْدِلُواْ

(١) فريد محمد أحمد الشلعوط: نظريات في الإدارة التربوية، الرياض: مكتبة الرشد، ١٤٢٢هـ- ٢٠٠٠ م، ص (١٢٤).

وَإِن تَلْوُواْ أَوْ تُعْرِضُواْ فَإِنَّ اللّـهَ كَانَ بِمَا تَعْمَلُونَ خَبِيرًا {١٣٥/٤}) [النساء: ١٣٥].ويقول سبحانه وتعالى: (يَا أَيُّهَا الَّذِينَ آمَنُواْ كُونُواْ قَوَّامِينَ لِلهِ شُهَدَاء بِالْقِسْطِ وَلاَ يَجْرِمَنَّكُمْ شَنَآنُ قَوْمٍ عَلَى أَلاَّ تَعْدِلُواْ اعْـدِلُواْ هُـوَ أَقْرَبُ لِلتَّقْوَى وَاتَّقُواْ اللّـهَ إِنَّ اللّـهَ خَبِيرٌ بِمَا تَعْمَلُونَ {٨/٥}) [المائدة: ٨]. ويقول تبارك وتعالى: (وَلِكُلٍّ دَرَجَاتٌ مِّمَّا عَمِلُوا وَلِيُوَفِّيَهُمْ أَعْمَالَهُمْ وَهُمْ لَا يُظْلَمُونَ {١٩/٤٦}) [الأحقاف: ١٩].

وقد وردت أحاديث نبوية متضافرة على وجوب العدل ومنع الظلم، يأتي في مقدمتها قوله صلى اللـه عليه وسلم كما رواه البيهقي في باب السنن الكبرى: «إن أحب الناس إلى اللـه يوم القيامة وأقربهم مني مجلسًا إمام عادل، وأشدهم عذابًا إمام جائر »[١].

ويقول صلى اللـه عليه وسلم «سبعة يظلهم اللـه في ظله يوم لا ظل إلا ظله، إمام عادل....»[٢]، كما يقول صلى اللـه عليه وسلم : «يوم من إمام عادل أفضل من عبادة ستين سنة »[٣].

وقد أجمع علماء الفقه الإسلامي على أن العدالة تُعد أول الشروط التي يشترطونها في الحاكم أو الإمام (أو من يملك سلطة)[٤].

وهذا أبو بكر الصديق رضي اللـه عنه يقول في أول خطبة بعد أن ولي الخلافة «وإن أقواكم عندي الضعيف حتى أخذ الحق منه »[٥].

(١) رواه البيهقي: السنن الكبرى، جـ ١٠، ص (٨٨).

(٢) رواه البخاري، جـ ٢٢، ص (٣٢٧).

(٣) رواه البيهقي: في شعب الإيمان، جـ ١٥، ص (٤٣٠).

(٤) علي عبد المتعال الصعيدي: النظرية الإسلامية في الدولة، مرجع سابق، ص (١١٠).

(٥) عبد الرحمن بن ناصر السعدي: تيسير الكريم الرحمن في كلام المنان، بيروت: مؤسسة الرسالة للطباعة والنشر والتوزيع، ١٩٩٢، ص (٧١٦).

وهذا عمر بن الخطاب رضي الله عنه يقول: «أيما عامل لي ظلم أحدًا فبلغني مظلمته فلم أغيرها فأنا ظلمته »[(١)].

وقد تمثلت العدالة في الإدارة الإسلامية في إسناد الأعمال والمهام المناسبة لقدرات الفرد واستعدادته وعدم تكليفه فوق طاقته، فقد قال سبحانه وتعالى. (لاَ يُكَلِّفُ اللهُ نَفْسًا إِلاَّ وُسْعَهَا لَهَا مَا كَسَبَتْ وَعَلَيْهَا مَا اكْتَسَبَتْ) [البقرة: ١٨٦].

وكل ذلك يدل على أن العدالة كأحد مقومات الإدارة الإسلامية احتلت مكانة كبيرة في الفكر الإسلامي وتمثلت تطبيقا في الإدارة الإسلامية.

وقد جاءت الإدارة المعاصرة بما يسمى بنظرية العدالة، في الدافعية التي تفترض أن شعور الفرد بالعدالة في معاملة المنظمة له (في الأجور والمكافآت والترقيات) مع زملائه في نفس مجموعة العمل أو نفس المستوى الإداري، يحفزه على العمل وينجز المطلوب منه، ويعني ذلك أن العدالة في معاملة المنظمة لأفرادها في نفس مجموعة العمل تؤدي إلى تحقيق الرضا والحفز والإنجاز في العمل[(٢)].

أما إذا تصور الشخص عدم العدالة فإن توترًا يشكل ضغطًا عليه يؤدي إلى الإحباط وخفض الأداء في العمل أو تحديده.

---

(١) محمد الظاهري بن عاشور: أصول النظام الاجتماعي في الإسلام، تونس: الدار العربية للكتاب، ١٩٩٧م، ص (١٨٧).

(٢) محمد عبد الغني خواجة: أساسيات إدارة الأعمال، جدة: المعهد السعودي للسيدات، إدارة المناهج، ٢٠٠٢م، ص (١٨٢). جاري ديسلر: أساسيات الإدارة (المبادئ والتطبيقات الحديثة)، ترجمة عبد القادر محمد عبد القادر، الرياض: دار المريخ للنشر، ١٤٢٣هـ ٢٠٠٢م، ص (٥٠٤).

وقد استطاعت الإدارة الإسلامية تحقيق العدالة الاجتماعية بين العامل وصاحب العمل، وذلك بتحديد الأجر العادل للعامل، والذي يوفر له سبل العيش الكريم، له ولأفراد أسرته، وفي ذلك يقول صلى الله عليه وسلم: «من ولي لنا ولاية ولم يكن له بيت فليتخذ بيتًا، أو لم تكن له زوجة فليتخذ زوجة، أو لم تكن له دابة فليتخذ دابة » [١]، ويعني ذلك أن الرسول الكريم صلى الله عليه وسلم قد أوضح مقدار ما يجب أن يأخذ موظف الدولة تمشيًا مع مبدأ الكفاية والاستغناء عن الحاجة وهو مبدأ إسلامي.

ومن هنا فإن ما جاءت به الإدارة المعاصرة في العدالة سبقتها فيه الإدارة الإسلامية، وأنه ينبغي على إدارة التربية والتعليم في أي مستوى (وزارة- وحدة تعليمية- مدرسة) تحقيق العدالة والمساواة وتكافؤ الفرص في توزيع الإمكانيات التعليمية على المحافظات والمدارس، لأن ذلك يساعد على تحقيق الانتماء للتنظيم التعليمي، ورفع الروح المعنوية للعاملين فيه واستقرار العمل، وسيادة روح التعاون بين المرؤوسين، وهذه مؤشرات تدل على نجاح الإدارة وقدرتها على تحقيق أهدافها.

ويمكن أيضًا أن تطبق العدالة ويحكم العدل سلوك المدير والمعلم في إدارة التربية والتعليم أي في تقويم الطلاب والمعلمين والموظفين، وتوزيع الأنصبة التدريسية، والمهمات والواجبات الإدارية، والعدل عند التعامل مع المرؤوسين، والعدالة في توزيع المدح أو التأنيب على المرؤوسين. وفي توزيع الأسئلة على الطلاب أثناء التدريس ووفق الفروق الفردية بينهم، والعدالة في توزيع الجوائز وشهادات التقدير على المعلمين والطلاب، والعدالة والمساواة فيما يقدم من إمكانيات وفرص لتعليم البنين وتعليم البنات، وفي توزيع الخدمات التعليمية ما بين القرى والمدن، والعدالة في التوظيف حسب الإمكانيات

---

(١) رواه النسائي.

والقدرات، وفي الأجور والمكافآت ونحو ذلك مما يساعد على استقرار التنظيم التعليمي وزيادة إنتاجيته، ورفع الروح المعنوية والتفاني في العمل والإبداع فيه.

وتجدر الإشارة هنا إلى أن عدم تحقيق العدل والمساواة بين العاملين لا يحقق الولاء التنظيمي وقد يعزز التنظيم غير الرسمي وتأثيره السلبي على سير العمل في المنظمة التربوية والتعليمية وبالتالي يحد من زيادة الإنتاجية التعليمية.

جـ-التوظيف حسب الكفاءة والقوة والأمانة:

لقد أخذت الإدارة في الإسلام بمبدأ الأمانة والكفاءة والقوة أو القدرة على الأداء في العمل في تولية الوظائف العامة قبل أن تأخذ به الإدارة الحديثة، ويعني ذلك أن الإدارة الإسلامية ربطت بين السلوك التنظيمي وبين الإنتاج في العمل.

وقد التزمت الإدرة الإسلامية بالتوظيف حسب الكفاءة -كأحد مقومات الإدارة في الإسلام - تطبيقًا لما جاء في القرآن الكريم والسنة النبوية وأقوال الصحابة رضي الله عنهم، فقد قال سبحانه وتعالى في شأن نبي الله موسى عليه السلام عندما اختارته (ابنة شعيب عليه السلام) لأنه القوي الأمين: (قَالَتْ إِحْدَاهُمَا يَا أَبَتِ اسْتَأْجِرْهُ إِنَّ خَيْرَ مَنِ اسْتَأْجَرْتَ الْقَوِيُّ الْأَمِينُ {٢٦/٢٨}) [القصص: ٢٦]. والقوة هنا هي القدرة على القيام بما يتطلبه العمل المسند إلى الفرد والحكم بالعدل والقدرة على تنفيذ الأحكام، والأمانة هنا هي القدرة على أداء الحقوق لأصحابها وأن يستشعر الفرد خوف الله، ويقول صلى الله عليه وسلم «من ولي من أمر المسلمين شيئًا فولى رجلا وهو يجد من أصلح منه فقد خان الله ورسوله» رواه الترمذي.

ويروى أن أبا ذر الغفاري رضي الله عنه طلب من رسول الله صلى الله عليه وسلم أن يعينه واليا على إحدى الولايات، فقال له رسول الله صلى الله عليه وسلم «يا أبا ذر إنك ضعيف وإنها أمانة، وإنها يوم

القيامة خزي وندامة إلا من أخذها بحقها وأدى الذي عليه فيها »[1]، فهذا أبو ذر الغفاري على الرغم من مكانته ومنزلته عند رسول الله صلى الله عليه وسلم إلا أنه لم يعط الإمارة (كقائد إداري) لأنه لم يكن قويًا وقادرًا على تحمل أعبائها، فالقيادة الإدارية تتطلب فيمن يمارسها امتلاك مواهب وقدرات وسمات شخصية تعينه على التعامل مع مختلف الظروف والمواقف لتحقيق الأهداف.

ويعني ذلك أن تعيين الولاة أو التعيين في الوظائف العامة أمانة في عنق صاحب السلطة، فلا تُعطى إلا لمستحقيها، ومن أخذها بغير استحقاق لها أو وليها عن جدارة واستحقاق ثم لم يوف الذي عليه فيها أو لم يقم بواجباته الوظيفية، فسوف يكون مصيره الخزي والندامة يوم القيامة[2].

ويرى بعض علماء الفقه الإسلامي، ضرورة أن يحسن الإمام (أو من يمارس سلطته) اختيار من يتولون المهام أو المناصب[3].

ويؤكد الفكر الإداري الإسلامي على أن عملية الاختيار تركز على مبدأ الأصلح والأفضل قوة في العمل وأمانة، والاختبار قبل الاختيار مبدأ أساسي في الإدارة الإسلامية، فلا يشغل شخص وظيفة عامة قبل أن يثبت بالاختبار صلاحيته، فقد روي أنه عندما أسند الرسول صلى الله عليه وسلم منصب القضاء إلى معاذ بن جبل رضي الله عنه سأله: «بم تقضي؟» فأجاب: بكتاب الله، فسأله: «فإن لم تجد؟» فأجاب: فبسنة رسول الله.

---

(١) رواه مسلم.

(٢) صلاح عبد الحميد: فدوي فاروق عمر: مقدمة في الإدارة والتخطيط التربوي، مرجع سابق، ص (٩٥).

(٣) راجع السياسة الشرعية في إصلاح الراعي والرعية لابن تيمية، ط٣، بيروت، مطبعة دار الكتاب العربي، (ب- ت) ص(٦).

فسأله: «فإن لم تجد؟» فأجاب: أجتهد برأيي ولا ألو . فقال الرسول الكريم صلى الله عليه وسلم : «الحمد لله الذي وفق رسول رسول الله لما يرضى الله ورسوله »[1]،

وقد كان عمر رضي الله عنه يختار الرجل القوي الأمين ويضعه في المكان المناسب لتخصصه وما يحسنه بجانب التقوى، فلم تكن التقوى لديه هي كل شيء، ومن أقواله: المسلم الضعيف التقي ضعفه على المسلمين وفضله لنفسه والمسلم القوي الشداد، قوته للمسلمين وشداده على نفسه »، وقال مرة: «إني أرى رجلا إذا كان في القوم وليس أميرهم، كان كأنه أميرهم، وإذا كان أميرهم كان كأنه واحد منهم»[2].

وهكذا كانت الشروط العامة للتوظيف تتمثل في ثلاثة شروط: القوة والأمانة والكفاءة، وفي الوظائف العامة (القيادية والرئاسية) كما كان الرسول الكريم صلى الله عليه وسلم يركز على القوة والأمانة [3]. وتعني القوة: قوة العقيدة وقوة الحق وقوة الجسم، والقوة في الحكم بين الناس اعتماداً على العدل الذي جاء في الكتاب والسنة والقدرة على تنفيذ الأحكام، (فالمؤمن القوي خير وأحب إلى الله من المؤمن الضعيف وفي كل خير)، أما الأمانة فتعني التزام الرئيس بحق الله وعبادته وخشيته على الوجه الأكمل،

(١) علي علي منصور: نظام الحكم والإدارة في الشريعة الإسلامية والقوانين الوضعية، مرجع سابق، ص (٨١).
(٢) المرجع السابق، ص (٢٨٨، ٢٨٩).
(٣) راجع كتاب (الخدمة المدنية على ضوء الشريعة الإسلامية).

فضلاً عن التزامه بالقيام بحقوق المرءوسين من غير تقصير، كما يجب على المرؤوسين أن يقوموا بواجباتهم من غير تقصير[1].

وقد حددت (لطيفة الكندري) في (دراسة مقارنة لصفات القائد في التراث الإسلامي والتراث الغربي) أن من مستلزمات الأمانة في الإسلام العلم، التقوى، العدل، الشجاعة، الشورى، القدرة على توصيل الأفكار، الاقتداء بالنبي صلى الله عليه وسلم وأن كل ذلك يؤكد على أن الإدارة في الإسلام قد راعت التوظيف حسب الكفاءة والقوة والأمانة -كأحد مقوماتها الأساسية- منذ أكثر من أربع عشر قرنًا.

وإذا كانت الإدارة العامة الحديثة قد وضعت عدة معايير لاختيار القيادات الإدارية تتمثل في الإنجاز -المبادرة- الكفاءة- الإبداع- الأقدمية، فإن ما جاءت به الإدارة الإسلامية يتفق مع ما جاءت به الإدارة الحديثة إلى حد كبير، وإن لم يزد.

ومن هذا المنطلق فإن الإدارة التربوية ينبغي عليها الالتزام باختيار العاملين وفق معايير موضوعية تستند على الكفاية (امتلاك المهارات اللازمة للعمل) الكفاءة والأمانة والقدرة على الأداء لتولية الأصلح وأن يتم الاختيار بعد الاختبار، وذلك بغض النظر عن الطبقة الاجتماعية التي ينتمي إليها المتقدم للوظيفة وتغليب المصلحة العامة على المصلحة الخاصة هذا من جانب، وتنمية الكفايات الإدارية التربوية (قبل وأثناء الخدمة) بالتدريب مع منح الحوافز المالية والمعنوية وفق معايير محددة للإنتاجية، وذلك

(١) صلاح عبد الحميد مصطفى، فدوي، فاروق عمر: مقدمة في الإدارة والتخطيط التربوي، مرجع سابق، ص (٩٧).

من جانب آخر، وهذا يجعلها إدارة ناجحة وقادرة على تسيير التربية والتعليم نحو تحقيق أهدافها[1]..

د-تسلسل الرئاسة أو تدرج السلطة SCALAR Chain:

لقد طبقت منذ صدر الإسلام ظاهرة ما يعرف في الإدارة الحديثة بمبدأ التدرج الرئاسي أو تدرج السلطة أو التسلسل الهرمي للمكاتب- كأحد مقومات العمل الإداري الإسلامي- وهو يعني أن لكل وظيفة مجموعة من الواجبات والمسؤوليات، ويتم تنظيم هذه الوظائف بشكل هرمي من أعلى إلى أسفل بحيث يكون من يشغلون مراكز أي مستوى مسؤولين أمام المستوى الأعلى منهم مباشرة، ويستند التدرج الرئاسي في التنظيمات الإدارية إلى التفاوت في العلم والممارسة والخبرة المبنية على المعرفة.

فقد كان رسول الله صلى الله عليه وسلم يمثل السلطة العليا في الهيكل التنظيمي للدولة الإسلامية في عهده يساعده مجموعة من كبار الصحابة رضي الله عنهم، وكان يعهد إلى بعضهم بمهام معينة وأعمال محددة، ولقد حدد الرسول صلى الله عليه وسلم مفهوم (مقوم) تسلسل أو تدرج السلطة (Scalar Chain) في الإدارة الإسلامية بما قاله الرسول الكريم صلى الله عليه وسلم، «لا يحل لثلاثة يكونون بأرض فلاة إلا أمروا عليهم أحدهم »[2]. كما يقول صلى الله عليه وسلم «إذا خرج ثلاثة في سفر فليؤمروا أحدهم »[3]. وفي ذلك تأكيد على أهمية تسلسل الرئاسة ووحدة القيادة.

---

(١) صلاح عبد الحميد مصطفى، فدوي فاروق عمر: مقدمة في الإدارة والتخطيط التربوي، مرجع سابق، ص (٩٧).

(٢) رواه أحمد (١٧٦/٢)، رقم ٦٦٤٧، والطبراني كما في مجمع الزوائد، (٨٢/٤).

(٣) رواه أبو داود (٣٦/٣، رقم ٢٦٠٨).

ولقد تميز الهيكل التنظيمي (Organizational Structure) في الدولة الإسلامية في عهد الخليفة عمر بن الخطاب وخليفته عثمان بن عفان رضي الله عنه بانتظام الرئاسات وتسلسلها من أعلى قمة الهيكل التنظيمي حتى أدناه، وقد تميز الهيكل التنظيمي بوجود رئيس واحد وخطة واحدة لمجموعة من الأنشطة تحقق غرضًا واحدًا، فضلا عن تكون الهيكل التنظيمي من ثلاثة مستويات أحدهما يمثل الإدارة العليا والآخران يمثلان الإدارة الوسطى والإدارة التنفيذية.

الفصل الثالث: الفكري الإداري الإسلامي وتطبيقه في المجال التربوي

وفيما يلي الخريطة التنظيمية في عهد الخليفة عمر بن الخطاب رضي اللـه عنه.

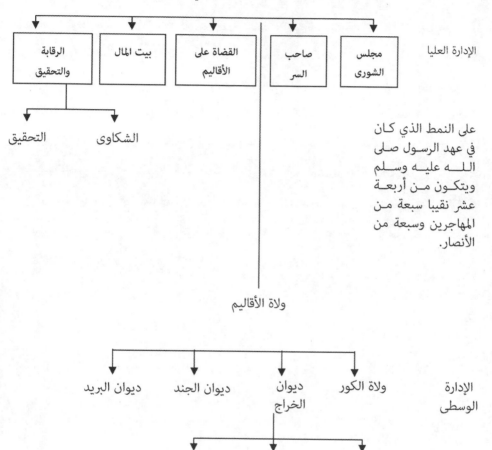

الخليفة عمر بن الخطاب رضي اللـه عنه
الإدارة العليا
مجلس الشورى
صاحب السر
القضاة على الأقاليم
بيت المال
الرقابة والتحقيق
الشكاوى
التحقيق
على النمط الذي كان في عهد الرسول صلى اللـه عليه وسلم ويتكون من أربعة عشر نقيبا سبعة من المهاجرين وسبعة من الأنصار.
ولاة الأقاليم
الإدارة الوسطى
ولاة الكور
ديوان الخراج
ديوان الجند
ديوان البريد
الإدارة التنفيذية
ولاة الخراج في الأقاليم
ديوان العطاء
بيت الدقيق

شكل (١) الخريطة التنظيمية في عهد الخليفة عمر بن الخطاب

ويتبين من هذا الهيكل التنظيمي ارتباط القضاة بالخليفة مباشرة من ناحية التعيين واستقلالية القضاة عن الولاة [١].

وقد أخذت الإدارة الحديثة بمبدأ تدرج السلطة التي أخذت به الإدارة الإسلامية، حيث أكد (هنري فايول) على أهمية الأخذ بمبدأ تدرج السلطة أو خط السلطة من أعلى إلى أسفل الهرم التنظيمي والذي بموجبه يكون حجم السلطة أقل كلما هبطنا في الهرم التنظيمي وهذا ضروري لنجاح المنظمة.

ومن هنا ينبغي على الإدارة التربوية والتعليمية الإسلامية أن تلتزم بقاعدة تسلسل الرئاسة والأوامر في العمل اليومي بالتنظيم من قمته إلى قاعدته وأن تختار الهيكل التنظيمي الذي يتضح فيه خط السلطة والمسؤولية والحقوق والواجبات المتعلقة بكل وظيفة ويسهل من عملية الاتصال داخل التنظيم [٢]. ويوضح المسار الذي يجب أن تسلكه المعلومات في رحلتها بين الرئيس والمرؤوسين في أدنى الخريطة التنظيمية، وهذا يساعد على إنجاز الواجبات والمسؤوليات المحددة لكل وظيفة واتخاذ القرارات التربوية الصائبة، ويجعل التنظيم التربوي فعالاً وقادرا على تحقيق أهدافه [٣]..

---

(١) محمد عبد الله الشيباني: نظام الحكم والإدارة في الدولة الإسلامية، مرجع سابق، ص (٢٣-٢٥).

(٢) صلاح عبد الحميد مصطفى، فدوي فاروق عمر: مقدمة في الإدارة والتخطيط التربوي، مرجع سابق، ص (١٠٣).

(٣) نفس المرجع، نفس الصفحة.

هـ-الالتزام بالمسؤولية Responsibility:

يقصد بالمسؤولية في الإسلام «التزام الشخص بأن ينهض بالأعباء الموكلة إليه وتحمل التزاماته أمام الله وأمام ضميره وأمام رئيسيه وأمام الأمة، لقاء تفويض محدد».

وتقترن السلطة بالمسؤولية وهما مترابطتان ويجب أن يسيرا جنبًا إلى جنب، وهما وجهين لعملة واحدة فلا توجد سلطة بدون مسؤولية ولا يتسنى تجسيد المسؤولية التي تنبع من السلطة وتنبثق عنها إلا بإخضاع القائمين على ممارسة السلطة للمساءلة، وتعني مسؤولية الأفراد عما يمارسون من أفعال، إن كل مدير يخضع للمساءلة عن تصرفه الشخصي وعن الأفعال الصادرة عن فريق العمل الذي يرأسه ويخضع لإشرافه، وقد عبر الإسلام عن السلطة والمسؤولية بالسلطة المطاعة والمسؤولية الرعوية، وبين أن القائد لا يعتبر المسؤول الأوحد، بل الكل مسؤول، وقد وضح الإسلام ذلك في قول رسول الله صلى الله عليه وسلم : «كلكم راع وكلكم مسؤول عن رعيته »[1]. وإذا كانت الإدارة في الإسلام لا تؤمن بأن تنفرد القيادة الإدارية بالسلطة فإنها تؤكد على مشاركة المرؤوسين للقيادة الإدارية في المسؤولية، وتحملها بأمانة وإخلاص، لقوله تعالى: (يَا أَيُّهَا الَّذِينَ آمَنُواْ لاَ تَخُونُواْ اللّهَ وَالرَّسُولَ وَتَخُونُواْ أَمَانَاتِكُمْ) [الأنفال: ٢٧]. فهم مسؤولون عن إعانة قائدهم في حمل أعباء دوره، كما أنهم مسؤولون عن إسداء المشورة الخالصة له، فالمسؤولية في الإسلام جماعية وليست حكرًا على أحد، فالكل بغض النظر عن

---

(١) رواه البخاري، في الإمام النووي: رياض الصالحين، تحقيق شعيب الأرناؤوط، بيروت، مؤسسة الرسالة، ١٤٠٢هـ/ ١٩٨٢، ص (٣٠٩).

موقعه يتحمل قسطًا من المسؤولية، وهذا من شأنه تنمية الإحساس بالثقة وتحقيق الذات والانتماء [1]..

ولقد أكدت الشريعة الإسلامية على أهمية الالتزام بالمسؤولية الاجتماعية واعتبارها من المبادئ التي تشكل جوهر السلوك التنظيمي، فيقول سبحانه وتعالى (يَا أَيُّهَا الَّذِينَ آمَنُواْ أَوْفُواْ بِالْعُقُودِ) [المائدة: ١]، وأيضًا قوله تعالى: (وَأَوْفُواْ بِالْعَهْدِ إِنَّ الْعَهْدَ كَانَ مَسْؤُولاً {٣٤/١٧}) [الإسراء: ٣]، وقوله تعالى (مَنْ عَمِلَ صَالِحًا فَلِنَفْسِهِ وَمَنْ أَسَاء فَعَلَيْهَا وَمَا رَبُّكَ بِظَلَّامٍ لِّلْعَبِيدِ {٤٦/٤١}) [فصلت: ٤٦].

ويقول الفاروق عمر رضي الله عنه «أيما عامل لي ظلم أحدًا فبلغني مظلمته ولم أغيرها، فأنا ظلمته » [2]، وفي ذلك يؤكد الخليفة عمر رضي الله عنه أن السلطة تفوض والمسؤولية لا تفوض، وأن المسؤولية لا يقل حجمها بتفويض السلطات Authority والصلاحيات، بل تزداد لأن الرئيس الإداري يكون مسؤولاً عن سلوكه التنظيمي وسلوك من يساعدونه في تأدية المسؤولية، لأن المسؤولية Responsibility لا تفوض إلى آخرين، بينما تفوض السلطة لآخرين، ومن هنا فإن مدير المدرسة يكون مسؤولاً عن سلوكه وسلوك وكيل المدرسة، وكذلك سلوك المعلمين والإداريين

---

(١) هاني عبد الرحمن الطويل: الإدارة التربوية والسلوك التنظيمي، سلوك الأفراد والجماعات، عمان: الجامعة الأردنية، ١٩٨٦م، ص(٣٤)..

(٢) محمد بن عبد الرحمن الخطيب: عمر بن الخطاب المعادلة الإنسانية، القاهرة: مطابع دار الشعب، (ب. ت). ص (٦١).

واللجان والمجالس المدرسية والمستخدمين أمام الله، ثم رؤسائه ولا يعفيه تفويض بعض سلطاته عن تحمل المسؤولية كاملة والمساءلة عنها [1].

ومن هذا المنطلق فإن الالتزام بالمسؤولية -كأحد مقومات الإدارة الإسلامية- سبق الالتزام بالمسؤولية في الإدارة الحديثة (بعدة قرون) والتي أشار إليها (هنري فايول) في كتابه الإدارة العامة والصناعية، وإذا ما أريد لإدارة التربية والتعليم في المجتمعات المسلمة أن تحقق الأهداف التي وُجدت من أجلها، وجب عليها أن تجعل هذا المبدأ أحد مقوماتها الأساسية.

ومن هنا ينبغي على العاملين في الإدارة التربوية (مدير -معلم- مشرف تربوي) تأدية الواجبات المحددة لكل منهم في الوقت المحدد بالجودة المطلوبة، وأن يكون صادقا وأمينًا وموضوعيا في عرضه للأمور على رؤسائه ومرؤوسيه، وعليه أن ينقل المعلومات أو القرارات بلغة واضحة مفهومة لكل ما يعنيه الأمر، وينبغي على كل منهم أن يدرك أنه يمكن أن يخضع للمساءلة القانونية إذا صدرت عنه مخالفة في العمل أو ممارسة خاطئة لمسؤولياته وأن يكون الجزاء مطابقًا لجنس العمل أو المخالفة حتى يكون الجزاء عادلا، وقد شرع الله ذلك في قوله (فَمَن يَعْمَلْ مِثْقَالَ ذَرَّةٍ خَيْرًا يَرَهُ {٧/٩٩} وَمَن يَعْمَلْ مِثْقَالَ ذَرَّةٍ شَرًّا يَرَهُ {٨/٩٩}) [الزلزلة: ٧]،وأيضًا يقول سبحانه وتعالى (هَلْ جَزَاءُ الْإِحْسَانِ إِلَّا الْإِحْسَانُ {٦٠/٥٥}) [الرحمن: ٦٠]، وأن يدرك كل منهم أن الالتزام الإيماني بين العبد وربه، وعهد بين الرئيس والمرؤوس، فيقول سبحانه وتعالى: (وَأَوْفُواْ بِالْعَهْدِ إِنَّ الْعَهْدَ كَانَ مَسْؤُولاً {٣٤/١٧}) [الإسراء: ٣٤]، وأن يدرك كل منهم أن المدرسة كمؤسسة اجتماعية تقوم إدارتها على أساس المشاركة في تحمل المسؤولية والعمل بروح الفريق، وإذا ما وفر

(١) صلاح عبد الحميد مصطفى، فدوي فاروق عمر: مقدمة في الإدارة والتخطيط التربوي، مرجع سابق، ص (١٠٧).

المدير فرص المشاركة في المسؤولية للعاملين معه في المدرسة، فإنه سيلقى حماسه إيجابية من قبلهم[1]..

و- تخصصية المهام وتفويض السلطات:

لقد كان أسلوب العمل الإداري في الولايات الإسلامية يقوم على فكرة لا مركزية التنفيذ مع تحديد مهام وواجبات واختصاصات الوالي مع تفويضه السلطات المناسبة فكانت جميع الأعمال داخل التنظيمي توزع على العاملين على أن يتخصص كل منهم في تأدية أعمال محددة، فكان هناك صاحب السر والأمين على خاتم الرسول الكريم، والقضاة على الأقاليم، وكان هناك المتخصصون في الخراج والبريد، ويتضح ذلك في الخريطة التنظيمية في عهد الرسول الكريم، وأيضًا في عهد الخليفة عمر رضي الله عنه.

وقد ساعد ذلك العاملين على أن يصبحوا على درجة عالية من المهارة في تأدية مهامهم، وهذا ما جاءت به الإدارة الحديثة في النموذج البيروقراطي تحت مسمى تخصصية المهام Specialization Tasks لإنجاز العمل بإتقان وسرعة أكبر وتكاليف أقل.

فقد كان سيدنا عمر رضي الله عنه عندما يعين واليًا (موظفًا عامًا) يعطيه عهد تعيين يشتمل على أمر تنصيبه وما يخوله له من سلطات وما يكلفه به من واجبات (مهام Tasks) ويحمل الأمر خاتم الخليفة وتوقيعه، ويشهد عليه عدد من المهاجرين

---

(١) فريز أحمد محمد الشلعوط: نظريات في الإدارة التربوية، مرجع سابق، ص (٩٩)

والأنصار، وقبل أن يغادر الوالي المدينة يقرأ الخليفة عمر على المسلمين في المسجد عهد التعيين [١]..

أما مبدأ تفويض السلطات فقد أقره الإسلام في قوله تعالى: (وَقَالَ مُوسَى لأَخِيهِ هَارُونَ اخْلُفْنِي فِي قَوْمِي وَأَصْلِحْ وَلاَ تَتَّبِعْ سَبِيلَ الْمُفْسِدِينَ {١٤٢/٧}) [الأعراف: ١٤٢]، ولما اشتد المرض على رسول الله صلى الله عليه وسلم قال: «مروا أبا بكر فليصل بالناس »[٢]، وقال أبو هريرة: «وكلني النبي صلى الله عليه وسلم في حفظ زكاة رمضان »[٣]..

ويعني ذلك أن القائد قد يعهد ببعض سلطاته [٤]. وصلاحياته إلى بعض مرؤوسيه لأداء واجباتهم التنظيمية لأن المدير لا يلم بجميع الوظائف ولا يتوفر لديه الوقت الكافي لممارستها، ولذا فإنه يفوض أو يدفع بعض سلطاته إلى من يليه في المستوى الإداري، ويحتفظ بالجزء الباقي من سلطاته حتى يكون له حق مراقبة تصرفات مرؤوسيه بشأن السلطات المفوضة إليهم [٥]. فقد كتب علي رضي الله عنه إلى عبد الله بن عباس، عامله على البصرة يقول: «أبا العباس، رحمك الله فيما جرى على لسانك، ويدك من خير وشر فإنا شريكان في ذلك وكن عند صالح ظني بك...

(١) محمد عبد المنعم خميس: الإدارة في صدر الإسلام- دراسة مقارنة، القاهرة: مكتبةالنهضة المصرية، ١٩٩٢، ص (٩٦).

(٢) ابن مسعد: الطبقات الكبرى، جـ٣، بيروت: دار صادر، ص (١٧٨).

(٣) ابن تيمية: الملتقى من أخبار المصطفى ﷺ بيروت: دار الفكر، ١٩٧٩م، ص (٣٧٦).

(٤) السلطة وفق تعريف (فايول) (الحق في إصدار الأوامر والقوة في إجبار الآخرين على تنفيذها) أما تفويض السلطة (فهو توزيع حق التصرف واتخاذ القرارات في نطاق محدد وبالقدر اللازم لإنجاز مهمة معينة)

-المرجع: فؤاد الشيخ سالم وآخرون: المفاهيم الإدارية الحديثة، مرجع سابق، ص (٢٧-١٣٠).

(٥) نفس المرجع، ص (١٣٢).

والسلام »[١]. والتفويض يزيل عن كاهل الرئيس الإداري الكثير من الأعمال الروتينية وبالتالي يستطيع تخصيص وقته للمسائل الهامة ويتفرغ للعمل التخطيطي.

وتفويض السلطة يستلزم وجود المحاسبة، ويعني ذلك أن يكون المرؤوسين مسئوولين أمام المدير عن إنجاز الأعمال الموكلة إليهم، ومن حق الرئيس استرداد هذا التفويض Delegation في أي وقت من مرؤوسيه وإعادة تفويضه للآخرين إذا ما اتضح له سوء استخدامهم للتفويض أو عجزهم عن النهوض بالمسؤوليات التي كلفوا بها [٢]..

ويؤكد ذلك ما قاله ابن المقفع في هذا المجال: «على الملوك بعد ذلك -يقصد التفويض- تعاهد أعمالهم وتفقد أمورهم حتى لا يخفى عليهم إحسان محسن ولا إساءة مسيء... ثم عليهم بعد ذلك أن لا يتركوا محسنًا بغير جزاء، ولا يقروا مسيئًا ولا عاجزًا على الإساءة والعجز، فإذا تركوا ذلك، تهاون المحسن واجترأ المسيء، وفسد الأمر وضاع العمل)[٣]..

وقد حدد الماوردي سبع صفات لمن تفوض إليه الأعمال هي: الأمانة، الصدق، وقلة الطمع، وعدم وجود العداوة، والشحناء بينه وبين الناس، والذكاء، والفطنة، والبعد عن الأهواء، والحنكة والتجربة..

ومن هنا فإن تخصيصه المهام وتفويض السلطات- كأحد مقومات الإدارة في الإسلام- جاءت به الإدارة الحديثة بعد الإدارة الإسلامية، تحت مبدأ تكافؤ السلطة مع المسؤولية.

---

(١) الشريف الرضي: نهج البلاغة (لعلي بن أبي طالب) ضبط نصه وابتكر فهارسه العلمية صبحي صالح، بيروت: دار الكتاب اللبناني، مكتبة المدرسة، ط٣، ١٩٨٣م.

(٢) نفس المرجع.

(٣) على حبيب الماوردي، الأحكام السلطانية والولايات الدينية، دمشق، شركة ومكتبة مصطفى البابي الحلبي وأولاده، ١٩٦٠م، ص (١٦).

الفصل الثالث: الفكري الإداري الإسلامي وتطبيقه في المجال التربوي

ويعني ذلك أن إدارة التربية والتعليم ينبغي أن تأخذ بهذا المبدأ الإداري في التنظيم التربوي والتعليمي لضمان السرعة والمرونة في الاستجابة للحاجات التعليمية واتخاذ القرارات المرتبطة بها، حيث لا يعقل أن تحمل المرؤوسين التقصير في تأدية عمل ما ورئيسه لم يمنحه أو يفوض له قدرًا من الصلاحيات التي تخول له إصدار قرارات لتنفيذ هذا العمل.

ز-الرقابة Control

تقوم الرقابة كوظيفة من الوظائف التي تتألف منها العملية الإدارية على أساس فحص نتائج الأداء الفعلي ومقارنتها أولاً بأول مع الأهداف الكمية والنوعية التي حددتها المؤسسة بالخطة الموضوعة للتأكد من مطابقة الأداء للأهداف المحددة في الخطة، وتكون الأهداف المنصوص عليها في الخطة هي المعايير الواجب القياس عليها، ويعني ذلك أن جوهر العملية الرقابية يكمن في قياس الأداء وتقويمه والكشف عن الانحراف وتصحيحه.

ومن هنا فإن الرقابة من المبادئ الإدارية الأساسية التي لا غنى عنها للإدارة، حيث لا تستقيم الإدارة بدون رقابة أو متابعة، ويعني ذلك أن الرقابة هي القياس والتقويم والمحاسبة أثناء تنفيذ العمل وبعد إكماله ويقوم بها المدير أو المشرف المسؤول عن العمل.

والرقابة عملية تشمل جميع العناصر المتوفرة في المؤسسة وأهمها الإفراد والمواد وكيفية أداء العمل والأجهزة، والأدوات، وقد عبر (فايول) عن هذه الفكرة باصطلاح (الإشراف الدائم) وبناء عليه يمكن تعريف الرقابة الإسلامية بأنها: "الإشراف والمراجعة من سلطة أعلى بقصد معرفة كيفية سير الأعمال والتأكد من أن الموارد المتاحة تستخدم وفقًا للخطة الموضوعة ومقارنة النتائج المحققة بالمأمولة والمتمثلة في

أهداف أو معايير محددة في الخطة، واكتشاف الخطأ قبل وقوعه والعمل على منع وقوعه أو إصلاحه إن وقع، ويتم كل ذلك وفق مبادئ وأحكام الشريعة الإسلامية ».

والتساؤل هنا هل تضمن الإسلام هذا المفهوم وطبقته الإدارية الإسلامية؟

لقد ورد في القرآن الكريم الكثير من الآيات التي تُعبر عن الرقابة ومنها قوله سبحانه وتعالى: (إِنَّ اللَّهَ كَانَ عَلَيْكُمْ رَقِيبًا {١/٤}) [النساء: ١]، ويقصد من ذلك أن الله رقيب على أعمالنا، وقوله تعالى: (وَكَانَ اللَّهُ عَلَى كُلِّ شَيْءٍ رَّقِيبًا {٥٢/٣٣}) [الأحزاب: ٥٢]،وقوله تعالى: (وَقُلِ اعْمَلُواْ فَسَيَرَى اللَّهُ عَمَلَكُمْ وَرَسُولُهُ وَالْمُؤْمِنُونَ) [التوبة: ١٠٥]، ويقصد من ذلك أن الله سبحانه وتعالى يطلع على أعمالكم، وقوله سبحانه وتعالى: (مَا يَلْفِظُ مِن قَوْلٍ إِلَّا لَدَيْهِ رَقِيبٌ عَتِيدٌ {١٨/٥٠}) [ق:١٨]، وقوله تعالى: (يَعْلَمُ خَائِنَةَ الْأَعْيُنِ وَمَا تُخْفِي الصُّدُورُ {٤٠/ ١٩}) [غافر: ١٩].

ويستدل من هذه الآيات الكريمة على أن القرآن الكريم تضمن مفهوم الرقابة كأداة لتعديل سلوك العباد وتصحيحه إذا انحرف عن الطريق المستقيم الذي حددته ووضحته الشريعة الإسلامية السمحاء.

وقد قال عمر رضي الله عنه يومًا لمن حوله : «أرأيتم إذا استعملت عليكم خير من أعلم ثم أمرته بالعدل أكنت قضيت ما عليَّ؟ قالوا: نعم، قال: لا حتى أنظر في عمله أعمل بما أمرته أم لا »[1]..

ويدل هذا السلوك الإداري التنظيمي لسيدنا عمر رضي الله عنه أنه كان حريصًا على القيام بوظائفه الإدارية ومنها الرقابة التي كان يضمن من خلالها أن الأنشطة المراقبة تحقق النتائج المأمولة، ويتعرف على الانحرافات -إن وجدت- ويتخذ الإجراء التصحيحي حيالها، وكان هذا السلوك الإداري ينطلق من مبدأ أن المسؤولية

(١) علي الطنطاوي، ناجي الطنطاوي: أخبار عمر وأخبار عبد الله بن عمر، ط٣، بيروت: دار الفكر، ١٣٩٢هـ (ص١٤٤).

وحدة كاملة غير قابلة للتجزئة حتى لو فوضت السلطات أو الصلاحيات من قبل الرئيس الأعلى، وذلك من مبادئ أو مقومات الإدارة الحديثة.

وقد اتخذت الرقابة في الإسلام عدة أشكال هي:

الرقابة الشعبية (الرقابة المجتمعية):

تعني رقابة المواطنين على تصرفات الجهاز الإداري للدولة من القوة للقاعدة فكل مواطن من حقه أن يراقب تصرفات الأجهزة الإدارية (ومنها الإدارة التربوية) على كافة مستوياتها، ومنع أي ضرر يلحق بها وذلك انطلاقًا من قوله تعالى: (وَاتَّقُواْ فِتْنَةً لاَّ تُصِيبَنَّ الَّذِينَ ظَلَمُواْ مِنكُمْ خَآصَّةً وَاعْلَمُواْ أَنَّ اللّهَ شَدِيدُ الْعِقَابِ {٢٥/٨}) [الأنفال: ٢٥].

وقد أكد أبو بكر الصديق رضي الله عنه على ضرورة ممارسة الرقابة الشعبية، بعد تولية الخلافة في خطبته: «أما بعد أيها الناس فإني قد وليت عليكم ولست بخيركم فإن أحسنت فأعينوني وإن أسأت فقوموني، أطيعوني ما أطعت الله ورسوله، فإذا عصيت الله ورسوله فلا طاعة لي عليكم »[١]..

وفي أحد الاجتماعات قال رجل لعمر رضي الله عنه: اتق الله يا أمير المؤمنين عندما ظنه يلبس أكثر مما يستحق، فتصدى له أحد الحاضرين، وقال له: أتقولن لأمير المؤمنين اتق الله؟ فلما سمعه عمر قال له: دعه فليقلها فلا خير فيكم إذا لم تقولوها لنا، ولا خير فينا إذا لم نقبلها منكم[٢]..

ويقول صلى الله عليه وسلم: «من رأى منكم منكرًا فليغيره بيده فإن لم يستطع فبلسانه فإن لم يستطع فبقلبه وذلك أضعف الإيمان »[٣]..

---

(١) حزام ماطر: الإدارة الإسلامية، المنهج والممارسة، الرياض، مطابع الفرزدق، ١٤١٧هـ، ص (٢٠٤).

(٢) محمد عبد الله الشيباني: نظام الحكم والإدارة في الدولة الإسلامية، مرجع سابق، ص (٢٦).

(٣) رواه مسلم.

وفي القرآن الكريم يقول سبحانه وتعالى: (وَالْمُؤْمِنُونَ وَالْمُؤْمِنَاتُ بَعْضُهُمْ أَوْلِيَاء بَعْضٍ يَأْمُرُونَ بِالْمَعْرُوفِ وَيَنْهَوْنَ عَنِ الْمُنكَرِ) [التوبة: ٧١]،وأيضًا يقول سبحانه (وَلْتَكُن مِّنكُمْ أُمَّةٌ يَدْعُونَ إِلَى الْخَيْرِ وَيَأْمُرُونَ بِالْمَعْرُوفِ وَيَنْهَوْنَ عَنِ الْمُنكَرِ وَأُوْلَئِكَ هُمُ الْمُفْلِحُونَ {٣/١٠٤}) [آل عمران: ١٠٤].

وكل ذلك يؤكد على أن الإسلام دعا إلى تطبيق مفهوم الرقابة الشعبية التي يؤدي تنفيذها إلى أن يسلك الفرد والجماعة سلوكًا يتفق مع الشريعة الإسلامية في كل زمان ومكان، وأن الرقابة الإسلامية ليست نظرية مجردة فحسب، وإنما هي منهاج عمل ودليل تطبيق.

الرقابة الإدارية (مراقبة القائد) Management Control:

ولقد برزت هذه الرقابة في عهد عمر بن الخطاب رضي الله عنه واتخذت أشكال عديدة منها:

١- لا يجوز أن يدخل أي عامل من عمال الخليفة ليلاً عندما يأتي إلى المدينة، بل نهارًا حتى لا يحتجزوا من الأموال شيئًا.

٢- إرسال العيون إلى الأمصار (الولايات) ليتفقدوا حالها وينقلوا إلى الخليفة كل ما يشاهدونه أو يسمعونه فيعمل على متابعتها والتحقق منها بنفسه [١]، وينبع هذا النوع من الرقابة من تحمل القائد للمسؤولية مع المرؤوسين ورغبته في أن يسيروا في الطريق الصحيح في أعمالهم ويجنبهم الوقوع في الأخطاء، فقد كتب علي رضي الله عنه إلى عبد الله بن العباس، عامله على البصرة يقول: «... أبا

(١) محمد عبد الله الشيباني: نظام الحكم والإدارة في الدولة الإسلامية، مرجع سابق، ص (٢١-٣٠).

العباس. رحمك الله فيما جرى على لسانك ويدك من خير وشر فإنا شريكان في ذلك وكن عند صالح ظني بك ولا يفيلين رأيي فيك والسلام »[1]..

<u>الرقابة الذاتية: Self Control</u>

وتعني أن يقوم الفرد بمراقبة سلوكه وضبطه ذاتيا وفق مبادئ الشريعة الإسلامية ويصحح أخطاؤه ذاتيا ويخلص في عمله ويتقي الله في أقواله وأعماله، والدافع لذلك هو الخوف من الله عز وجل الذي سيحاسبه على كل صغيرة وكبيرة، فيقول سبحانه وتعالى: (وَكُلَّ إِنسَانٍ أَلْزَمْنَاهُ طَآئِرَهُ فِي عُنُقِهِ وَنُخْرِجُ لَهُ يَوْمَ الْقِيَامَةِ كِتَابًا يَلْقَاهُ مَنشُورًا {١٣/١٧} اقْرَأْ كَتَابَكَ كَفَى بِنَفْسِكَ الْيَوْمَ عَلَيْكَ حَسِيبًا {١٤/١٧}) [الإسراء: ١٣، ١٤]، وأيضًا يقول الله سبحانه وتعالى: (وَنَضَعُ الْمَوَازِينَ الْقِسْطَ لِيَوْمِ الْقِيَامَةِ فَلَا تُظْلَمُ نَفْسٌ شَيْئًا وَإِن كَانَ مِثْقَالَ حَبَّةٍ مِّنْ خَرْدَلٍ أَتَيْنَا بِهَا وَكَفَى بِنَا حَاسِبِينَ {٤٧/٢١}) [الأنبياء: ٤٧]. وقوله سبحانه وتعالى: (وَكُلَّ إِنسَانٍ أَلْزَمْنَاهُ طَآئِرَهُ فِي عُنُقِهِ وَنُخْرِجُ لَهُ يَوْمَ الْقِيَامَةِ كِتَابًا يَلْقَاهُ مَنشُورًا {١٣/١٧}) [الإسراء:١٢]، ويعني ذلك أن الإنسان لابد أن يستشعر رقابة الله على تصرفاته كافة وأنه سوف يحاسب على أعماله.

وقد قال جبريل عليه السلام لرسول الله صلى الله عليه وسلم عندما سُئل عن الإحسان، قال: «أن تعبد الله كأنك تراه فإن لم تكن تراه فإنه يراك »[2] ويدعو هذا الحديث الشريف المسلم إلى أن يلاحظ نفسه ويستحضر عظمة الله ومراقبته لسلوك العباد، وأيضًا قال صلى الله عليه وسلم «ما منكم من أحد إلا ويسأله رب العالمين ليس بينه وبين الله حجاب ولا ترجمان » (متفق عليه) وهذه الأحاديث وغيرها تؤكد على ضرورة الرقابة الذاتية التي تقوم على

---

(١) الشريف الرضي: نهج البلاغة، لعلي بن أبي طالب، ضبط نصه وابتكر فهارسه العلمية صبحي صالح، ط٣، دار الكتاب اللبناني، ومكتبة المدرسة، ١٩٨٣م.

(٢) رواه مسلم

المساءلة من الله تعالى وهو الرقيب الأعلى على سلوك العباد، ثم يأتي دور الفرد كرقيب على نفسه بنفسه يحاسبها ويصحح أخطاءها ويخلص لله في عمله، والدافع لذلك هو الخوف من الله وطلب رضائه.

ونخلص من ذلك إلى أن الإدارة الإسلامية جعلت الرقابة وظيفة أو نشاط من أنشطتها الإدارية، وأن هذه الرقابة تركزت حول قياس وتصحيح نشاط المرؤوسين ومحاولة اكتشاف الخطأ قبل وقوعه، ومساعدة المرؤوس على إشباع حاجاته.

ومن هنا فإن الرقابة في الإدارة الإسلامية ركزت على الإنتاج والإنسان بدون أن تطغى مصلحة الإنتاج على الإنسان أو العكس، وأن تكون هذه الرقابة بالحكمة والتفاعل بين الرئيس والمرؤوس الذي ينبغي مخاطبته وتوجيهه حسب قدراته وكفاياته في العمل، يقول تعالى: (ادْعُ إِلِى سَبِيلِ رَبِّكَ بِالْحِكْمَةِ وَالْمَوْعِظَةِ الْحَسَنَةِ وَجَادِلْهُم بِالَّتِي هِيَ أَحْسَنُ إِنَّ رَبَّكَ هُوَ أَعْلَمُ بِمَن ضَلَّ عَن سَبِيلِهِ وَهُوَ أَعْلَمُ بِالْمُهْتَدِينَ {١٢٥/١٦}) [النحل: ١٢٥]، أما الرقابة في الإدارة الحديثة فقد ركزت على التفتيش، وتصيد الأخطاء، وتوقيع العقوبات، وأيضًا على الإنتاج دون الإنسان [١]. وإلى أن ظهرت نظرية العلاقات الإنسانية في الإدارة الحديثة.

ولذلك ينبغي على القيادات في الإدارات التربوية التعليمية الإسلامية الالتزام بمراقبة أداء المعلمين في طريقة تعاملهم مع الطلاب وتطبيقهم للمنهج الدراسي واستخدامهم للتقنيات التعليمية والأعمال الإدارية التي يكلفون بها، وأيضا مراقبة أداء الهيئة الإدارية، وأن تنظر الإدارة للرقابة على أنها أداة لمراقبة العمال داخل المؤسسات التربوية التعليمية (مدرسة، قسم، إدارة) بقصد التأكد من سير الأعمال في الطريق الصحيح ومطابقتها لما جاء في الخطة واكتشاف الانحرافات أو الأخطاء وتصحيحها،

(١) صلاح عبد الحميد مصطفى، فدوي فاروق عمر، مقدمة في الإدارة والتخطيط التربوي، مرجع سابق، ص (١٠٠).

مما يساعد على تعديل الانحرافات في العمل التربوي والتعليمي، وأن يكون الأصل في الرقابة ألا تقوم على التجسس والشك والريبة (وإن كانت تقوم على قدر من الاحتياط للإحاطة بالأمور وتجنب الغفلة) ولكنها من باب الأخذ بمصلحة العاملين ومصلحة المؤسسة [1]. ولا تقتصر الرقابة على فرد دون آخر أو على مهمة دون أخرى، بل ينبغي أن تشغل الرقابة جميع العاملين، والمهمات جميعها، وذلك للإحاطة بالأمور، ولحفظ العاملين على العمل وعدم الإهمال فيه [2]. وذلك بقصد تحقق الأهداف المحددة، وتلك هي الرقابة الشاملة كما ينبغي على الإدارة التربوية والتعليمية أن تلتزم بالقواعد التي جاءت في القرآن الكريم والسنة المطهرة وكتابات المفكرين المسلمين، والاستفادة من القواعد الرقابية التي جاءت بها الإدارة الحديثة، وأن تجعل من الرقابة أمرًا جماعيًا وليست حكرًا على مدير المدرسة فقط، بل يجب أن يشارك فيها وكيل المدرسة والمرشد والمعلم لضمان سير العمل بالصورة المنشودة والمخطط لها، وأن ينظر الإداري المسلم للرقابة على أنها أداة تساعده في التأكد من تطابق الأداء الفعلي مع المخطط، وأيضًا ينبغي أن تلتزم هذه الرقابة بمضمون الرقابة الشعبية والإدارية والذاتية وتركز على الاستمرارية والنصح والإرشاد وتطبق القواعد والمعايير الإسلامية لتحسين الأداء في العمل وتصحيح الانحرافات في المسارات التعليمية المختلفة بقصد تحقيق الأهداف المحددة في الخطة التعليمية.

إن كل ذلك يؤكد على أن الرقابة في الإدارة الإسلامية سبقت الرقابة في الإدارة الحديثة في كثير من الجوانب الفكرية والتطبيقية.

---

(١) مفيدة محمد إبراهيم: إطار النظرية في القيادة التربوية في الإسلام، رسالة ماجستير غير منشورة، عمان: الجامعة الأردنية، ١٩٨٦م، ص (١٦٣).

(٢) فريز محمود أحمد الشلعوط: نظريات في الإدارة التربوية، مرجع سابق، ص (١٤٠-١٤١).

ج-المرونة واللين والتدرج في التعامل مع المرؤوسين:

التنظيم الإداري في الإسلام عرف المرونة في الممارسات الإدارية مع المرؤوسين، بأنه اختيار أيسر الحلول من البدائل المتوفرة والتراجع عن الخطأ عند تبيانه، وكذلك المرونة في تفسير القواعد واللوائح المنظمة للعمل بما لا يضر العمل أو الفرد.

وقد وردت آيات عديدة تحث على المرونة في الإجراءات واللين في القول: (وَلاَ تَجْعَلْ يَدَكَ مَغْلُولَةً إِلَى عُنُقِكَ وَلاَ تَبْسُطْهَا كُلَّ الْبَسْطِ فَتَقْعُدَ مَلُومًا مَّحْسُورًا {٢٩/١٧}) [الإسراء: ٢٩]. وقوله تعالى: (فَقُولَا لَهُ قَوْلًا لَّيِّنًا لَّعَلَّهُ يَتَذَكَّرُ أَوْ يَخْشَى {٤٤/٢٠}) [طه: ٤٤]،ويقول سبحانه وتعالى: (وَإِمَّا تُعْرِضَنَّ عَنْهُمُ ابْتِغَاء رَحْمَةٍ مِّن رَّبِّكَ تَرْجُوهَا فَقُل لَّهُمْ قَوْلاً مَّيْسُورًا {٢٨/١٧}) [الإسراء: ٢٨]، والموعظة الحسنة والإقناع والاقتناع بالرأي السديد كأفضل الطرق في توجيه الإنسان والبعد عن الغلظة في المعاملة فيقول سبحانه وتعالى: (فَبِمَا رَحْمَةٍ مِّنَ اللّهِ لِنتَ لَهُمْ وَلَوْ كُنتَ فَظًّا غَلِيظَ الْقَلْبِ لاَنفَضُّواْ مِنْ حَوْلِكَ) [آل عمران: ١٥٩]، ويقول تعالى: (ادْعُ إِلِى سَبِيلِ رَبِّكَ بِالْحِكْمَةِ وَالْمَوْعِظَةِ الْحَسَنَةِ وَجَادِلْهُم بِالَّتِي هِيَ أَحْسَنُ إِنَّ رَبَّكَ هُوَ أَعْلَمُ بِمَن ضَلَّ عَن سَبِيلِهِ وَهُوَ أَعْلَمُ بِالْمُهْتَدِينَ {١٢٥/١٦}) [النحل: ١٢٥].

وأيضًا هناك أحاديث تحث على المرونة في الإدارة منها ما روته السيدة عائشة رضي الله عنها أنها قالت: «ما خير رسول الله صلى الله عليه وسلم بين أمرين إلا أخذ أيسرهما ما لم يكن إثمًا فإن كان إثمًا كان أبعد الناس منه، وما انتقم رسول الله لنفسه إلا أن تنتهك حرمة الله عز وجل »[(١)]..

ولقد نهى الإسلام عن التشدد والتعقيد في إجراءات العمل ودعا إلى المرونة واليسر يقول تعالى: (يُرِيدُ اللّهُ بِكُمُ الْيُسْرَ وَلاَ يُرِيدُ بِكُمُ الْعُسْرَ) [البقرة: ١٨٥]. ويقول رسول الله فيما رواه البخاري أنه قال: «يسروا ولا تعسروا وبشروا ولا تنفروا »[(٢)].

---

(١) رواه مسلم، صحيح مسلم، ج١٥، ٨٣.

(٢) أحمد بن علي بن حجر العسقلاني: فتح الباري بشرح صحيح البخاري، ص (١٦٣).

الفصل الثالث: الفكري الإداري الإسلامي وتطبيقه في المجال التربوي

أما التدرج في التوجيه والبدء بالأهم قبل المهم، فيتضح ذلك في قول ابن عباس رضي اللـه عنه، أن معاذ بن جبل قال: بعثني رسول اللـه صلى اللـه عليه وسلم قال: «إنك تأتي قوما مـن أهـل الكتـاب فادعهم إلى شهادة أن لا إله إلا اللـه وأني رسول اللـه فإن هم أطاعوا لـذلك، فأعلمهم أن اللـه افتـرض عليهم خمس صلوات في كل يوم وليلة، فإن هم أطاعوا لـذلك، فأعلمهم أن اللـه افترض عليهم صـدقة تؤخذ من أغنيائهم وترد على فقرائهم، فإن هم أطاعوا لذلك فإياك وكرائم أموالهم، واتق دعوة المظلـوم فإنه ليس بينها وبين اللـه حجاب» [١].

ومن هذا المنطلق فإن القائد التربوي الذي يتسم سلوكه التنظيمي بالمرونة واللين والتحرر مـن القيود البيروقراطية والتدرج في التوجيه عادة ما يكون محبوبًا من مرءوسيه، الذين يسعون إلى إرضائه مـن خلال بذل الجهد في العمل لتنفيذ أهداف المنظمة التربوية والتعليمية، كما تكمن أهمية المرونة في تسهيل القادة التعليميين لإجراءات تنفيذ القرارات المتخذة، وأيضا تقبلهم لمرءوسيهم على مـا هـم عليـه، علـى الـرغم مـن عـدم مـوافقتهم عـلى الكثير مـن تـصرفاتهم وسلوكياتهم المرتبطـة بإنجـازات العمـل، ثـم ينطلقوا معهم وبهم إلى ما فيه صالح العمل بالمؤسسات التي يـديرونها [٢]. كما تتسع أهمية المرونـة من جانب القيادة الإدارية التربوية لتشمل قدرتها على تقبل آراء وانتقادات المرؤوسين وتقبل الاختلافات التي تواجهها باعتبارها أمورًا لابد من حدوثها في حياة الأفراد أثناء تفاعلهم، وتصحيح القرارات متى تأكد من وجود خلل فيها أو صعوبة تنفيذها [٣]. وأيضًا ينبغي على القائد الإداري التربوي (مدير تعليم- مـدير

---

(١) صحيح مسلم (١٤١٧)، ص (٥١٤).

(٢) عبد اللـه السيد عبد الجواد: الإدارة التربوية والتخطيط التربوية، مرجع سابق، ص (٣٢).

(٣) إبراهيم بن محمد الخضير: الإدارة التربوية في الإسلام، الرياض، مكتبة الرشد، ١٤٢٨هـ - ٢٠٠٧م، ص (٩٠-٩١).

مدرسة- مشرف تربوي...) أن يُدرك أن وظيفة التوجيه والإشراف (كوظيفة إدارة) جوهرها التدرج في الأوامر والتعليمات وأن تقوم التكليفات للمرؤوسين على التدرج، فنسند مهمة إلى المرؤوس وبعدما يؤديها بنجاح تسند إليه المهمة الأخرى المرتبطة بالمهمة السابقة، وكذا إلى أن يؤدي العمل الكلي المنوط إليه بنجاح، وكل ذلك يساعد على تطوير العمل التربوي والتعليمي بكل مجالاته.

٦-خصائص الفكر الإداري التربوي الإسلامي

تنبثق أسس ومبادئ الفكر الإداري التربوي الإسلامي من القرآن الكريم والسنة النبوية وإجماع علماء المسلمين، ولذلك يتميز هذا الفكر بمجموعة من الخصائص، أبرزها، ما يلي:

أ- الاستناد إلى القرآن والسنة:

حيث أن الأسس والمبادئ التي يقوم عليها الفكر الإداري الإسلامي تنبثق من القرآن الكريم والسنة النبوية، لذلك فهو -أي الفكر الإداري الإسلامي- يتسم بالثبات والاستقرار والموضوعية والمرونة، والتجديد في الحركة، والعمل حسب مقتضيات الموقف وتغير الظروف المحيطة.

ب-العمومية والشمول:

تتميز الشريعة الإسلامية بأنها منهج متكامل وعام وشامل للحياة البشرية، ولجميع بني آدم على اختلاف مستوياتهم وأجناسهم وألوانهم وثقافاتهم، فهي تسمو فوق القومية أو العرقية؛ لأنها للبشرية كافة [1]؛ فقد قال تعالى: ﴿ **يَا أَيُّهَا النَّاسُ إِنَّا خَلَقْنَاكُمْ مِنْ ذَكَرٍ وَأُنْثَى وَجَعَلْنَاكُمْ شُعُوبًا وَقَبَائِلَ لِتَعَارَفُوا إِنَّ أَكْرَمَكُمْ عِنْدَ اللَّهِ أَتْقَاكُمْ إِنَّ اللَّهَ عَلِيمٌ**

---

(١) فهد صالح السلطان: النموذج الإسلامي في الإدارة، منظور شمولي للإدارة العامة، ط٢، الرياض: مطابع الأوفست، ١٤١٨هـ.

خَبِيرٌ﴾ [الحجرات: ١٣]،ولذلك فإن الفكر الإداري التربوي الإسلامي ينفرد بخاصة العمومية والشمول.

ج-المشاركة:

تعتبر المشاركة جزءًا من الشورى التي أكد عليها القرآن الكريم في قوله تعالى: ﴿ **وَأَمْرُهُمْ شُورَى بَيْنَهُمْ** ﴾ [الشورى:٣٨].

ومن هذا المنطلق فإن الفكر الإداري التربوي الإسلامي يقوم على المشاركة ويركز على توسيع فرص الحوار والمناقشة وتنمية العلاقات الأفقية بين المرؤوسين وجعلهم أكثر إيجابية في كل خطوة من خطوات التنفيذ بما يكفل لهم المشاركة الحقيقية في جميع الأعمال وبما يحقق لهم الوقوف على نتائج أعمالهم وما حققوه من تقدم، وأيضًا يؤكد هذا الفكر على المشاركة في صنع القرار واتخاذه بما يضمن التنفيذ الصحيح.

٤-العلمية:

لقد أكد الإسلام في القرآن الكريم والسنة النبوية على أهمية العلم واستخدامه في مجالات الحياة المختلفة؛ فيقول سبحانه وتعالى: ﴿ **إِنَّمَا يَخْشَى اللـه مِنْ عِبَادِهِ الْعُلَمَاءُ** ﴾ [فاطر:٢٨].،ومن هذا المنطلق فإن الفكر الإداري التربوي الإسلامي يتصف بالعلمية، ويؤكد على ضرورة إقامة كل سلوك تنظيمي على أساس علمي عقلاني قوامه المعلومات والبحث والدراسة سواء كان ذلك في التخطيط أو التنظيم أو اتخاذ القرار ... وغير ذلك.

٥-الاعتدال والوسطية:

الشريعة الإسلامية وأحكامها وسط بين طرفين الغلو والتفريط، وتنظر إلى الأمور من جميع الجوانب بحيث لا يطغى جانب على آخر، فيقول سبحانه وتعالى: ﴿**وَكَذَلِكَ جَعَلْنَاكُمْ أُمَّةً وَسَطًا لِتَكُونُوا شُهَدَاءَ عَلَى النَّاسِ وَيَكُونَ الرَّسُولُ عَلَيْكُمْ شَهِيدًا** ﴾ [البقرة: ١٤٣].

ومن هذا المنطلق فإن الفكر الإداري التربوي الإسلامي يتميـز بالاعتـدال والوسطية في معالجـة المشكلات الإدارية وعند اتخاذ القرارات.

٦-الأمر بالمعروف والنهي عن المنكر:

لقد جاء الإسلام بمجموعة من المبادئ العامة شكلت جوهر الشريعة الإسلامية ومن بينها الدعوة إلى عمل الخير والأمر بالمعروف والنهي عن المنكر، فيقول سبحانه وتعالى:﴿ وَلْتَكُنْ مِنْكُمْ أُمَّةٌ يَدْعُونَ إِلَى الْخَيْرِ وَيَأْمُرُونَ بِالْمَعْرُوفِ وَيَنْهَوْنَ عَنِ الْمُنْكَرِ وَأُولَئِكَ هُمُ الْمُفْلِحُونَ ﴾ [آل عمران: ١٠٤] .

وهـذه الخاصة يتميـز بها الفكر الإداري التربوي الإسلامي وتتطلب مـن المـديرين في كافـة المستويات الإدارية بناء العلاقات الإنسانية الحسنة، وحسن معاملة المرؤوسـين، وأوليـاء الأمور والتبـصير بالانحرافات ومواجهتها بالحسنى، وإظهار نقاط الضعف والأخطاء والعمل على إصلاحها أو تـلافي وقوعهـا، والرقابة على الأداء ومستواه، وتوقيع الجزاءات على المقصرين في العمل، بشرط أن يكون قد تـم تـوجيههم قبل الأداء وأثنائه بالحسنى وبدون تخويف أو ترهيب، وأيضًا دعم كـل مـا يحقـق التكافل والتعـاون بـين أفراد المؤسسة التعليمية بالكلمة الطيبة والرأي السليم.

الفصل الرابع

الإدارة الاستراتيجية للمدرسة

أولاً: أهداف الوحدة الدراسية:

بعد دراسة هذه الوحدة ينبغي أن يكون المتعلم قادرًا على أن:

١- يشرح مفهوم الإدارة الاستراتيجية.

٢- يُعدد مراحل أو خطوات الإدارة الاستراتيجية.

٣- يقارن بين الإدارة التقليدية والإدارة الاستراتيجية.

٤- يذكر المهام التسعة للإدارة الاستراتيجية المدرسية.

ثانيًا: تتضمن هذه الوحدة ما يلي:

١- نشأة وتطور علم الإدارة الاستراتيجية.

٢- مفهوم الإدارة الاستراتيجية.

٣- تعريف الإدارة الاستراتيجية.

٤- مراحل أو خطوات الإدارة الاستراتيجية.

٥- المزايا التي تحققها المدرسة من خلال الإدارة الاستراتيجية.

٦- المهام التسعة للإدارة الاستراتيجية المدرسية.

الفصل الرابع

الإدارة الاستراتيجية للمدرسة

أ - نشأة وتطور علم الإدارة الاستراتيجية:

تعود نشأة الإدارة الاستراتيجية إلى عقد السبعينات من القرن العشرين، حيث بدأ الباحثون في الإدارة العامة إعطاء هذا المفهوم اهتمامًا متزايدًا، استجابة لضغوط ومؤثرات بيئية هائلة واجهة بيئة العمل في المنظمات المختلفة.

وكان من أهم من كتب في هذا المجال الفرد شاندلر Alfred D.chandler وبيتر دوكر Peter Drucker وغيرهم، الأمر الذي أدى إلى تطور مفهوم التخطيط الاستراتيجي ومن بعده مفهوم الإدارة الاستراتيجية، وكان يطلق عليها مسمى سياسات الأعمال Business Policies، وقد اتضح من خلال الممارسة العملية أن الإدارة الاستراتيجية توفر للمنظمة (المدرسة) أسلوبًا متميزًا للتنبؤ بالمستقبل وتشكيله وذلك باستخدام الإمكانيات المتاحة بواسطة نظام محكم لاتخاذ القرارات الصائبة المبنية على معطيات الواقع.

ب-مفهوم الإدارة الاستراتيجية:

إن كلمة استراتيجية ذات جذور يونانية sttategos وقد بدأ استخدامها في الحياة العسكرية، وارتبط مفهومها بالخطط المستحدثة في إدارة المعارك الحربية وفنون المواجهة العسكرية، حتى أصبحت تعني فن القيادة العسكرية في مواجهة الظروف الصعبة، ورصد الاحتمالات المختلفة فيها، واختيار الوسائل الرئيسية المناسبة لها.

وقد امتد استعمال هذه الكلمة في السنين الأخيرة بمعان متقاربة في مجالات أخرى اجتماعية واقتصادية وسياسية على السواء، فالاستراتيجية تُعد فن وعلم تحديد

القوى الأساسية، القادرة على تحقيق الأهداف الكبرى، وأساليب تعبئتها وتحريكها لتحقيق هـذه الأهداف [1].. أو خطة شاملة تحدد كيفية تحقيق الرسالة والأهداف... كيف؟

كما امتد استخدام مصطلح الاستراتيجية إلى مجال الفكر الإداري وصارت من المصطلحات الهامـة التي تكثر في الأدبيات الإدارية، وفي مؤسسات العمل المعنية بتحليل بيئتها الداخليـة والخارجيـة، في سبيل اغتنام الفرص وتجاوز التهديدات ومن ثم تحقق التنافسية والريادة في مجال نشاطها.

وتعني الاستراتيجية Strategy بالنسبة للإدارة المدرسية تلك الخطة الشاملة التي تحـدد كيفيـة تحقيق الرسالة والأهداف ... كيف؟ أو الإطار العام الذي يرشد نشاط المدرسة خلال السنوات القادمة وهي الطريق الموصل إلى أهدافها، وهي الأداة التي من خلالها تتحقق الرسالة المدرسية المطلوب النهوض بها، ويتبلور في هذا الإطار العام الرؤية والرسالة والأهداف الاستراتيجية. ويوجه عمليـات تخصيص المـوارد في سبيل إحداث التغيير إلى الأفضل ومواجهة التحديات خلال السنوات القادمة.

ومن هنا فإن الإدارة الاستراتيجية تعتبر مدخلا هامًا في إدارة المدرسة وهي تطبيـق للفكر الاستراتيجي ووسيلة عملية لترجمة الأفكار والخطط إلى واقع عملي ملموس، وهـي أسـلوب في الإدارة الفعالة يركز على المستقبل في إطار الواقع، ومنهج في صنع واتخاذ القرارات الاستراتيجية ذات التـأثير على مستقبل المدرسة لفترات طويلة.

وأيضًا فإن الإدارة الاستراتيجية تعمـل عـلى تحقيـق الاستخدام الأفضل للمـوارد المتاحـة في إطار بيئتهـا المتغـيرة، وتركـز عـلى تحليـل المـشكلات وتحديـد جوانـب القوة والضعف والفرص المتاحة والتهديدات المتوقع أن تواجه المنظمـة وتضع الأهـداف

---

(١) محمد أحمد عوض: الإدارة الاستراتيجية، الأصول والأسس العلمية، الإسكندرية: الدار الجامعية، ٢٠٠٠م، ص (١٨).

الإدارة المدرسية الحديثة- (المفاهيم - التطبيقات) ─────────── ١٦٥

والاستراتيجيات والسياسات التنظيمية التي تحقق الأهداف، وكل ذلك بقصد تحقيق رسالة المدرسة التي تجيب عن السؤال الرئيسي الذي يواجه مدير المنظمة (المدرسة)، وهو: ما هو عملنا الجوهري تجاه الطلاب والمجتمع؟ أو ما هو غرض المدرسة أو السبب في وجودها... لماذا؟ ومن أهم المراحل الأساسية للإدارة الاستراتيجية التحليل الاستراتيجي والتخطيط الاستراتيجي والتنفيذ والرقابة الاستراتيجية [١]..

والإدارة الاستراتيجية علم وفن ويتمثل العلم في مجموعة من المبادئ المستقرة ، والخطوات والمراحل المتفق عليها،في الفكر الإداري، ويتمثل الفن في قدرة المدير على تطوير تلك المبادئ بما يتفق مع طبيعة المنظمة التي يعمل بها.

وتختلف الإدارة الاستراتيجية عن الإدارة التقليدية في توجهها العام، ففي حين تهتم الإدارة التقليدية بالمنظمة من الداخل؛ فإن الإدارة الاستراتيجية تهتم بالمستفيد (الطالب) والبيئة، والمجتمع.

والإدارة الاستراتيجية للمدرسة مجموعة عمليات أو أنشطة تستهدف تعديل اتجاهات المدرسة وجعلها أكثر ملاءمة مع البيئة الخارجية ويتطلب ذلك رصد ومراقبة دائمة للأحداث الجارية وما تتضمنه من تغيير وتقييم وذلك لمعرفة حجم وقوة التغيير واتجاهه.

وتختص الإدارة الاستراتيجية للمدرسة برسم السياسة العامة وبناء الخطط التي تحدد الاتجاه العام للمدرسة، وتعتبر الوثيقة الرئيسة، أو الخطة التطويرية أو الخطة التشاركية، وتوضع هذه الخطة أحيانًا مع بداية كل عام دراسي مع الأخذ بعين الاعتبار البعد الاستراتيجي لها (التفكير الاستراتيجي) المبني على الأسئلة الثلاثة التالية:

١- أين نحن الآن؟ ... أو ما هو الواقع الحالي للمدرسة؟

(١) وزارة التربية والتعليم: رؤية التعليم ٢٠٢٠م بدولة الإمارات العربية المتحدة، ٢٠٠٠م، ص (١٣).

٢- إلى أين نريد أن نتجه؟ ....أو ما هو الوضع. المستهدف؟

٣- كيف نتجه أو نصل إلى ما نريد؟

وينبغي أن تتضمن الخطة الرؤية (تصورات أو طموحات لما يجب أن يكون عليه حال المدرسة في المستقبل... إلى أين نريد الوصول من واقعنا اليوم؟) والرسالة (غرض المدرسة، أو السبب في وجودها... لماذا؟ وتسعى المدرسة من خلالها لتحقيق الرؤية)، والأهداف المراد تحقيقها (وتعني النتائج النهائية للأنشطة... ما يجب إنجازه... ماذا؟ وينبغي أن تكون الأهداف مرتبطة بالرسالة والرؤية المستقبلية) كما تتضمن الخطة مؤشرات الأداء بجانب الأولويات والموارد المادية والبشرية والمالية المطلوبة لتطبيق أو تنفيذ الخطة، وينبغي أن يكون المحور في بناء الخطة هو حاجات المتعلمين، أو المستفيدين، كما يتوجب أن تشمل خطة العمل جميع المؤشرات التي يتألف منها نظام الجودة الشاملة.

ج: تعريف الإدارة الاستراتيجية:

يُعرفها (ثومسون وسترايكلان Thompson& striekland) بأنها « وضع الخطط المستقبلية للمنظمة وتحديد غاياتها على المدى البعيد واختيار النمط الملائم من أجل تنفيذ الاستراتيجية ».

أما (هيجنز Higgins) فيرى أن الإدارة الاستراتيجية هي العملية الإدارية التي تستهدف إنجاز رسالة المنظمة من خلال إدارة وتوجيه علاقة المنظمة مع بيئتها ».

بينما يعرفها (أنسوف Ansoff) بأنها «تصور المنظمة عن العلاقة المتوقعة بينها وبين بيئتها، بحيث يوضح هذا التصور نوع العمليات التي يجب القيام بها على المدى البعيد والحد الذي يجب أن تذهب إليه المنظمة والغايات التي يجب أن تحققها ».

أما (ستركلاند Stricland) فيرى أنها «مجموعة من القرارات والنظم التي تحدد رؤية ورسالة المنظمة Vision & Mission في الأجل الطويل في ضوء ميزاتها

التنافسية Competitive advantage وتسعى نحو تنفيذها من خلال دراسة ومتابعة تقييم الفرص والتهديدات البيئية وعلاقتها بالقوة والضعف التنظيمي وتحقيق التوازن بين مصالح الأطراف المختلفة ».

ومن خلال التعريفات السابقة وغيرها يمكن أن نُعرف الإدارة الاستراتيجية للمدرسة بأنها «مجموعة القرارات والممارسات الإدارية التي تحدد الأداء طويل الأجل الذي يستهدف إنجاز رؤية ورسالة وأهداف المدرسة من خلال تحليل المتغيرات المحيطة بها والاستفادة من الفرص المتاحة، ومواجهة المخاطر، ويتضمن ذلك وضع الاستراتيجية وتطبيقها وتقويمها باعتبارها خطة استراتيجية متكاملة أو طريق موصل لتحقيق الأهداف».

ونخلص مما سبق أن الإدارة الاستراتيجية ضرورية لتحديد الاتجاه المستقبلي للمنظمات التعليمية (كالمدرسة، إدارة التعليم، وزارة التربية والتعليم) لأنها تسعى للتغيير والتطوير وتحدد الاتجاه المستقبلي للمدرسة، وبيان ما تسعى إليه من خلال تحليل المتغيرات البيئية المحيطة بها، وتقرير الاستراتيجيات والخطط وكيفية تنفيذها وجوهرها عمليات التحليل واتخاذ القرارات والتطبيق والتقويم [(١)].. والإدارة الاستراتيجية تطبيق للتفكير الاستراتيجي وترجمة له بصيغة عملية، ترسم الاتجاه المستقبلي للمنظمة وتحدد غاياتها على المدى الطويل، وهي -أي الإدارة الاستراتيجية- جهد منظم يتطلب طرقًا جديدة من التفكير والعمل تستند على رؤية مستقبلية، تقوم على الإبداع والعقلانية في اتخاذ القرارات الاستراتيجية التي تتعلق بالمنظور العام لأنشطة المدرسة، والتوجهات طويلة المدى للمدرسة، والعمل على التنسيق بين أنشطتها [(٢)]، والبيئة التي

(١) إبراهيم عباس الزهيري: الإدارة المدرسية والصفية- منظور الجودة الشاملة، مرجع سابق، ص (٩٦).
(٢) نفس المرجع: ص (٩٧).

تحيط بها [1]، وأيضًا فإن الإدارة الاستراتيجية للمدرسة تقوم على اختيار النمط الاستراتيجي المناسب في ضوء العوامل والمتغيرات البيئية داخليا وخارجيا ثم تنفيذ الاستراتيجية وإجراء المتابعة والتقويم المستمر لها، مع الاستفادة من التغذية المرتجعة في تعديل الخطة أو الاستراتيجية إذا ما استدعت الظروف ذلك.

وتجدر الإشارة إلى أن المدير المدرسي الاستراتيجي ينبغي أن يسأل نفسه ثلاثة أسئلة استراتيجية أساسية، وهي:

١-   اين هي المدرسة الآن؟

٢-   إذا لم يحدث أي تغيير- إلى أين ستؤول المدرسة خلال خمس سنوات قادمة؟ وهل الإجابة مقبولة؟

٣-   إذا كانت الإجابة غير مقبولة- ما هي التصرفات التي يجب أن تتخذها الإدارة؟ وما هي المخاطر والعوائد الناتجة عنها؟

د- مراحل أو خطوات الاستراتيجية:

تتضمن الإدارة الاستراتيجية أربعة مراحل أو خطوات هي:

١- تقييم الأوضاع الحالية:

وتتضمن هذه الخطوة ما يلي:

– مراجعة الرسالة والأهداف الحالية.

– تقييم نتائج الاستراتيجيات الحالية والسابقة.

– مراجعة الأوضاع الداخلية والظروف الخارجية المحيطة.

٢- وضع أو صياغة الاستراتيجية.

---

(١) إبراهيم عباس الزهيري: الإدارة المدرسية والصفية- منظور الجودة الشاملة، القاهرة: دار الفكر العربي ١٤٢٩هـ-٢٠٠٨م، ص (٩٦).

وتتضمن هذه الخطوة ما يلي:

- الرؤية والرسالة.

- الأهداف الاستراتيجية والتكتيكية.

- بدائل الخطط والبرامج اللازمة.ويتم وضعها موضع التنفيذ

٣-تنفيذ أو تطبيق الاستراتيجية:

وتتضمن هذه المرحلة:

- ممارسة الوظائف الإدارية (التخطيط- التنظيم- التنسيق... الخ).

- صياغة السياسات والإجراءات التي تتبع في العمل.

- تحديد وتوزيع الأنشطة على الأفراد والجماعات.

- وضع نظم الحوافز وقياس الأداء.

- تحديد المسئوليات والصلاحيات.

- التدريب بمختلف أنواع أنشطته.

٤-التقويم والرقابة:

وتتضمن هذه الخطوة ما يلي:

- تحديد مجالات القياس.

- وضع معايير الأداء.

- قياس الأداء التعليمي.

- اتخاذ الإجراءات التصحيحية.

- اتخاذ القرارات اللازمة.

وهذه المراحل أو الخطوات الأربعة متداخلة ومتفاعلة مع بعضها البعض.

<u>هـ: المزايا التي تحققها المدرسة من الإدارة الاستراتيجية:</u>

تحقق المنظمات التي تهتم بـإدارة عملياتها وأنشطتها وفق المبادئ التي تقوم عليها الإدارة الاستراتيجية العديد من المزايا من أهمها:

١- وضوح الرؤية المستقبلية واتخاذ القرارات الاستراتيجية. حيث أن الضرورة تقتضي نظرة مستقبلية وقدر كبير من توقع الأحداث والتنبؤ بما ستكون عليـه بيئـة المنظمـة، مـن خلال وضوح الرؤية ومشاركة العاملين فيها، يتم اتخاذ القرارات الاستراتيجية الصائبة وتحرك الجميع نحو تنفيذها، وكل ذلك من شـأنه تحقيـق النجـاح والتميـز للمنظمـة وزيادة رضا المستفيدين من خدماتها.

٢- تحقيق التفاعل البيئي على المدى الطويل. وذلـك مـن خـلال القـرارات الاستراتيجية التي تساعدها على استثمار الفرص المتاحة والحد من آثار المخاطر البيئية.

٣- تدعيم المركز التنافسي للمدرسـة، حيث تـنجح المدرسـة مـن خـلال رؤيتهـا وإدارتها الاستراتيجية الفعالة في بناء مزايا تنافسية تستند إلى فهمها العميق لبيئتها الخارجية وما تفرزه من فرص وتنميتها لمواردها الداخلية التي تمكنها من استثمار هـذه الفـرص بطريقة تفوق منافسيها.

٤- استخدام الموارد والإمكانيات بطريقة فعالة.

٥- المسـاهمة في إعـداد وتهيئـة القيـادات العليـا وتنميـة مهـاراتهم القياديـة مـن خـلال المشاركة في أنشطة الإدارة الاستراتيجية.

٦- تحسين قدرة المنظمة على التعامل مع المشكلات فالإدارة الاستراتيجية تمتلك القدرة على توقع المشكلات قبل حدوثها، وكذلك تتمكن من التعامل الفوري مع المشكلات الحادثة.

و- المهام التسعة للإدارة الاستراتيجية المدرسية:

لقد حدد بيرسي (Pearce) وربنسون (Robinson) تسعة مهام رئيسة للإدارة الاستراتيجية يمكن تطبيقها على المدرسة وهي:

١- صوغ مهمة أو رسالة المنظمة (المدرسة) والتي تحتوي على عدة جمل تحدد نوع المهام التربوية والتعليمية للمدرسة وأبرز خصائصها الفريدة من حيث كونها حكومية أو أهلية، صغيرة أو كبيرة، وطبيعة برنامجها الأكاديمي ونوعية الطلاب والمؤسسات التي تخدمها، وأيضًا تعمل الرسالة على توضيح الطبيعة الراهنة للمدرسة وتوجهاتها المستقبلية، وتكون بمثابة الإعلان عن الغرض أو السبب في إنشاء المدرسة، وتمثل الأساس في تحديد الأهداف المطلوب تحقيقها وبالتالي فهي: منطلق لبناء التخطيط الاستراتيجي، وينبغي أن تتصف الرسالة بالوضوح ودقة التعبير، والإيجاز في الصياغة، ويمكن التعبير عنها بشكل عام ومختصر وليس بشكل تفصيلي، ويمكن صياغتها بشكل مستقل، ويمكن دمجها مع الرؤية..

٢- توضيح صورة المنظمة والتي توضح ظروفها وقدراتها ومواردها وإمكانياتها الداخلية.

٣- تقييم البيئة الخارجية للمنظمة بما تتضمنه من قوى ومتغيرات تسود بيئتها العامة أو تلك التي تسود بيئتها التنافسية.

٤- تحليل البدائل الاستراتيجية من خلال محاولة إحداث التوافق بين مواردها وظروف بيئتها الخارجية.

٥- اختيار البديل الاستراتيجي الأفضل في ضوء رسالة المنظمة ومواردها وظروفها البيئية.

٦- اختيار مجموعة من الأهداف طويلة الأجل والاستراتيجيات العامة التي يمكن أن تساعد في تحقيق أكثر الفرص جاذبية.

٧- تحديد الأهداف قصيرة المدى والتي تتوافق مع الأهداف طويلة الأجل والاستراتيجيات العامة.

٨- تنفيذ الخيارات الاستراتيجية من خلال تخصيص الموارد مع مراعاة الأبعاد الخاصة بالمهام والأفراد والهياكل والتكنولوجيا وأنظمة تحفيز الأفراد.

٩- تقييم مدى نجاح الاستراتيجية والاستفادة بالمعلومات المتوافرة في زيادة فعالية القرارات الاستراتيجية للمدرسة.

الفصل الخامس

الفكري الإداري التربوي (مدارسه ونظرياته)

أولاً: أهداف الوحدة الدراسية:

بعد دراسة هذه الوحدة ينبغي أن يكون المتعلم قادرًا على أن:

١-   يُعدد واجبات الإدارة كما حددها «تايلور».

٢-   يذكر المبادئ الإدارية التي حددها «فايول».

٣-   يشرح أوجه النقض التي وجهت للمدرسة الكلاسيكية في الإدارة.

٤-   يُعدد المبادئ الإدارية كما حددها «ماكس ويبر».

٥-   يشرح ما جاءت به المدرسة السلوكية في الإدارة.

٦-   يُعدد نظريات الإدارة في التربية مع شرح اثنين منهما.

ثانيًا: تتضمن هذه الوحدة ما يلي:

- تطور الفكر الإداري التربوي.

أ-   المدرسة الكلاسيكية في الإدارة.

ب- المدرسة السلوكية في الإدارة.

ج-   المدرسة السلوكية في الإدارة.

- نظريات الإدارة في التربية والتعليم

١-   تقديم.

٢-   نظرية الإدارة كعملية اجتماعية.
(نموذج حتزلز –جوبا).

٣- نظرية الإدارة كوظائف ومكونات.

٤- نظرية الإدارة كمكونات أربعة.

٥- نظرية المسار- الهدف.

٦-النظرية الظرفية لفيدلر)

الفصل الخامس

الفكري الإداري التربوي (مدارسه ونظرياته)

أولاً: تطور الفكر الإداري التربوي

جاء تطور الفكر الإداري المعاصر نتيجة الجهود المتواصلة من العلماء والمختصين في هذا المجال، والتي بذلت بسبب الحاجة الماسة لدراسة الوسائل والطرق الكفيلة بتحقيق أهداف المؤسسات على اختلاف أنواعها وأغراضها، وقد حدث هذا التطور من خلال ثلاث مدارس يمكن تصنيفها وفق ما يلي: المدرسة الكلاسيكية، المدرسة السلوكية، المدرسة الحديثة.

أ-المدرسة الكلاسيكية في الإدارة

The Classical School of Management

تعتبر هذه المدرسة من أقدم مدارس الفكر الإداري (١٨٨٠- ١٩٣٠م) وتنضوي تحت هذه المدرسة مدارس إدارية من أبرزها: حركة الإدارة العلمية Scientific management (التي اهتمت بالعمل والإنتاجية وأهملت الحاجات الإنسانية للعامل ورفضت التنظيم غير الرسمي)، الحركة البيروقراطية Bureaurcacy.

ويعتبر المهندس الأمريكي (فريدريك تايلور Frederick Taylor ‏(١٨٦٨- ١٩١٧م) مؤسس حركة الإدارة العلمية، وقد ركز في كتابه (مبادئ الإدارة العلمية (Principle of Scientific Management) والذي صدر في عام (١٩١١م)[1] على

(١) ذكي محمود هاشم: الإدارة العلمية، ط٣، الكويت: وكالة المطبوعات للنشر ١٩٨٩م، ص (١٢).

الفصل السادس:وظائف الإدارة التربوية وأنماطها

الفصل بين التخطيط والتنفيذ وأن الإدارة الرشيدة علم يعتمد على قوانين وقواعد وأصول واضحة يجب اكتشافها وإحلالها محل التخمين، وضرورة دراسة العمل وإجراءاته بشكل علمي، وتعريف المديرين بالطريقة الصحيحة لإنجاز الأعمال من خلال الآخرين ومن ثم تطبيقها في المؤسسات التي يديرونها، والإدارة عند تايلور هي : (المعرفة السليمة لما يريد الأفراد القيام به، مع التأكد من أنهم يقومون بذلك متبعين أحسن الطرق بأقل تكلفة ممكنة، وكان هدف تايلور الأساسي زيادة الكفاءة الإنتاجية وإنجاز العمل، مما يقع تحت أسلوب دراسة الزمن والحركة والعامل في ظل هذه الإدارة عبارة عن (ترس) في (آلة) تعهد إليه الإدارة بعمل محدد، وقد أغفلت هذه الحركة دوافع العاملين، وحاجاتهم النفسية، بل إنها وعلى النقيض ركزت على العقاب، وأعلت من شأن النواحي الاقتصادية، وأهملت ما يجب أن يتوافر في رجل الإدارة من صفات ومهارات وإن كان من أبرز ملامحها استخدام المنهج العلمي في تحليل مشكلات العمل والبحث عن حلول لها.

وقد حدد (تايلور) مدخلاً علمياً للإدارة ينبغي على الإدارة اتباعه لرفع الكفاءة الصناعية من خلال قيامها بالواجبات التالية [(١)].

٧- اللجوء إلى الملاحظة والتجربة للوصول إلى أفضل الطرق العلمية لإنجاز الأعمال من خلال الجهود التي يبذلها الآخرون.

٨- الاختيار الصحيح للأفراد وتدريبهم وتنمية مهاراتهم وفق أسس علمية سليمة ووضع الرجل المناسب في الوظيفة المناسبة، حتى يتسنى له العمل بأعلى كفاءة ممكنة.

(١) ذكي محمود هاشم: الإدارة العلمية، مرجع سابق، ص (١٤)

٩- تقديم الحوافز المالية لإثارة دافعية العاملين وحفزهم لزيادة إنتاجيتهم، على أن تعتمد هـذه الحوافز على دفع الأجر حسب عدد الوحدات التي ينتجها كل فرد.

١٠- التخصص الوظيفي ويعني تقسيم العمل بين الإدارة والعمال على أساس أن تستقل الإدارة العليـا بإنجاز مهام التخطيط والتنظيم والإشراف والرقابة بينما يتولى الموظفون أو العمال تنفيذ الأعمال الموكلة إليهم، وبذلك يمكن الفصل بين التخطيط والتنفيذ، وبالتالي يستطيع كل فرد أن يعمل بأعلى إنتاجية ممكنة.

أما (هنري فايول) عالم الإدارة الفرنسي وكان معاصرًا لفردريك تايلور، فقد بـذل محاولات لإبراز أهميـة المدخـل العلمـي في حـل مشكلات الإدارة، وكـان مدخلـه هـو مـدخل العمليـات الإداريـة Management process Approach أو وظائف الإدارة واعتبرها وظائف أو عناصر متكاملـة، ويختلـف فايول عن نايلور في أنه ركز على فئة الإداريين القائمين على إدارة المنشأة بينما ركز تايلور على فئة العمـال وعلى إدارة الورشة أو المصنع الصغير.

وقد نشر فايول ملحوظاته عن المبادئ العامة في الإدارة تحت عنوان (الإدارة العامة والصناعية) عام (١٩١٦م) حدد فيها عددًا من المبادئ الإدارية التي تطبق في المواقف الإدارية كافة، وقد أشار (فـايول) إلى أن هذه المبادئ يمكن تطبيقها على المؤسسات الاقتصادية والاجتماعية ومنها التعليميـة، وهـذا يعنـي بعمومية مبادئ الإدارة، كمـا أشـار (فايول) إلى أن الإدارة كعلم يمكـن للـشخص أن يتعلمهـا في المعاهـد والجامعات ويطور مهاراته فيها بالممارسة.

ومن هذه المبادئ ما يلي [1]:

١- تقسيم العمل Divide in work، ويقصد به أحسن طريقة ممكنة لاستخدام الأفراد، والمجموعات لما يحقق أغراض المنظمة، ويطبق فايول هذا المبدأ على كل أنواع العمل سواء أكانت أعمالاً إدارية أم فنية

٢- توازن المسئولية الملقاة على عاتق الموظف مع السلطة الممنوحة له. ويرى (فايول) أن السلطة مزيج من السلطة الرسمية المستمدة من المنصب الذي يشغله الإداري والسلطة الشخصية أي من الصفات الشخصية التي يتمتع بها، أما المسئولية فهي في رأيه تنبع من السلطة وتنبثق عنها، ولذا فهو يرى أن السلطة والمسئولية مترابطتان ويجب أن يسيرا جنبا إلى جنب. ويطبق فايول هذا المبدأ على كل أنواع العمل إداري أم فني.

٣- وحدة الآمر Unite of command، بمعنى تلقي الموظف التعليمات والأوامر من رئيس أو مشرف واحد فقط.

٤- تسلسل الرئاسة Presidental Chain ويتمثل في وجود سلسلة واضحة ومتصلة من السلطة والاتصالات تتدفق من أعلى إلى أسفل الهرم التنظيمي للمؤسسة وبموجب هذا المبدأ يقل حجم السلطة كلما انخفضنا في الهرم الإداري من أعلى إلى أسفل وهذا ضروري لنجاح المنظمة.

٥- المساواة Equity في المعاملة بين المرؤوسين والعدل في معاملتهم.

٦- وحدة التوجيه Unity of Direction: وتعني وجود رئيس واحد وخطة واحدة مع مجموعة من الأنشطة تهدف لنفس الغرض.

---

(١) فؤاد الشيخ سالم وآخرون: المفاهيم الإدارية الحديثة، مرجع سابق، ص (٣٣-٣٥).

٧-المبادأة initiative، ويقصد به العوامل المحفزة للأفرد على أن يكونوا إيجابيين ومبدعين مع الإبقاء على احترامهم للسلطة والنظام معًا.

٨-روح الجماعة Espirit Desorps ويقصد به الانسجام والوحدة بين العاملين مما يحقق قوة المنظمة.

٩-الترتيب Order، ويقصد به أن يخصص لكل شيء مكان أو يوضع كل شيء في مكانه، وأن يخصص مكان لكل فرد وأن يوضع كل فرد في مكانه، وأن كل الأمور تسير بترتيب ونظام واتساق.

١٠-النظام Discipline ويعني أن أحسن وسيلة لإقرار النظام والمحافظة عليه تتمثل في وجود مجموعة جيدة من الرياسات على كل المستويات، وتطبيق العقوبات والجزاءات وفق القواعد القانونية [١]، واحترام الاتفاقات والنظم وعدم الإخلال بالأوامر.

١١-خضوع المصلحة الشخصية للمصلحة العامة أو مصلحة المنشأة، عندما تتعارض مصلحة الفرد مع مصلحة المنشأة أو التوفيق بينهما.

١٣- المركزية وتعني المدى الذي تتركز فيه السلطة.

١٤- الاستقرار في العمل أي معدل دوران العمال المرتفع في رأي فايول ينتج عن سوء الإدارة.

أما عناصر الإدارة فقد قصد بها فايول وظائف الإدارة وهي عنده التخطيط والتنظيم ، إصدار الأوامر، التنسيق، الرقابة، وهو بذلك أول من عالج الإدارة كعملية متكاملة العناصر..

(١) محمد منير مرسي: الإدارة التعليمية- أصولها وتطبيقاتها، مرجع سابق، ص ص (٥٨- ٥٩).

ويعتبر (لندال أرويك) ١٩٣٨ م، من رواد هذه الحركة وقد طرح سؤالاً يقول فيه: ماذا يفعل المدير التنفيذي (مدير المدرسة مثلاً)؟ فأجاب عنه بقوله: إنه يمارس (POSDCORB) وهي كلمة تجمع حروفها الأولى للعمليات المتعلقة بالإدارة حيث تشمل [(١)].

١- التخطيط Planning
٢-التنظيم Organizing
٣-التوظيف Staffing
٤-التوجيه Directing
٥-التنسيق Co-ordinating
٦-كتابة التقارير Reporting
٧-إعداد الموازنات Budegeting

وقد أضاف (جانت) ملمحًا جديدًا، هو أهمية الحوافز التشجيعية للعاملين، وكذلك طرق أفضل لدراسة الحركات الأدائية للأعمال المختلفة، وهو ما أسهم به (فرانك جلبرت Frank Gilbert) ومن ثم زيادة الإنتاجية، وقد تضافرت جهود رواد هذه الحركة جميعًا لتحقيق ذلك عن طريق تركيز الانتباه على الدراسة المنظومية لاكتشاف أفضل الطرق لأداء الأعمال.

ومن أوجه النقد الموجهة لهذه المدرسة أنها تركز على الإنتاج وزيادته بأقل التكاليف من خلال مدير ينهج في أسلوب إدارته الاستبداد والعقاب في تعامله مع

(١) عبد الصمد الأغبري: الإدارة المدرسية (البعد التخطيطي والتنظيمي المعاصر)، بيروت: دار النهضة العربية: ١٤٢٦هـ/ ٢٠٠٦م، ص (٤٤).

العاملين بعتبار أن الإنسان من معطيات النظام [١]، ويعني ذلك إهمال النواحي الإنسانية للعمال والتركيز على زيادة إنتاجيتهم وحفزهم دونما اعتبار لإنسانيتهم في العمل.

وتجدر الإشارة هنا إلى أنه بعد عامين من ظهور كتاب تايلور «مبادئ الإدارة العلمية» نشر بالكتاب السنوي للجمعية الوطنية لدراسة التربية عام ١٩١٣ م مقال طويل كتبه (فرانكلين بوبيت Franklin Bobbit ، الذي كان مدرسًا للإدارة التعليمية بجامعة شيكاجو، بعنوان (بعض المبادئ العامة للإدارة مطبقة على مشكلات النظم المدرسية للمدينة.

وفي نفس العام قدم (فرانك سبولدنج Frank Spaulding مدير التعليم، ثم رئيس قسم التربية بجامعة (ييل Yale) الأمريكية، تقريرًا في اجتماع مديري التعليم، عن كيفية تطبيقه لمبادئ الإدارة العلمية في المدارس التابعة له في نيوتن بولاية ماساشوستس، وكان (سبولدنج) في تبينه لهذه المبادئ مهتمًا بقياس النتائج، وربطها بتكاليف العملية التعليمية.

أما عالم الاجتماع الألماني (ماكس ويبرMax Weber) (١٨٦٤- ١٩٢٠م) فقد وضع نظرية البيروقراطية (Bureacuracy) وتعني حكم المكتب وقد تضمنت مجموعة قواعد وأسس ومبادئ إدارية لتنظيم سير العمل في المؤسسات الكبيرة، ومن بين المبادئ التي جاءت في هذه النظرية ما يلي [٢].

١- توزيع الأعمال بناء على التخصص وبما يتوافق مع الشخص المنوط به العمل.

---

(١) محمد قاسم الفريوني: السلوك التنظيمي، دراسة للسلوك الإنساني والجماعي في التنظيمات الإدارية، عمان: الجامعة الأردنية، ١٩٨٩م، ص (١٨).

(٢) محمد عبد القادر عابدين: الإدارة المدرسية الحديثة، عمان: دار الشروق للنشر والتوزيع، ٢٠٠٥م، ص (٢٧).

٢- وجود قواعد وتعليمات دقيقة عن الوظيفية وكيفية أدائها بما يحقق الوحدة في العمل ويحمي المرؤوسين من التعسف.

٣- وجود نظام خاص بالأفراد ينظم الحياة الوظيفية للعاملين (التعيين والرواتب والترقية والتعاقد).

٤- عدم التحيز ويعني ذلك أن جميع القوانين واللوائح يجب أن تنفذ بطريقة غير شخصية.

٥- التدوين الكتابي للأوامر والقرارات والتعليمات والاحتفاظ بجميع الوثائق والمستندات بشكل مرتب يُسهل استخراجها وقت الحاجة.

٦- التدريب.

٧- السرية في العمل والالتزام بها.

٨- التفريق بين دور الموظف الرسمي وعلاقته الشخصية، حيث يجب أن لا يترك الموظف علاقاته الشخصية تؤثر على وضعيته في تأديته لواجباته.

ويقول ماكس ويبر وأنه إذا ما توافرت المبادئ السابقة في التنظيم تصبح المنظمة رشيدة.

ب-المدرسة السلوكية في الإدارة

The Behavior Schoolf of Management

ظهرت هذه المدرسة في عام (١٩٢٧م) عندما بدأت سلسلة من التجارب في شركة ويسترون الكترويك بمصنع هاوثورن بمدينة شيكاغو الأمريكية تحت إشراف (التون مايو عالم الاجتماع بجامعة هارفارد ومجموعة من الباحثين وقد أثبتت نتائج هذه الدراسة الإدارية أهمية العلاقات الإنسانية في إشباع حاجات الفرد

السيكولوجية فيستشعر بالرضا ويصبح أكثر تعاونًا وإقبالاً على العمل وإنتاجًا فيه) وقد عرفت فيما بعد باسم (دراسة هاوثورن Hawothorne) وكانت هذه التجارب بمثابة نقطة تحول في الإدارة وفي تحليل السلوك الإنساني أثناء العمل، كما أنها تمثل الأساس لما صار يعرف بحركة أو مدرسة العلاقات الإنسانية أو المدرسة السلوكية في الإدارة، والتي تهتم بدراسة سلوك الفرد والجماعة أثناء العمل.

وترى هذه النظرية أن المدير ينبغي أن يركز كل جهده في منظمته على الجوانب الإنسانية وما تتضمنه من مشاعر العاملين وتلبية حاجاتهم ورغباتهم وتطلعاتهم المستقبلية وتطبيق المشاركة Participationفي اتخاذ القرار، وأيضًا إشباع الحاجات الأساسية والنفسية والاجتماعية للعاملين إلى جانب الحوافز Motivation المادية ومن أوجه النقد لهذه المدرسة أنها تركز على الجوانب الإنسانية على حساب درجة الإنجاز والإنتاجية [(١)]، وذلك كرد فعل للمدرسة الكلاسيكية التي أهملت العنصر الإنساني، ومن بين مبادئ المدرسة السلوكية في الإدارة، والتي استخلصت من دراسة هاوثورون وجاءت في كتاب (ألتون مايو) بعنوان (الإدارة والعامل) والذي صدر عام ١٩٣٩م، ما يلي:

١- أداء العاملين لا يتوقف على الحافز المالي والظروف المحيطة بالعمل فقط، بل يتوقف على نمط الإشراف، وكذا قناعتهم بأن المؤسسة تتعامل معهم باعتبارهم أشخاصًا لهم قيمة وأهمية، وإشباع حاجاتهم له دوره أيضًا في حفزهم لإنجاز العمل.

(١) يعقوب حسين نشوان، جميل عمر نشوان: السلوك التنظيمي في الإدارة والإشراف التربوي، ط٢، عمان: دار الفرقان للنشر والتوزيع، ١٤٢٤هـ- ٢٠٠٤م، ص (٢٠٠)

٢- منح العاملين أكبر قدر من الاستقلالية، ووضع آرائهم في الاعتبار عند إنجاز الأعمال.

٣- يحتاج مديرو المنظمات (المدارس مثلاً) إلى مهارات اجتماعية بقدر حاجتهم إلى مهارات فنية.

٤- المبادئ الخاصة بالدوافع والقيادة Communication وسلوك الجماعات والاتصال leadership تعطي الإدارة أساسًا للتعرف على المشاكل التي يواجهها المرؤوسين والعمل على حلها، وأيضًا تساعد في تفهم أسس السلوك الإنساني وسلوك الجماعات في العمل.

٥- داخل التنظيم الرسمي يوجد تنظيم غير رسمي، وقد لا تتفق أنماط السلوك فيه مع الأنظمة والسياسات الرسمية، إلا أن الجماعة غير الرسمية تؤثر في اتجاهات العاملين وأدائهم.

٦- أي شاط فردي مخالف لمعايير الجماعة قد يواجه بإبعاد الفرد عن الجماعة [١].

٧- رضا الفرد يزيد من إنتاجيته.

٨- ضرورة توفر نظام اتصال فعال بين المستويات المختلفة في المنظمة لتبادل المعلومات، لأن مشاركة العاملين مبدأ مهم في حركة العلاقات الإنسانية.

٩- ومن المختصين الذين ساهموا في المدرسة السلوكية ماري باركر فوليت (Follett) وتشتر برنارد (Barnard) فقد ركزت فوليت على أثر الجماعة على الفرد، وأكدت على أهمية المشاركة في السلطة والتعاون والتنسيق بين الأفراد

(١) إبراهيم المنيف: تطور الفكر الإداري المعاصر، ط٢، الرياض: آفاق الإبداع للنشر والإعلام، ١٤٢٠هـ/ ١٩٩٩م، ص (٢٩).

العاملين في المنظمة، أما برنارد فقد دعا إلى التحول عن النظرية التقليدية أو الكلاسيكية في الإدارة، إلى النظرية السلوكية وأكد على أهمية الحاجات النفسية والاجتماعية للفرد العامل، كما اعتبر المنظمة (المدرسة مثلا) بحكم طبيعتها نظامًا اجتماعيًا تعاونيًا، إضافة إلى كونها نظامًا فنيًا، كما أنها ربطت بين رضا الفرد العامل وإنتاجيته وخرجت بنتائج منها أن المديرين يحتاجون إلى مهارات اجتماعية بقدر حاجتهم إلى مهارات فنية.

وأيضًا فقد ساهمت المدرسة السلوكية في تطوير الفكر الإداري من حيث تركيزها على العامل الإنساني والجماعة في المنظمة، فالمبادئ الخاصة بالدوافع والقيادة وسلوك الجماعة والاتصال، تعطي الإدارة أساسًا للتعرف على المشاكل التي تواجهها مع الأفراد العاملين وحلها وتساعدها على تفهم أسس السلوك الإنساني وسلوك الجماعات، وهناك انتقادات [١]، وجهت لهذه المدرسة من حيث أنها تركز على الجانب الإنساني وتهمل الجوانب الأخرى وعظمت من دور العلاقات الإنسانية كرد فعل على مبادئ المدرسة الكلاسيكية التي أهملت العنصر الإنساني.

جـ-المدرسة الحديثة في الإدارة

Modern School of Management

منذ عام ١٩٥٠ م ظهرت مدارس حديثة للإدارة من بينها مدرسة علم الإدارة Management science school التي تركز على استخدام النماذج الرياضية وبحوث العمليات والبرمجة الخطية ونظريات المباريات والأساليب الكمية في دراسة الإدارة وتحليل مشكلات المنظمة والوصول إلى القرارات الرشيدة، ومدرسة النظم التي

(١) Hadge and W. Anthony. Organization Theory (Boston and Bacon, Inc, ١٩٧٩) p ٢٧

تؤكد على ضرورة الأخذ بالنظرة الشمولية إلى المؤسسات وتشابك علاقاتها وتداخلها[1]، واعتبارها نظامًا مفتوحًا يتكون من عدة أنظمة فرعية تعمل معا لتحقيق أهداف محددة، والإدارة كنظام تعمل في بيئة تحصل منها على مدخلات ثم تقوم بتحويل المدخلات إلى مخرجات وتقديمها للمجتمع في صورة سلع أو خدمات يستفاد منها.

وتجدر الإشارة إلى أنه كثيرًا ما يشار إلى الانتقال من مرحلة الإدارة العلمية إلى مرحلة الاهتمام بالعلاقات الإنسانية بمرحلة الإدارة الديمقراطية، وإذا كان هذا التوجه قد ارتبط بكتاب جون ديوي «الديمقراطية والتربية » عام ١٩١٦م، فإنه بعد أعمال (ألتون مايو) صدر كتاب ألفه (كوبمان Koopman) وآخرون عام ١٩٤٣م بعنوان الديمقراطية في الإدارة المدرسية. Democrataticyin School Management) وقد أصدر أيضًا عام ١٩٤٩ م كتاب من تأليف (يوش Youch) بعنوان (العلاقات الإنسانية في الإدارة المدرسية موجها بخاصة إلى نظار المدارس الابتدائية ركز فيه على النتائج التي توصل إليها إلتون مايو.

ومع نهاية الحرب العالمية الثانية اختفى تأثير نظرية العلاقات الإنسانية في مجال الإدارة التعليمية كغيرها من المجالات الأخرى للإدارة، فقد صدر في عام ١٩٦٨م كتاب (أندرسون Anderson) بعنوان «البيروقراطية في التعليم » وهو نتائج دراسة إمبريقية ترى أن ملاحظة التنظيم المدرسي تبين مدى بروز المفاهيم البيروقراطية التي وضعها (ماكس ويبر) ويعد (جريفث Griffth) أكثر من سعى إلى وضع نظرية للإدارة تركز على الطبيعة البيروقراطية أو الوظيفية للتنظيم المدرسي، ونشر جريفث كتابه

(١) أحمد إسماعيل حجي: الإدارة التعليمية والإدارة المدرسية، مرجع سابق، ص ٢١-٢٢).

النظرية الإدارية عام ١٩٥٩م معتمدا على آراء (هربارت سيمون) التي ترى أن الإدارة عملية اتخاذ قرار، وحدد ست خطوات لهذه العملية، هي:

١-   التعرف على المشكلة وتحديدها.

٢-   تحليل المشكلة وتقويمها.

٣-   وضع معايير للحكم على الحلول المقترحة.

٤-   جمع البيانات.

٥-   وضع الحلول الملائمة واختبارها، واختيار أحدها.

٦-   وضع الحل الأفضل موضع التنفيذ [١].

---

(١) Hodge and W. Anthony. Organization Theory (Boston and Bacon , Inc, ١٩٧٩).P

ثانيًا: نظريات الإدارة في التربية والتعليم

١-تقديم:

من أهم المحاولات التي بذلت في ميدان الإدارة بعامة وإدارة التربية التعليم (كعلم) وضع نماذج Models نظرية للإدارة تساعد على فهم وتفسير ظاهرة السلوك الإداري والتنبؤ به بطريقة أكثر دقة بدلاً من الاعتماد على الصدفة، وقد أصبحت النماذج والنظريات الإدارية هي المدخل إلى علم الإدارة، بل هي جوهر السلوك الإداري[١] ..

وقد عبر (تومبسون Tompson) عن أهمية النظرية بقوله أنها تساعد المديرين على الاستمرار في النمو وتزودهم بأفضل الطرق لتنظيم خبراتهم وتنبيههم إلى الظروف المتغيرة التي قد تستدعي تغييراً في أنماطهم السلوكية التنظيمية[٢].

وقد بدأت هذه المحاولات منذ عام ٥٤ / ١٩٥٥م عندما نشر كتاب (استخدام النظرية في الإدارة التعليمية) (لكولا دراسي ويعقوب جيتزلز) وأيضًا عندما قدم البرنامج التعاوني للإدارة التعليمية في أمريكا كتابًا بعنوان: (أساليب أفضل للإدارة المدرسية) (Cooperative Program in Educational Administration)[٣]. وكان ذلك في عام ١٩٥٥م.

(١) رياح الخطيب وآخرون: الإدارة والإشراف التربوي، اتجاهات حديثة، الرياض: مطبعة الفرزدق التجارية، ط٢، ١٩٨٧م، ص (٢٨).

(٢) حمد بن إبراهيم السلوم، التربية والتعليم العام في المملكة العربية السعودية بين السياسة والنظرية والتطبيق، مرجع سابق، ص (٤٢١).

(٣) عباس بله محمد أحمد: مبادئ الإدارة المدرسية (وظائفها -مجالاتها- مهاراتها- تطبيقاتها) الرياض: مكتبة الرشد، ١٤٢٧هـ/ ٢٠٠٦م، ص (٧٧).

ويمكن القول بأن جميع المحاولات التي بذلت للتوصل إلى النظرية في إدارة التربية والتعليم، كلها محاولات تأثرت بأفكار رجال الإدارة العامة والإدارة الصناعية وإدارة الأعمال أمثال (تايلور، هنري فايول، لوثر جيوليك) وغيرهم، ويطلق البعض على هذه المحاولات بالنظريات بينما يطلق عليها آخرون بالنماذج على اعتبار أنها لم ترقى إلى مفهوم النظرية بمعناها العلمي.

ويُعرف النموذج أو (النظرية) بأنه «مجموعة من المبادئ العامة المترابطة التي تساعد على معرفة الأحداث والمواقف الإدارية وتفسيرها وفهمها والتنبؤ بما سيحدث في الواقع ».

وتتفاوت نماذج أو نظريات الإدارة في التربية والتعليم في نظرتها للعملية الإدارية وفي تحليلها وتفسيرها للسلوك التنظيمي، فبعض هذه النماذج تنظر للإدارة على أنها عملية اجتماعية، والبعض الآخر ينظر للإدارة على أساس أنها مكونات، كما أن بعض هذه النماذج قد تنظر للإدارة على أنها مواقف وبالتالي لا توجد أي مبادئ عامة من شأنها مساعدة المدير على تحليل مشكلات الموقف ومحاولة حلها، كما تنظر بعض هذه النماذج أو النظريات للإدارة على أساس أنها سلسلة من القرارات، وأيضًا تنظر إلى الإدارة على أنها نظام فرعي يرتبط بغيره من الأنظمة الفرعية الأخرى للنظام التربوي والتعليمي وفق مدخل النظام.

وتجدر الإشارة هنا إلى أن وراء كل مدرسة أو نظرية من تلك النظريات ظروف بيئية بكل مكوناتها الاجتماعية والاقتصادية فرضت وجود المدرسة أو النظرية التي انبثقت فيها.

ويشير الأدب الإداري المعاصر إلى أن النماذج أو النظريات الإدارية يسترشد بها في الممارسة الإدارية الفعلية، وعند القيام ببحوث علمية في مجالات الإدارة التربوية والتعليمية، وأيضًا في فهم وتفسير طبيعة المواقف الإدارية.

وفيما يلي عرض لبعض النظريات أو النماذج الإدارية التي يمكن الاسترشاد بمبادئها وقواعدها في إدارة المؤسسات التربوية والتعليمية، وفهم وتفسير طبيعة المواقف الإدارية وإلقاء الضوء عليها.

٢-نظرية الإدارة التعليمية كعملية اجتماعية

Educational Administration as social Process Theory

وتستند هذه النظرية على فكرة أن دور مدير المدرسة أو دور المعلم أو دور التلميذ لا يتحدد إلا من خلال علاقة كل منهما بالآخر، وهذا يتطلب تحليلا علميًا واجتماعيًا وسيكولوجيا، انطلاقا من طبيعة الشخصية التي تقوم بهذا الدور[١]..

ومن أبرز نماذج هذه النظرية نموذج (يعقوب جيتزلز) نموذج جويا.

أ-نموذج جيتزلز للإدارة كعملية اجتماعية Getzeless Model[٢].

ينسب إلى (يعقوب جيتزلز) الذي وضعه عام (١٩٦٨م) وينظر إلى الإدارة التعليمية باعتبارها عملية اجتماعية وأنها تسلسل هرمي للعلاقات بين الرؤساء والمرووسين في إطار نظام اجتماعي (المدرسة مثلا) يسعى لتحقيق أهداف محددة، وهذا التسلسل الهرمي للعلاقات هو من الناحية الوظيفية توزيع للأدوار وتكاملها من أجل تحقيق أهداف المؤسسة.

---

(١) Betty, J, Manasement of the Business classroom), Education Association (editor), National business (٢٠٠١) p: ١٢٥.

(٢) Getzles. J. W. Lipham, and comphell, R.E: Educational Administration as Social process: Theory, Research and Practice, New York Harper & Row, ١٩٦٨, pp. ٥٢- ٧٨.

وأن كل مؤسسة أو نظام اجتماعي يتكون من جانبين متداخلين في الواقع ويؤثر كل منهما في الآخر، فالجانب الأول هو الدور الذي تقوم به المظمة (المدرسة مثلا) ويطلق عليه (البعد المنظمي أو (المعياري) ويعني أن كل منظمة تقوم بوظائف معينة وثابتة وهذه الوظائف تتضمن مجموعة من التوقعات والالتزامات والواجبات المحددة التي يشتمل عليها كل دور -في المنظمة- وهي التي تحدد لشاغل الدور Roale (المدير/ المعلم/ التلميذ) ما الذي يجب عليه أن يعمله أو يتجنب عمله، وهذه الأدوار تعتمد على بعضها البعض، وكل دور يستمد مكوناته من الأدوار الأخرى في المنظمة، فمثلا دور المعلم لا يمكن ممارسته بمعزل عن دور مدير المدرسة أو دور التلميذ، وهذه الأدوار أو ما يسمى بمجموعة المهام المترابطة هي التي يقوم بها الأفراد من أجل تحقيق أهداف النظام الاجتماعي.

أما الجانب الثاني فيتعلق بالأفراد وشخصياتهم واحتياجاتهم ويطلق على هذا الجانب (البعد الشخصي) ويعني أن لكل فرد مجموعة من الحاجات مرتبة وفق هرم معين تؤثر على سلوكه وطريقة تفاعله مع الأشياء بشكل يجعله يتوقع مترتبات معينة لهذه التفاعلات [١]..

وهذان الجانبان متداخلان ومتفاعلان (الدور والشخصية) ويؤثران على كل مكون إنساني في النظام الاجتماعي، وبالتالي يحددان السلوك الملاحظ لأي فرد في أي نظام اجتماعي.

ومن هنا فإن أي سلوك اجتماعي ملاحظ أو كل وظيفة في النظام التعليمي يجب أن ينظر إليها من خلال البعدين المنظمي والشخصي في آن واحد، وأن السلوك الملاحظ لأي فرد في أي نظام اجتماعي (كالمدرسة مثلا) هو نتيجة لمحاولة الفرد أن

---

(١) هاني عبد الرحمن الطويل: الإدارة التربوية والسلوك التنظيمي، سلوك الأفراد والجماعات في المنظمة، مرجع سابق، (ص ٩٢).

يواجه بيئة لها توقعات لسلوكه بطريقة تتمشى مع حاجات الشخصية [1]. وبمعنى آخر فإن السلوك الملاحظ هو محصلة تفاعل الدور Rol في الجانب التنظيمي أو المعياري Homothetic مع الشخصية في الجانب الإنساني أو الشخصي Hicrapidiog، ولذلك فإن الحصول على سلوك اجتماعي فعال ومفيد ومرغوب فيه -من الناحية التنظيمية وفي نفس الوقت محقق للرضا النفسي- يتطلب وجود توازن بين الاعتبارات الشخصية وحاجاتها وتوقعات الدور Rol expectations من قبل الآخرين، وذلك لتحقيق أهداف الأفراد والمنظمة معًا.

وترى النظرية أن الواجب الرئيسي للمدير (القائد) هو القيام بدور الوسيط بين مجموعتين من القوى الموجهة للسلوك التنظيمي وهما القوى التنظيمية المتمثلة في السلطة المتمثلة في السلطة الرسمية الممنوحة له في المدرسة (الدور) والقوى الشخصية المتمثلة في السلطة غير الرسمية المتمثلة في شخصيته وسماته التي يتصف بها وهذه القوى تكمل كل منهما الأخرى، وذلك من أجل تحقيق التوازن الذي ينسجم مع أهداف المدرسة وتطلعات المرءوسين، وأيضًا ترى النظرية أن الأدوار متكاملة، بمعنى أن كل دور يستمد معناه من الأدوار الأخرى المرتبطة في المدرسة فدور مدير المدرسة على سبيل المثال، ودور المعلم لا يمكن تحديدهما إلا في علاقة كل منهما بالآخر، وأن الفهم المتكامل للدور يتضمن الجانبين التنظيمي والشخصي، وهذا يقتضي إدخال التحليل الاجتماعي والسيكولوجي لفهم الدور الملاحظ.

---

(١) المرجع السابق، ص (٩٣).

ويوضح ما سبق الشكل التالي:

البعد التنظيمي أو المعياري (السلطة الرسمية)

البعد الشخصي (السلطة غير الرسمية)

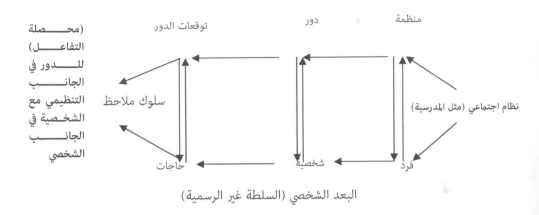

شكل(١) نموذج أو نظرية جيتزلز لبعدي المنظمة والشخصية في السلوك الاجتماعي أو التنظيمي

ب- نموذج جوبا للإدارة كعملية اجتماعية Gub's Model

ويرى هذا النموذج أن الواجب الرئيسي للمدير هو القيام بدور الوسيط بين مجموعتين من القوى الموجهة للسلوك الإداري القوي التنظيمية أو المؤسسية (المدرسة مثلا) والقوى الشخصية وذلك بقصد الحصول على سلوك مفيد من الناحية التنظيمية وفي نفس الوقت محقق للرضا النفسي [(١)]..

ويشير هذا النموذج إلى المدير (القائد) على أنه يمارس قوى ديناميكية يخولها له مصدران: أولهما المركز الذي يشغله في ارتباطه بالدور الذي يمارسه حيث يحظى بحكم مركزه بالسلطة التي يخولها له في هذا المركز، وهذه السلطة رسمية مفوضة إليه من السلطات الأعلى.

(١) محمد منير مرسي: الإدارة التعليمية أصولها وتطبيقاتها، مرجع سابق، ص (٨٢).

أما المصدر الثاني للقوة فيتمثل في المكانة الشخصية التي يتمتع بها المدير (ذكاؤه/ خبراته/ مهاراته) وما يصاحب هذه المكانة من قدرة على التأثير، مما يشكل معه قوة غير رسمية.

وجميع المديرين -بلا استثناء- يحظون بالقوة الرسمية المخولة لهم ولكن لا يحظى جميعهم بقوة التأثير الشخصية، ورجل الإدارة أو المدير الذي يتمتع بالسلطة الرسمية فقط دون قوة التأثير يكون قد فقد نصف قوته الإدارية.

وينبغي على المدير (القائد) أن يتمتع بالسلطة وقوة التأثير معًا وهما المصدران الرئيسيان للقوة بالنسبة لرجل الإدارة المدرسية [١]..

ويرى جوبا ضرورة حدوث التعارض بين دور وشخصيته والذي يمثل قوة طرد سلبية تعمل ضد النظام وتميل إلى تفكيكه، إلا أن هناك أيضًا قوى أخرى إيجابية تعمل على المحافظة على تكامل النظام، وهذه القوى تنبع من الأهداف والقيم التي تسود المنظمة [٢]..

وهكذا قد يكون بعض رجال الإدارة في أدائهم لأدوارهم أقرب إلى البعد التنظيمي المؤسسي، وآخرون أقرب إلى البعد الشخصي.

ومن هنا يمكن التمييز بين ثلاثة أنماط للقيادة الإدارية [٣]. أحدهما يهتم بالعمل على حساب الأفراد، وآخر يركز على الأفراد ويهمل العمل، ونمط ثالث يوازن بين احتياجات العمل وحاجات الأفراد.

ويوضح الشكل التالي نموذج جوبا للإدارة كعملية اجتماعية.

---

(١) محمد منير مرسي: الإدارة التعليمية أصولها وتطبيقاتها، مرجع سابق، ص (٨٢).

(٢) نفس المرجع، ص (٨٣).

(٣) نفس المرجع، ص (٨٤).

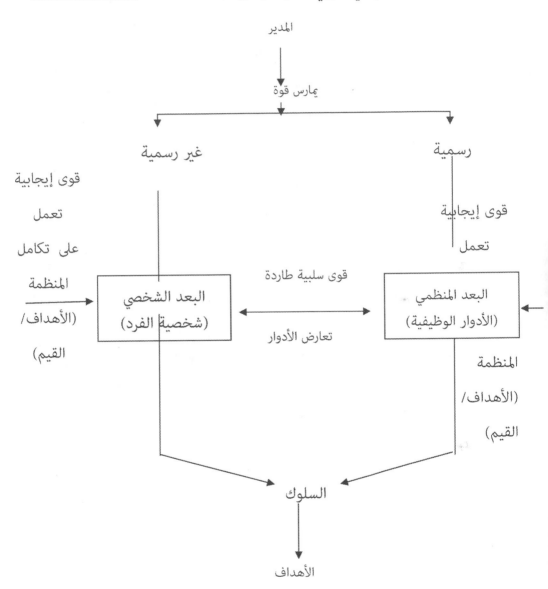

شكل (٢) نموذج جوبا للإدارة كعملية اجتماعية

٣-نظرية الإدارة كوظائف ومكونات [١]:

وهي تشمل عدة نظريات من أهمها:

أ-نظرية سيرز: Sears وهو من أوائل من درسوا الإدارة التعليمية دراسة واسعة ونشر كتابه المعروف سنة ١٩٥٩م، وقد حلل فيه العملية الإدارية إلى وظائف وفعاليات أو عناصر رئيسة وهي:

التخطيط Planning

ويعني التهيؤ أو الاستعداد لاتخاذ القرار، فالإنسان قبل أن يتخذ قرار في مشكلة ما يفكر عادة في الأمر وإلا كان قراره غير صائب، وهذا الاستعداد أو التهيؤ يختلف في صعوبته وأهميته حسب تعقد الموقف أو المشكلة.

التنظيم Organizing-

ويقصد به العملية التي يتم بها وضع القوانين موضع التنفيذ فإنشاء مدرسة مثلا يتم باستصدار قرار وتنفيذ مثل هذا القرار يسمى تنظيما، وعند الانتهاء من تنفيذه نشير إلى النتيجة على أنها منظمة؛ فالمنظمة هي جهاز لأداء العمل، وتتكون من أفراد وأشياء وأفكار ومفاهيم، وكل هذه الأمور تحتاج إلى تنظيم.

التوجيه: Directine

وفي هذه العملية نرى السلطة وهي تعمل، ونرى أعمالاً وإجراءات تتخذ، والتوجيه يتضمن توجيهًا مزدوجًا للسلطة والمعرفة معًا، واستخدام السلطة في توجيه

_____

(١) محمد منير مرسي: الإدارة التعليمية، أصولها وتطبيقاتها، مرجع سابق، ص ص (١٠٤- ١٠٦).

العملية التربوية يقتضي المعرفة بأهداف وطبيعة هذه العملية والقوى الاجتماعية المؤثرة فيها، والإمكانات المادية والبشرية المتاحة.

التنسيق Co-Ordination

وتقوم الإدارة التعليمية بمهام متعددة تتعلق بالمبادئ والتجهيزات والكتب والمناهج والطلاب وغير ذلك، وكل عنصر من هذه العناصر يتشابك مع الآخر، لذلك كان من الضروري أن تعمل جميعا في تجانس ووحدة في الجهد، وتلك هي الوظيفة الأساسية للتنسيق في العملية الإدارية.

الرقابة: Controlling

وتعني توجيه العمل ومتابعته من خلال التحكم في القوى المنشطة له، أو العوامل الأخرى المرتبطة به، فالميزانية مثلا قد نفقد معناها الحقيقي إذا لم تكن هناك رقابة على الإنفاق، وقد تكون الرقابة مباشرة، إذا كانت من خلال إشراف بدون وسيط أو غير مباشرة، إذا اعتمدت على وسيط وقد تكون الرقابة باستخدام القانون والتعليمات وأخلاقيات المهنة والأهداف المنتظر تحقيقها من العمل... وغير ذلك.

٤-نظرية الإدارة كمكونات أربعة:

يعتبر هالبين Halpin من رواد الإدارة الحديثة والأساس الذي تقوم عليه نظرية أو نموذج (هالبين) هو أن إدارة نشاط إنساني، تتكون من

المكونات الأربعة الآتية [١]..

---

(١) Halpin, Andrew w. Theory & Research in Administration: New York: The Macmillan Company, fourth printing ١٩٧١. ٠٠., ٢٨- ٤١.

أ-المهام (مهام العمل) The Task

تشكل مهام العملية أساس وجود وبقاء أية منظمة -تجارية أو صناعية أو تعليمية- تسعى لتحقيق أهداف معينة، ومن الضروري أن تحدد مهام عمل المنظمة بكل دقة، وقد يطرأ تغيير على مهام العمل بالمنظمة مع مرور الوقت، ويتوقف نجاح المنظمة على إقناع أفرادها بأن عملها يخضع دائمًا للتطوير.

ب-المنظمة الرسمية The Formal Organization

وهي تجمع بشري ينشأ بقصد الاستمرار والدوام من أجل تحقيق أهداف معينة، وتتحدد المنظمة الرسمية بالمسئوليات الرسمية التي تقع على عاتق أفرادها وبعلاقات العمل المحددة بينهم والنظم والقوانين واللوائح المنظمة للعمل، وتتميز المنظمة الرسمية في المجتمعات الحديثة بتوصيف الوظائف وتفويض السلطات وتحديد المسئوليات وبناء هياكل تنظيمية توضح التسلسل الهرمي للمستويات الإدارية ونطاق الإشراف فيها.

ج-جماعة العمل The Work Group

وهم الأفراد المنوط بهم إنجاز العمل في المنظمة (مدير المدرسة/ المعلم/ المرشد الطلابي) ويتم اختيار أفراد جماعات العمل على أساس قدراتهم المهنية المرتبطة بالعمل في المنظمة، ومن الضروري أن تكون الروح المعنوية لأفراد جماعة العمل مرتفعة.

د-القائد The Leader

هو الفرد الذي يوجه المنظمة نحو تحقيق أهدافها، وقد يوكل إليه اختيار المجموعات الفرعية من العاملين معه، وكل مجموعة تسهم بدورها في تحقيق المنظمة (المدرسة) لأهدافها وذلك من خلال حسن الاستفادة من الموارد البشرية والمادية المتاحة.

ويجب على المدير (القائد) أن يحدد بوضوح لكل جماعة عمل مهام العمل المطلوب منهم تفاديا للازدواجية وتكرار الجهود وتنازع الاختصاصات، وكل قائد عليه القيام بواجبين أساسيين، حل المشكلات واتخاذ القرارات.

هـ-نظرية المسار- الهدف Path- Goal Theory

قدم الباحثان هاوس وميتشيل (Robert House & Terrence Mitchell) في هذه النظرية محاولة للربط بين السلوك القيادي ودافعية ومشاعر المرؤوسين.

وتشير هذه النظرية إلى أن فعالية القائد تتوقف على قدرته في زيادة حفز مرؤوسيه على الإنجاز وتحقيق الرضا بينهم وقبولهم لقيادته.

كما تبين هذه النظرية أن تأثير سلوك القائد على حفز مرؤوسيه يتوقف على قدرة هذا السلوك على تحقيق أهداف المرؤوسين وكذلك قدرته على رسم المسارات المؤدية لتحقيق هذه الأهداف [١]..

ويستفاد من هذه النظرية في تفسير أثر السلوك القيادي (للمدير) على دافعية أداء المرؤوسين ورضاهم واتجاهاتهم النفسية، وتحدد هذه النظرية أربعة أنماط من السلوك القيادي المؤثر على حفز المرؤوسين وتحقيق أهدافهم، وهي [٢]:.

أ- القيادة الموجهة: Directive Leadership

حيث يقوم القائد بتحديد ما هو متوقع من المرؤوسين القيام به وإرشادهم وتوجيههم فيما يجب عليهم عمله وما يجب عليهم اتباعه، كما يبين لهم القواعد

(١) أحمد صقر عاشور: السلوك الإنساني للمنظمات، الاسكندرية ، دار المعرفة الجامعية، ١٩٨٥، ص (٢٠٨).

(٢) House R.J & Mitchel, T. R: Path – Goal Theory of leadership, In Natemeyer, W. E. Classics of Organizational Behavior, llionois moore publicshing Company ١٩٧٨, pp. ٢٣١, ٢٣٤

والضوابط والتعليمات اللازمة لأداء العمل دون السماح لهم بالمشاركة في إبداء الرأي أو المشورة بشأن هذه الأمور.

ب-القيادة المساعدة Supportive Leadership

وتهتم هذه القيادة بالعنصر الإنساني في المنظمة (المدرسة مثلا) من حيث مشاعرهم وحاجاتهم وتوفير جو من الصداقة والود والتفاهم والاحترام المتبادل بين القائد ومرؤوسيه.

جـ=القيادة المشاركة Particpative leadership

حيث يقوم القائد بالمشاروة والتفاهم مع مرؤوسيه لتبادل الآراء والمقترحات قبل اتخاذ القرار.

د-القيادة المهتمة بالإنجاز Achievement Oriented Leadership

ويتصف القائد هنا بأنه يحدد أهدافه لمرؤوسيه ويتوقع أن يبذلوا أقصى جهدهم في تحقيق هذه الأهداف، وفي الوقت نفسه يظهر لهم ثقته الكاملة بهم ومقدرتهم على تحمل المسئولية وتحقيق أعلى مستويات الإنجاز.

ولعل أبرز ما في هذه النظرية افتراضها إمكانية ممارسة نفس القائد للأنماط القيادية الأربعة في مواقف قيادية مختلفة.

وقد حددت النظرية المتغيرات المتعلقة بالموقف فيما يلي (١) .:

أ-خصائص المرؤوسين:

وتشمل حاجات المرؤوسين وأهدافهم واتجاهاتهم المتمثلة في الحاجة إلى الإنجاز والانتماء وتحقيق الذات والتي يكون للقائد السيطرة على وسائل إشباعها.

---

(١) أحمد الحسن فقيري: عمليات التأثير في المنظمة وانعكاساتها على أنماط القيادة (الرياض: مجلة الإدارة العامة، العدد ٤٦، ١٩٨٥، ص ص (٢٥-٢٦)

ب-طبيعة مهام مجموعة العمل:

وتتمثل في المهارات الوظيفية والمعرفة المكتسبة والخبرات التي تنظمها وظائف المرؤوسين وكذلك الوصف التفصيلي لمهام وواجبات الوظيفة والنظم والإجراءات ومقاييس الأداء المرتبطة بها.

جـ-بيئة العمل:

حيث توجد ثلاثة عوامل موقفية في بيئة العمل هي: أعمال ومهام المرؤوسين، نظام السلطة الرسمية، صفات جماعات العمل، وهي عوامل مهمة لتحقيق الرضا والأداء الفعال.

وترى النظرية أن قدرة القائد في التاثير على المرؤوسين بالحصول على رضاهم وتحفيزهم تعتمد على الموقف، كما تحدد خصائص المرؤوسين وطبيعة العمل مدى قدرة القائد على تحفيز مرؤوسيه، وبالإضافة إلى ذلك تحدد العوامل الموقفية أيضًا مدى تفضيل نمط معين للسلوك القيادي على نمط آخر، وأن ما يفعله المدير يتوقف على الظروف والعوامل البيئية [(١)]. ولذلك فإن الممارسة الإدارية ممارسة موقفية أي تعتمد على خصائص الموقف وتحليلها للتعرف على أفضل الحلول المناسبة بحيث تتم ممارسة العمل المناسب في الوقت المناسب [(٢)]..

---

(١) تشمل العوامل البيئية: العوامل الاجتماعية والاقتصادية والجغرافية والثقافية المؤثرة على المنظمة (المدرسة مثلا) وعلى السلوك الإداري فيها.

(٢) محمد سيف الدين فهمي، حسن عبد المالك محمود: تطوير الإدارة المدرسية في دول الخليج العربية، الرياض: مكتب التربية العربي لدول الخليج، ١٤١٤هـ/ ١٩٩٣م، ص ص (٢٢٨- ٢٣١).

٦-النظرية الظرفية (لفيدلر) Fiedler's Contingency Theory

تشير هذه النظرية (وهي أحدث ما صدر عن الفكر الإداري) إلى أنه ليست هناك نظرية إدارية معينة يمكن تطبيقها في كل المواقف والظروف، بل لابد من انتقاء النظريات والمدارس الإدارية بما يتلاءم مع ظروف التنظيم وأوضاعه، ومن مبررات تطبيق هذه النظرية، أن أي نظرية لا تستطيع تقديم الحلول الملائمة لظروف التنظيمات وأوضاعها، حيث إن بعضًا منها -أي النظريات- نجحت في مواقف وأخفقت في مواقف أخرى، وأن نجاح أي نهج إداري أو نظرية يتوقف على مدى ارتباطها وملاءمتها للموقف الذي تستخدم فيه [١]. كما تقوم هذه النظرية على مبدأ أنه ليس هناك أسلوب واحد في القيادة صالح لكل زمان ومكان وإنما كل نمط قيادي فعال يختلف من موقف أو حالة إلى أخرى، كما أنه لا توجد صفات معينة يجب توافرها في كل قائد، ولا يوجد قائد يمكن وصفه بأنه ناجح أو فاشل في كل الأوقات.

وترى النظرية أن فعالية قيادة (المدير) لمنظمته تتحدد بمدى التوافق بين النمط القيادي المستخدم وطبيعة المواقف. وأن القيادة الفعالة تعتمد على ثلاثة عوامل أو متغيرات هي التي تكون الظروف الخاصة بالحالة أو بالوضع وتؤثر بالتالي في فعالية القيادة أو أسلوب القيادة الفعال، هذه العوامل الثلاثة هي..

أ-العلاقة بين القائد ومرؤوسيه:

تعبر هذه العلاقة عن مدى تقبل المرؤوسين وارتياحهم لشخص القائد ومدى ثقة المرؤوسين في قيادته وإخلاصهم له وتقديرهم وارتباطهم وولائهم لقيادته.

---

(١) محمد عبد القادر عابدين، الإدارة المدرسية الحديثة، مرجع سابق، ص (٣٨).

ب-مدى وضوح مهمات العمل:

وهذا يشير إلى أن الأعمال والنشاطات التي تقوم بها المنظمة (المدرسة مثلا) تؤدي إلى تحقيق أهداف محددة، وكلمة كانت المهام المرتبطة بهذه النشاطات محددة وواضحة ومتكاملة، كلما كان عمل المدير (القائد) سهلاً وفعالاً.

جـ-قوة مركز القائد:

وهي تعبر عن القوة المتضمنة في مركز القيادة والمكافآت والعقوبات التي يستطيع القائد استعمالها، والسلطات الرسمية المخولة للقائد (المدير)، والتي يستطيع بموجبها إصدار أوامره وتعليماته للآخرين والتزامهم بها، ومدى الدعم الذي يلاقيه القائد من رؤسائه شكل عام، وبدون سلطة واضحة فإن تبعية المرؤوسين للقائد يكون مشكوكًا فيها.

ولقد بين (فيدلر) إن إحداث التكيفات المختلفة لمتغيرات الموقف يشير إلى مدى سهولة وصعوبة عمليات القيادة في الموقف الذي يواجهه القائد ففي حالة وجود علاقة طيبة بين القائد ومرؤوسيه ووجود وضوح في مهام العمل مع تمتع القائد بمركز قوي فإن الموقف القيادي يكون سهلا، أما في حالة وجود علاقة سيئة بين القائد ومرؤوسيه إضافة إلى غموض في مهام العمل مع تمتع القائد بمركز ضعيف فإن هذا الموقف يعتبر صعبًا للقائد وتتدرج صعوبة الموقف القيادي وسهولته بين هاتين الحالتين المتطرفتين [١]..

وترى هذه النظرية عدم وجود أسلوب قيادي واحد ناجح في كل المواقف، وإذا أردنا ضمان نجاح فعالة القيادة في كل المواقف فعلى القائد أن يكون مرنًا في

(١) Fred Luthans: organizational Behaviour, New York Megraw- Hill Book Co, ١٩٧٣, pp. ٥٠٠- ٥٠١.

استخدامه لأساليب القيادة المختلفة [(١)]. وقادرًا على تحليل مشكلات المواقف للتعرف على أفضل الحلول، واتخاذ القرارات التي تحقق الأهداف في ظل الظروف والعوامل البيئية (سياسية ، اقتصادية، واجتماعية، وتشريعية... الخ) وبصفة عامة فإن المرجع الأساسي لكل السلوك الإداري هو الظروف المحيطة بالموقف [(٢)].. وهذا يقتضي إلمام القادة (المديرين في المنظمات التربوية) بمفاهيم تشخيصية وأدوات وأساليب وتقنيات من شأنها أن تقدم المساعدة على تحليل المشكلات [(٣)]..

وأيضًا تشير هذه النظرية إلى أن القائد الجيد في حالة قد لا يكون جيدًا في حالة أخرى وأنه على المدير أن يفكر في متغيرات الوضع والحالة التي يمكن لقائد معين أن يقوم فيها بقيادة فعالية ويعمل بجد [(٤)]..

ويمكن تحديد مفاهيم نظرية الموقف بأنها تلك النظرية التي تجمع بين الاتجاه الفني (Technical)والاتجاه الإنساني (Human) والاتجاه العقلي (Conceptual) والاتجاه التشخيصي (Diagnostic)، وترى هذه النظرية أن المرجع الأساسي لكل سلوك إداري هو الظروف المحيطة بالموقف الإداري، وإن اتخاذ القرارات التي تتخذ لتحقيق الأهداف يجب اتخاذها في ظل الظروف والعوامل البيئية، وتقر النظرية بوجود اختلافات متباينة بين الناس وفي مختلف المواقف والظروف ومفهومها الأساسي أنه لا توجد طريقة مثلى يمكن إتباعها في الإدارة وفي مختلف المواقف والظروف، وبالتالي

---

(١) أحمد صقر عاشور: إدارة القوى العاملية، بيروت دار النهضة العربية، ١٩٧٩م، ص (٧٢).

(٢) Donnelly, J. et, al, Fundamentals of Management Function, Behavior Models, Austin, Texas, Business Publication, Inc. . ١٩٧١, p. ٢٠١.

(٣) هاني عبد الرحمن الطويل: الإدارة التربوية والسلوك التنظيمي، مرجع سابق، (ص ١٠٥).

(٤) حمدي فؤاد علي: التنظيم والإدارة الحديثة- الأصول العلمية والعملية، بيروت: دار النهضة العربية للطباعة والنشر، ص (٢٣٤).

فإن النمط القيادي الفعال يختلف من موقف لآخر، وهذه النظرية تفسر وتستوعب العلاقات المتبادلة داخل كل نظام فرعي في المنظمة وبين المنظمات الفرعية الأخرى، وبين المنظمة والبيئة، ولذلك ينبغي على المديرين أن يأخذوا في الاعتبار الظروف المحيطة بهم، ومن فروض هذه النظرية أن السياسة الإدارية ينبغي أن تتساوى مع المهام والبيئة ومع حاجات العاملين، وتركز النظرية على دراسة المتغيرات كالبيئة الخارجية والمهام والعاملين والتكنولوجيا المستخدمة، وتحاول النظرية تحديد العلاقة بين الحدث والنتيجة وتقدم بناء على ذلك ممارسات إذا كان الحدث المستقبلي متشابهًا مع الحدث الحالي [1]. وأخيرًا فإن هذه المدرسة تفترض أن ما يحققه القائد من نجاحات يعود إلى حسن تصرفه حيال المواقف المختلفة، ويعني ذلك أن القيادة وفق هذه المدرسة وليدة الموقف، وأن القائد المطلوب للمؤسسات التعليمية ليس هو القائد الأوتوقراطي التسلطي أو التساهلي أو الديموقراطي (الشورى) بل هو القائد الموقفي الذي يجيد تشخيص المواقف ويتكيف معها وفق الظروف البيئية (السياسية/ الثقافية/ الاجتماعية/ التكنولوجية/ الاقتصادية... الخ) المحيطة بالموقف.

تلك مجموعة من النماذج والنظريات الإدارية والتي من خلال دراستها وفهمها يستطيع المديرون الاستفادة منها في إنجاز الأعمال عن طريق الآخرين ومعهم وبأعلى كفاءة وفعالية ممكنة.

---

(١) إبراهيم عبد الله المنيف: الإدارة (المفاهيم، الأسس، المهام) الرياض: دار العلوم ١٩٨٠م، ص (١٣٤).

الفصل السادس

وظائف الإدارة التربوية وأنماطها

أولاً: أهداف الوحدة الدراسة:

بعد دراسة هذه الوحدة ينبغي أن يكون المتعلم قادرًا على أن:

١- يُعدد وظائف المنظمة التربوية.

٢- يشرح العلاقة بين وظائف المنظمة التربوية والإدارة والمدير.

٣- يُعدد وظائف الإدارة مع شرح كل وظيفة على حدة.

٤- يقارن بين وظائف الإدارة التربوية في المستويات الإدارية العليا والوسطى والدنيا.

٥- يقارن بين أنماط الإدارة التربوية.

ثانيًا: تتضمن هذه الوحدة ما يلي:

١- تقديم.

٢- وظائف المنظمة التربوية والإدارة والمدير.

٣- وظائف الإدارة التربوية وعناصرها.

٤- أنماط الإدارة التربوية.

أ- مركزية ولا مركزية.

ب- أوتوقراطية.

ج- ديمقراطية.

د- تسيبية أو فوضوية.

ه- تسلطية.

الفصل السادس

وظائف الإدارة التربوية

أولاً: تقديم:

يركز المنهج الوظيفي للإدارة على الوظائف الأساسية أو الأنشطة الإدارية التي ينبغي على المدير وتابعيه إنجازها لتقوم المنظمة التربوية بوظائفها وهي: التمويل والأبنية والمعدات التعليمية، شئون العاملين، شئون المتعلمين، تطوير المناهج، العلاقة بين المنظمات التعليمية والمجتمع، التنسيق والمتابعة والتي تربط بين الوظائف الخمس للمنظمة.

وكل وظيفة من هذه الوظائف التنظيمية الخمس، يتم إدارتها (بالتخطيط، والتنظيم، والتنسيق، والقيادة... الخ).

وتلك الوظائف يضطلع بها جميع المديرين وتابعيهم في مختلف المنظمات التعليمية وغيرها، وعلى وجه الإجمال فهذه الوظائف المترابطة المتكاملة تمثل ما نطلق عليه غالبًا لفظ عملية الإدارة التي تحقق هدف محدد.

ثانيًا: وظائف المنظمة التربوية والإدارة والمدير:

مسلسل	وظائف المنظمة	وظائف الإدارة والمدير
١	التمويل والأبنية والمعدات التعليمية	التخطيط/ التنظيم
٢	شئون العاملين	التنسيق/ القيادة
٣	شئون المتعلمين	الإشراف والتوجيه التربوي
٤	تطوير المناهج	صناعة القرار واتخاذه
٥	العلاقة بين المنظمة والمجتمع	الاتصال/ الرقابة
٦	التنسيق والمتابعة	التقويم.

ثالثًا: وظائف الإدارة التربوية وعناصرها:

وتؤدي المنظمة وظائفها من خلال وظائف الإدارة Management Functions وعناصرها، وتتألف هذه الوظائف من أعمال ونشاطات محددة يؤدي تنفيذها إلى قيام المنظمة بوظائفها وحسن سير العمل فيها وتحقيق أهدافها،ومن الملاحظ أن ثمة اتفاقًا بين المختصين في الإدارة على الوظائف الإدارية الثلاث التخطيط والتنظيم والرقابة ولكنهم يختلفون حول بقية الوظائف، أما في هذا الكتاب؛ فقد تم تصنيف هذه الوظائف إلى:

١- التخطيط Planning

٢- التنظيم Organizing

٣- التنسيق Co-ordinating

٤- القيادة Leader Ship

٥- الإشراف والتوجيه التربوي Supervisor directing

٦- صناعة القرار واتخاذه Decision Making

٧- الاتصال Communication

٨- الرقابة Controlling

٩- التقويم Evaluation

ويمكن تناول هذه الوظائف أو العمليات أو الأنشطة الإدارية المحددة بالتفصيل وفق ما يلي:

١-التخطيط: Planning

هو الوظيفة التي تسبق كافة الوظائف الإدارية، وتحدد الوجهة التي ينبغي أن تسعى إليها المنظمة نحو المستقبل ورسالتها، وهو عملية تنطلق من الوضع الراهن، وتأخذ في الاعتبار الظروف المختلفة الماضية والحاضرة، وهي تتطلع بدرجة

كبيرة إلى المستقبل، فالتخطيط كما يرى «هنري فايول» تشمل التنبؤ بما سيكون عليه المستقبل متضمنًا الاستعداد لهذا المستقبل [١].

والتخطيط هو طريقة عقلانية منظمة تقوم على التفكير والتدبير وتتضمن النظر إلى المستقبل والحاضر، ووضع الخطة التي تحتوي على أهداف معينة مع تحديد البرامج والأساليب والطرق والإجراءات التي تحقق تلك الأهداف بأقل تكلفة ممكنة، وخلال فترة زمنية مقبلة ومحددة، وإذا كان المطلوب تحقيق هذه الأهداف أو النتائج في المستقبل البعيد فإنها تسمى أهدافا إستراتيجية، أما إذا كان المطلوب تحقيقها في الأجل القصير فإنها تسمى أهدافا تكتيكية.

والأهداف بصفة عامة (استراتيجية - تكتيكية) هي التي توجه العمل في الطريق الصحيح وتدفع لبذل الجهد، وتتخذ كمعايير للرقابة الإدارية، ويعني ذلك أن التخطيط يرتبط ارتباطًا وثيقًا بالأهداف والرقابة، ويُعرف التخطيط بأنه «التفكير العلمي المنظم الذي يسبق تنفيذ أي عمل من خلال استقراء الماضي ودراسة الحاضر والتنبؤ بالمستقبل » [٢]..

ويُحدد جيمس شيرمان (Sherman) الفوائد التالية للتخطيط بصفة عامة حيث أنه:

أ- يُحدد الاتجاه المستقبلي للمنظمة.

ب- يُنسق جهود وتطلعات الأفراد.

جـ- يُوفر معايير لقياس تقدم الأداء.

_____

(١) أحمد إسماعيل حجي: الإدارة التعليمية والإدارة المدرسية، مرجع سابق، ص ٤٥.

(٢) أحمد صقر عاشور: الإدارة العامة، مدخل بيئي مقارن، بيروت: دار النهضة العربية للطباعة والنشر، ١٩٥٩م، ص ص (٤٠).

د-يعمل على توفير الأدوات والأفراد للتعامل مع المتغيرات والأحداث غير المتوقعة.

هـ-يكشف عن طريق التعامل مع المهام والأنشطة لتحقيق النجاح.

و-يحفز الفرد على التقدم في العمل.

ز-يوضح معالم الطريق لما ينبغي فعله في الحياة [1].

والتخطيط أسلوب ووسيلة تستخدمه الإدارة التربوية لتحقيق الأهداف التربوية والتعليمية وهو في أبسط صوره يجيب عن التساؤلات التالية أين نحن الآن؟ وماذا نريد تحقيقه في المستقبل، أي ما هي الأهداف التي تسعى المنظمة التربوية إلى تحقيقها؟ وكيف نحققها في ضوء الواقع .. رسم الطرق التي تؤدي إلى تحقيق هذه الأهداف في ضوء الواقع داخل المنظمةالتربوية وفي البيئة والمجتمع؟، وما هي الإمكانيات المادية والبشرية اللازمة للتنفيذ؟ ومتى يتم؟

ومن هذا المنطلق نرى أن عمليتي التخطيط والتنظيم مترابطتين ومتتاليتين، وتتطلبان التنسيق والقيادة والتوجيه والإشراف، وصناعة القرار واتخاذه،.... الخ، ويعني ذلك أن وظائف الإدارة وعناصرها متكاملة ومترابطة ومتتالية إلى حد كبير.

٢-التنظيم: organizing

بعد تحديد الأهداف المحددة في الخطة، يتم تحديد الأنشطة التي تحقق هذه الأهداف، ثم يتم تقسيم العمل وتجميع وترتيب الأنشطة المتجانسة التي تم تحديدها في إطار أو هيكل يضمها على أساس وظيفي، ثم تحويل هذه الأنشطة وتقسيمها إلى مسؤوليات أو مهام محددة توزع على العاملين وفق معايير معينة تكفل تحقيق الأهداف، ثم يمنحون الصلاحيات ويفوضون السلطات المناسبة لإنجاز ما أسند إليهم من مهام،

---

(١) إبراهيم عباس الزهيري: الإدارة المدرسية والصفية- منظور الجودة الشاملة، مرجع سابق، ص (١٧١).

ويتم تحديد طرق الاتصال بين الوحدات التنظيمية وبين الأفراد العاملين، فضلا عن تحديد العلاقات التنظيمية وكيفية تحقيق التعاون بينهم، وإحداث التوازن بين مطالب العمل وحاجات الأفراد، وتطبيق مبدأ وحدة القيادة أو الأمر وتدفق السلطة من أعلى إلى أسفل، وكل ذلك يسهم في تحقيق أهداف التنظيم، وهذا ما يسمى بالتنظيم الرسمي Formal Organizing وبجانب التنظيم الرسمي يوجد ما يسمى بالتنظيم غير الرسمي informal organizing والذي يأخذ أشكال مختلفة تُعبر عن أنماط من الاتصالات والتفاعلات الإنسانية Human Interaction التي تنشأ داخل المنظمة عن طريق العاملين، وتظهر في شكل علاقات غير رسمية بينهم لا تدون في أي وثيقة للمنظمة، وهو يمثل في بعض الأحيان عناصر السلوك التنظيمي غير المطلوبة من الأفراد تجاه إدارة المنظمة [1]..

وثمة فارق بين التنظيم من جهة والمنظمة من جهة أخرى، فالتنظيم عملية، أما المنظمة فهي جهاز يسعى من خلال تنظيم الإمكانيات والأدوار والعلاقات والمهام من أجل تحقيق أهدافها [2]..

وهناك صلة وثيقة بين التخطيط والتنظيم فهما عمليتان مترابطتان ويظهر ذلك إذا عرفنا أن التخطيط لا يحقق أهدافه دون وجود تنظيم للأفراد والوحدات التي تضع الخطة وتنفذها.

وتجدر الإشارة هنا إلى أن التنظيم غير الرسمي يؤثر على فعالية التنظيم الرسمي ولا يمكن لاي تنظيم رسمي أن ينمو ويتطور إلا بوجود التنظيم غير الرسمي

(١) عباس بلة محمد أحمد: مبادئ الإدارة المدرسية (وظائفها، مجالاتها، مهاراتها، تطبيقاتها) الرياض: مكتبة الرشد، ١٤٢٧هـ- ٢٠٠٦م، ص ص (٤٨-٥١).

(٢) خالد بن عبد الله بن دهيش وآخرون: الإدارة والتخطيط التربوي، (أسس نظرية وتطبيقات عملية) ط ٣، مرجع سابق، ص (٢٦).

الذي تتدفق فيه السلطة غير الرسمية من أسفل إلى أعلى، أي يقوم الأفراد التابعين بمنحها للمدير، وظيفته الرئيسية وتتمثل وظيفة التنظيم غير الرسمي في إشباع الحاجات النفسية والاجتماعية للأفراد وتحقيق أهدافهم الشخصية، ومن هنا فإن التنظيمي الرسمي وغير الرسمي يمكن أن يعملا معًا لتحقيق أهداف المنظمة [١].

٣-التنسيق Co-ordinating

ويعني تحقيق الوحدة والتجانس بين مختلف الأنشطة داخل المؤسسة وإزالة الاحتكاك والتضارب والازدواجية ويمنع التضارب في الاختصاصات أو المهام المحددة لأفراد العمل وبما يحقق الهدف العام للمنظمة.

والتنسيق الفعال يتطلب معرفة كل وحدة أو قسم أو فرد للدور الذي ينبغي عليه أداؤه بوضوح كامل، وأن يكون جدول عمل الإدارات والأقسام الفرعية والوحدات التنظيمية يتسم بالمرونة ومتمشيا مع مختلف الظروف.

ويمكن القول أن التنسيق في الواقع الفعلي والعملي هو أحد الوظائف الإدارية التي لا تتحقق الوظائف الإدارية الأخرى إلا من خلالها والتنظيم والإشراف والتوجيه والرقابة ما هي إلا تطبيق لمفهوم التنسيق [٢]..

٤-القيادة Leader ship

تعني القيادة دفع الآخرين لإنجاز العمل، مع رفع معنوياتهم والحفاظ عليها، وإثارة دوافعهم، حتى يكون الأداء أعلى من المعدلات المتعارف عليها.

---

(١) صلاح عبد الحميد مصطفى: أساسيات الإدارة والتخطيط التعليمي (المفاهيم، الأساليب، التطبيقات)، الرياض: مكتبة الرشد، (ب- ت) ص (٣٧).

(٢) إبراهيم عصمت مطاوع، أمينة أحمد حسن: الأصول الإدارية للتربية، القاهرة: دار المعارف، ١٩٨٠م، ص (٤١).

وتمثل القيادة صفة Leadership is Quality أو وظيفة من وظائف المدير (كالاتصال واتخاذ القرارات) أو دور من أدواره.

والقيادة في الإدارة التربوية تقوم في جوهرها على التفاعل بين القائد الإداري وتابعيه، والذي يتطلب تحليل سلوكهم والتأثير فيهم ودفعهم للعمل برغبة قوية لتحقيق أهداف محددة، وألا يستند على السلطة الرسمية أو المكانة الوظيفية فقط بل ينبغي أن يستند أيضًا إلى سلطة غير رسمية تستمد من قبول مرؤوسيه له [١]..

والقيادة محصلة عوامل تشمل المدير والجماعة التي يقودها والموقف الذي يواجهونه والبيئة الداخلية والخارجية للمنظمة.

والقيادة مسئولية ودور يقوم به المدير لإذكاء حماس المرؤوسين ودفعهم للعمل وإخلاصهم وولائهم للمنظمة والقيادة تبحث عن الفعالية، وترتبط بنمط الشخصية [٢] وتزدهر بتوفر الفرص، وتركز على التطوير والتجديد المستمر في أساليب وطرق العمل وفي الجوانب التخطيطية الإبداعية.

وتُعرف القيادة بأنها «العملية التي يتم من خلالها التأثير في سلوك الأفراد والجماعات لدفعهم للعمل برغبة واضحة لتحقيق أهداف محددة » [٣]..

أما (عبد الكريم درويش) فيعرفها «بأنها القدرة التي يؤثر بها المدير على مرؤوسيه ليوجههم بطريقة يتسنى بها كسب طاعتهم واحترامهم وولائهم وإيجاد التعاون بينهم في سبيل تحقيق هدف بذاته» [٤]..

---

(١) حمد بن إبراهيم السلوم: التربية والتعليم العام في المملكة العربية السعودية بين السياسة والنظرية والتطبيق، الرياض: مؤسسة أنترناشيونال جرافيكس، ١٤١٦هـ- ١٩٩٦م، ص (٤١٧).

(٢) عباس بله محمد أحمد: مبادئ الإدارة المدرسية (وظائفها- مجالاتها- مهاراتها- تطبيقاتها)، الرياض: مكتبة الرشد، ١٤٢٧هـ- ٢٠٠٦م، ص (٢١٢).

(٣) فؤاد الشيخ سالم وآخرون: المفاهيم الإدارية الحديثة، مرجع سابق، ص (١٣٩).

(٤) عبد الكريم درويش وآخرون، أصول الإدارة العامة، القاهرة، مكتبة الأنجلو المصرية، ١٩٧٨م، ص (٢).

أو «هي القدرة على حث الآخرين للقيام بأنشطة يرغبها القائد » وبناءًا على التعريفات السابقة يمكن أن تُعرف القيادة في الإدارة التربوية بأنها «القدرة على التأثير في سلوك الآخرين وحفزهم على العمل لتحقيق أهداف المؤسسة التربوية التعليمية التي يعملون بها ».

والقيادة هي النفوذ والتأثير Influencing في السلوك التنظيمي للآخرين لتحقيق أهداف معينة [(١)] وتشمل ثلاثة عناصر، هي:

أ-هدف مشترك تسعى المجموعة إلى تحقيقه.

ب-وجود مجموعة من التابعين تقبل التوجيه وتعمل لتحقيق الهدف.

ج-شخص (قائد) يعمل على توجيه التابعين والعمل معهم والتأثير فيهم بشخصه وليس بمركزه أو منصبه، وكسب تعاونهم وطاعتهم برغبة واضحة لتحقيق الهدف.

والقيادة الإدارية هي علاقة بين أربعة متغيرات هي [(٢)].

أ-نمط القيادة وصفات وخصائص القائد غير العادية والتي تؤهله للتأثير في الآخرين.

ب-صفات وخصائص المرؤوسين ونوعية الدوافع التي تحركهم.

ج-خصائص وظروف الموقف الذي يواجه القائد والتابعين.

د-الظروف الاجتماعية والسياسية والاقتصادية السائدة في البيئة المحيطة بالمنظمة.

وهذه المتغيرات الأربعة بينها ترابط وتفاعل وتأثير وتأثر.

---

(١) صلاح عبد الحميد مصطفى: أساسيات الإدارة والتخطيط التعليمي (المفاهيم، الأساليب، التطبيقات) مرجع سابق، ص (٥٣).

(٢) نفس المرجع ص: (٥٤).

وفي هذا السياق فإن المدير من منطلق وظائفه ومسؤولياته لابد أن يقوم بـدور القائـد الإداري في منظمته (مدرسته) حتى تتحقق الأهداف ويشعر المرؤوسين بالرضا عن العمل.

وأيضًا فمن خـلال تعريفـات الإدارة والقيـادة يتبين لنـا عـدم وجـود فـرق جـوهري بين الإدارة والقيادة من حيث الغايات والمضامين العامة.

وإنما يكمن الخلاف في الأساليب والممارسات التي يتبعها المدير أو القائد الإداري في الوصول إلى الأهداف وأن سلوك المدير القيادي أوسع وأشمل مـن سـلوك المـدير الإداري فقط، لأن السـلوك القيـادي الإداري يتطلب امتلاك المهارات القيادية التي تحفز التـابعين عـلى العمـل بجانب المهارات الإدارية، أمـا السلوك الإداري فيحتاج لامتلاك المهارات الإدارية فقط.

<u>٥-الإشراف والتوجيه: Supervision & Direct</u>

وتعني هـذه الوظيفـة تبصير العـاملين وإرشادهم للطرق الـصحيحة لأداء الأعمـال المطلوبـة وتوضيح أهداف العمل لهم، وتعريفهم بواجباتهم، ومسئولياتهم والسلطات المفوضة لهم،وحفـزهم عـلى بذل الجهد، وترغيبهم في العمل والتنسيق بين جهودهم، وتحقيق التعاون بينهم، وتنمية الاتجاه نحو العمل كفريق (Teamwork) وتذليل الصعوبات التي تعترضهم وحل المشكلات التي تـواجههم في مجـال العمل وتوجيه جهودهم في الاتجاه المرسوم، وذلك بقصد تحقيق الأهداف.

ولذلك فإن وظيفة الإشراف والتوجيه تعتمد على السلطة والمعرفة لخدمـة أهـداف محـددة، بجانب عمليـات القيـادة والحفـز والاتـصال الفعـال بالمرؤوسـين وإصدار الأوامـر إليهم، والتوجيـه ليس تنفيـذًا للأعمـال، وإنما يعنـي توجيـه الآخرين في تنفيـذ أعمالهـم في ضـوء متطلبـات الأداء النـاجح، وفهـم طبيعـة السـلوك الإنساني ومحاولـة توجيهـه

وتحقيق أهداف معينة) وممارسة هذه الوظيفة تعني إصدار أوامر وتعليمات من الرئيس لتمكن المرؤوسين من إنجاز أعمالهم[1]..

وبالتالي تتوقف فعالية المدير في أداء وظيفة الإشراف والتوجيه على قدر المهارات القيادية والاتصالية والفنية التي يمتلكها وطريقة استخدامها في العمل، فضلاً عن فهمه لطبيعة السلوك الإنساني وتوجيهه بشكل إيجابي وعلى أساس التعاون والتعاطف والتكامل الذي يرفع الروح المعنوي للعاملين ويحقق الأهداف.

ومن هنا ينبغي على المدير أن يمارس وظيفة الإشراف والتوجيه وعندما تفعل الأشياء، وأيضًا؛ عندما يقوم بوظيفتي التخطيط والتنظيم دون أن يوضح لتابعيه ماذا يجب عليهم عمله؟ وكيف يعملونه، فلن تتم العملية الإدارية بالشكل المطلوب.

ويمكن القول أن وظيفة الإشراف والتوجيه تبدأ مع بداية التخطيط للعمل، وتلازم تنفيذ الخطة الموضوعة، وتتداخل مع بقية الوظائف الإدارية وترتبط بها، فالتخطيط والتنظيم والتنسيق والرقابة وظائف إدارية تطبق مفهوم الإشراف والتوجيه، وأن الإشراف والتوجيه يرتبط بالاتصال الذي يتمثل في إرسال المعلومات والأفكار، والأوامر من المدير إلى تابعيه، لتعديل سلوكهم التنظيمي وتعريفهم بالوسائل والطرق المناسبة للعمل، كما يرتبط بالإشراف والتوجيه بنمط القيادة ويستلزم اتخاذ قرارات ويعني ذلك أن وظيفة الإشراف والتوجيه جوهرها عمليات الاتصال والقيادة واتخاذ القرارات وهذا يدل على ارتباط وظائف الإدارة بوظائف المدير.

---

(١) خالد بن عبد الله بن دهيش، وآخرون: الإدارة والتخطيط التربوي، مرجع سابق ص (٢٨).

٦=صناعة القرار واتخاذه: Decision Making [١].

تتمثل وظائف الإدارة التربوية في التخطيط والتنظيم والتنسيق والقيادة... الخ، وهذا التعدد الوظيفي يستلزم اتخاذ قرارات في كل جانب من جوانبه فالتخطيط وهو من أهم العمليات الإدارية شأنًا ما هو إلا سلسلة متصلة من القرارات التي تؤثر على مستقبل المؤسسة في ضوء اختيار البديل الأفضل من بين البدائل المتاحة، والتنظيم ذاته ما هو إلا عملية القصد منها تحديد من ومتى، وإلى أي مدى يقوم كل فرد في المؤسسة باتخاذ القرارات، والتنسيق ما هو إلا سلسلة من القرارات المرتبطة بالتعاون بين وحدات المنظمة... وهكذا.

إن نجاح وازدهار المنظمة التربوية يتوقف على مدى سلامة قرارات المدير المرتبطة بخطط المنظمة، وعلى شغل أغلب وظائف المنظمة بالأشخاص الملائمين، وتنظيم أقسامها، والرقابة على الأداء بها، وكذا حفز الموظفين وإثارة دوافعهم والعكس أيضًا صحيح [٢]..

ويُعرف القرار بأنه «اختيار بين بدائل مختلفة » أو هو عبارة عن البديل الأفضل الذي تم اختياره من بين عدد من البدائل الممكنة التنفيذ، ويعبر عن القرار في صور متعددة فقد يكون على شكل سياسات أو قواعد أو أوامر أو تعليمات وغيرها.

والقرار عملية ذهنية (عقلية) بالدرجة الأولى، تتطلب قدرًا كبيراً من التصور والمبادأة والإبداع ودرجة كبيرة من المنطقية والبعد عن التحيز أو التعصب والرأي الشخصي، بما يمكن معه اختيار البديل الأفضل الذي يحقق الهدف في أقصر وقت وبأقل كلفة ممكنة، ويوصف القرار في هذه الحالة بأنه قرار رشيد.

---

(١) صلاح عبد الحميد مصطفى، نجاة عبد الله النابة: الإدارة التربوية (مفهومها)

(٢) جاري ديسلر: أساسيات الإدارة، المبادئ والتطبيقات الحديثة، مرجع سابق، ص ص (٣٠-٣٢).

ومن القرارات التربوية التي تتخذها المستويات الإدارية المختلفة في مؤسسات التربية والتعليم

ما يلي:

أ-قرار بشأن (إقامة مدرسة ثانوية فنية وهل تكون صناعية أم زراعية أم تجارية، وهل تكون في الرياض، أو

جدة أو الدمام، وما هي التخصصات التي يجب أن تتضمنها برامجها.

ب-قرار بشأن إعداد معلمي المرحلة الابتدائية، هل يتم ذلك من خلال كلية التربية أو كلية المعلمين...

جـ- قرار بشأن مواعيد الامتحانات.

وتمر صناعة القرار بمراحل متعددة من البحث والتحليل والمفاضلة بين البدائل بالاستناد إلى قيم

ومعايير محددة، وهذه المراحل وما يرافقها من جمع للمعلومات واستعراض البدائل والنتائج المترتبة عن

كل بديل وكل ما نشعر به من خوف أو تردد، كل ذلك يكون عملية صنع القرار وهذه العملية يشارك فيها

أكثر من شخص أو جماعة، أما اتخاذ القرار فهو وضع الحد الفاصل أو المرحلة النهائية لعملية صنع القرار،

أي اختيار البديل الأفضل، ويقوم به غالبا شخص واحد كمدير إدارة التربية والتعليم، أو مدير مدرسة أو

المعلم... وغيرهم.

وتعتبر الطريقة العلمية في صنع القرار واتخاذه من أفضل الطرق، وتمر بالخطوات التالية:

أ-   تحديد الهدف من اتخاذ القرار، ويشترط في الهدف أن يكون واضحًا، ويتم وضع معايير مناسبة

لقياسه أو مؤشرات توضح حالة الوصول إليه أو القرب منه.

ب-   الوصف أو التشخيص: وفي هذه الخطوة يتم التعرف على المشكلة أو الهدف بدقة وتجمع

البيانات والإحصاءات والحقائق وتحليلها والتنبؤ بآثارها المحتملة.

ج- وضع الحلول البديلة لحل المشكلة أو تحقيق الهدف المرغوب، وهناك عدة طرق للوصول إلى الهدف الواحد، ونادرًا ما نجد حلاً واحدًا لمشكلة معينة، ولهذا وجب على المدير أو متخذ القرار ألا يقبل أول حل يظهر له دون مقارنته بالحلول أو البدائل التي يمكن أن تتضح له أيضًا.

د- المفاضلة بين البدائل أو الحلول: في هذه الخطوة يتم تقييم كل بديل أو حل على حدة في ضوء الهدف منه، والمزايا والعيوب المترتبة على كل بديل، ومدى توافر الموارد المتاحة لتنفيذه، وهذه المراحل يطلق عليها مراحل صنع القرار.

أما اتخاذ القرار فهو اختيار أحد البدائل والذي يمثل أفضل مسار لتحقيق الهدف في ضوء قابليته للتنفيذ.

هـ- تنفيذ ومتابعة القرار:

وفي هذه الخطوة يتم وضع برنامج لتنفيذ البديل الأفضل بإمكانياته ووسائله المادية والبشرية، أما المتابعة فهي إشراف على التنفيذ والتعرف على الأخطاء قبل حدوثها والعمل على تجنبها.

وتجدر الإشارة هنا إلى أن الخطوات السابقة لا تتم وفق الترتيب المنطقي السابق، وإنما قد يحدث في كثير من الأحيان الدمج بين مرحلتين أو تداخل وتشابك بين تلك المراحل أو الخطوات.

أن عملية اتخاذ القرار هي عملية ديناميكية متشابكة ومتداخلة في مراحلها المختلفة، وبذلك فهي تحتاج إلى الدقة والموضوعية وحسن البصيرة والحصافة من جانب متخذ القرار خلال مراحل صنعه واتخاذه.

وفيما يلي نموذج تخطيطي لعملية اتخاذ القرار [1].

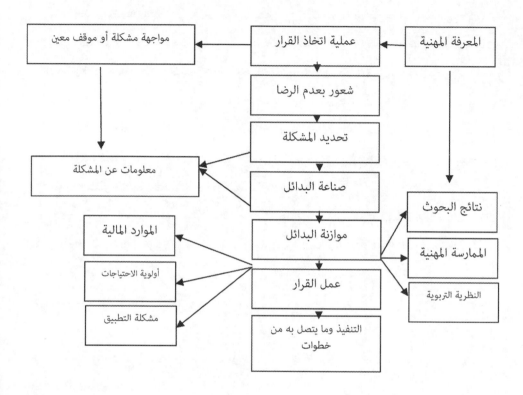

شكل (١)

صناعة القرار الإداري واتخاذه

(١) Faber. C.F & Shearon, GF, Elementry school Administration Theory and Practice Hoith Rinhart and Winston Inc. N. Y. ١٩٧٠, P. ٢١٨.

٧-الاتصال(Communication):

يعني الاتصـال التنظيمـي في الإدارة التربوية، عمليـة تبـادل المعلومـات ونقـل المعـاني، والأفكار والأوامر بين المدير ومرؤوسيه، وهـي عمليـة يـشترط فيهـا حـدوث التفاعـل بواسـطة مثيرات واستجابات متبادلة بين الرئيس ومروسيه، ولا تتم إلا بها، لكونها أخذ وعطاء متبادل، والاتصال الفعال عنصر هـام مـن عناصر الإدارة التربوية وعلى كافة المستويات التنظيمية لأنه يربط بين كافة أفراد التنظيم ورؤسائهم مـن أجل تعديل أو تحريك سلوك المرؤوسين ودوافعهم للعمل في اتجاهـات محـددة يرسـمها المـدير بمشاركة مرؤوسيه في مواقف مختلفة، وبدون الاتصال تفقد الإدارة التربوية ديناميكيتها وفعاليتها، فجودة التخطيط والتنظيم والتنسيق... الخ. تعتمد على جودة الاتصال وفعاليته.

وتعتبر الاتصالات التنظيمية الإدارية إحدى المتطلبات الأساسية لنجاح القيادة الإدارية، فالاتصال يعني فهم الآخرين للأمور ومن ثم الاستجابة لها، وهي –أي الاتصالات- من الوسائل التنظيمية التي تـؤثر في عملية اتخاذ القرارات، فهي التي تساعد المدير على اتخاذ القرارات، فضلا عن أنها تؤثر في بقية عناصر الإدارة (كالتخطيط، والتنظيم، التنسيق، التوجيه، القيادة،...).

وأيضًا فإن صحة القرارات التي تتخذ تعتمـد عـلى فعاليـة الاتصالات التـي يجريها المـدير مـع السلطات الأعلى ومع مرؤوسيه، ويعني ذلك أن الاتصال الأعلى وظيفة من وظائف المدير بجانب وظيفتـي القيادة واتخاذ القرارات.

وتشير البحوث العلمية في مجال الاتصال الإداري إلى أن المدير يقـضي تقريبـا ٨٠٪ مـن وقتـه في العمل بالاتصال بوسائله الأربع، مبتدءًا بالاستماع والتحدث والقراءة والكتابة (بهذا الترتيب أي أنه يقضي غالبية الوقت بالاستماع للآخرين، وأقل وقت في عملية الكتابة).

وقد اختلفت تعريفات الاتصال communication ويعود ذلك إلى أنه علم تطبيقي يعتمد على كثير من مفاهيم العلوم الأخرى.

فيعرفه (كاتز و كان Ketz& Kahn) بأنه «تبادل المعلومات إرسال المعاني وهذا جوهر عمل المؤسسة ».

بينما يعرفه (كمال زيتون) بأنه «عملية تفاعل بين طرفين حول رسالة معينة، أي مفهوم أو فكرة أو رأي أو مهارة أو اتجاه إلى أن تصير الرسالة مشتركة بينهما »

ويعني ما سبق أن الاتصال في الإدارة التربوية هو تبادل للمعلومات والأفكار وفهمها من قبل المرسل والمستقبل، وهو –أي الاتصال- وسيلة إدارية تعمل على تنمية التفاعل بين الأفراد ونقل الأوامر والتعليمات والقرارات من مستوى الإدارة العليا (مدير المدرسة مثلا) إلى مستوى التنفيذ (المعلمين، الموظفين، الطلاب، أولياء الأمور) والعكس سواء بالطريقة غير اللفظية أو الشفهية أو الكتابية، وذلك بقصد إحداث تأثير في السلوك التنظيمي لأفراد المنظمة.

وتعود أهمية الاتصال إلى أنه يساعد المدير على القيام بوظائف الإدارة وأنشطتها عن طريق الاتصال مع رؤسائه ومرؤوسيه ومع زملائه في المدارس الأخرى، ويفيد المدير في معرفة شعور المرؤوسين نحو وظائفهم ورؤسائهم، ويعرف المرؤوسين بسياسات ونظم العمل وقواعده، ويساعد الاتصال في التنسيق بين الجهود المختلفة التي يقوم بها مختلف الأعضاء، ويفيد الاتصال في دراسة المشكلات المؤسسية واقتراح الحلول لها، ويطور العلاقة بين المنظمة التربوية والمجتمع المحلي، ويشجع المرؤوسين على تقديم الأفكار والمقترحات للمدير والتي تفيده في اتخاذ قراراته، ويعمل الاتصال على إحداث التغيير في سلوك الأفراد وتطوير الأداء وتحقيق أهداف المنظمة أو المؤسسة التربوية.

وتتكون عملية الاتصال من مرسل وهو شخص أو جماعة أو أي مصدر آخر، ورسالة وهي الغرض الذي يمكن صياغته في صورة سلوكية معلومات وأفكار وغيرها، وقناة الاتصال وهي أداة يتم بواسطتها نقل الرسالة من المصدر إلى المستقبل الذي ينبغي أن يمتلك مهارات الإصغاء والاستعداد لاستقبال الرسالة والتفكير السليم حتى يستقبل الرسالة ويفهمها كما قصدها المرسل، والتغذية الراجعة التي تساعد المرسل (المصدر) في التأكد من أن مضمون الرسالة قد تم فهمها بالشكل الصحيح.

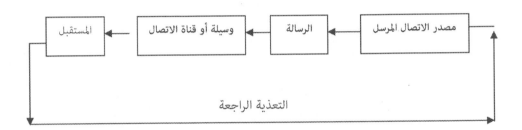

شكل (٢)

نموذج الاتصال الإداري التنظيمي

وهناك أكثر من اتجاه لسير الاتصال داخل المؤسات الرسمية، وتتحدد في ثلاثة اتجاهات هي:

<u>أ-الاتصالات من أعلى إلى أسفل:</u>

ويتضمن هذا النوع من الاتصالات الهابطة التعليمية التي تحدد السياسات والإجراءات والتطبيقات واجبة الاتباع، والتقارير المكتوبة الرسمية، والمعلومات والأفكار والأوامر والتوجيهات التي تتدفق من الرؤساء إلى المرؤوسين، وهذا الاتجاه الاتصالي أكثر الأنواع استخدامًا في المؤسسات التربوية ويتميز بالسرعة، ومن أكثر

الوسائل المستخدمة في هذا الاتصال الاجتماعات، لوحة الإعلانـات، التعليم والنـشرات الدوريـة واللقـاءات والمؤتمرات والندوات والمكالمات الهاتفية.

ويمكن تمثل هذا النمط الاتصال بالشكل التالي

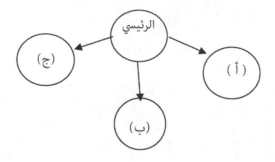

شكل (٣)

ومن عيوب هذا النمط الاتصالي عدم تمكن الرئيس من معرفـة استجابات مرؤوسيه نحو ما يلقيه من تعليمات ومعلومات وقرارات وغيرها، ويترتب على ذلك ضياع فرصة تعديل أساليب وطرائق العمـل في الوقت المناسب، ولهذا يفضل استخدام هذا النمط في أضيق الحـدود، وخاصـة إذا كـان المطلوب توصيل معلومات وأوامر محددة إلى المرؤوسين بسرعة.

ب-الاتصالات من أسفل لأعلى:

وترمـز هـذه الاتـصالات الـصاعدة إلى عمليـة إرسـال المعلومـات والآراء والأفكـار والمقترحات والشكاوى والتظلمات من المستويات الـدنيا (المرؤوسين) إلى المـستويات العليـا (الرؤساء) فيـزودهم بمعلومـات قيمـة أو تغذيـة راجعـة تتعلـق بمـا إذا كـان المرؤوسين فهموا الأوامر والتعليمات أم لا، كما يـزودهم بـشعور المرؤوسين نحو وظائفهم ورؤسائهم وعملهـم الـذي يقومـون بـه، وهـذه الاتـصالات تزيـد مـن دور المرؤوسين في المـشاركة في

العملية الإدارية وتفيد المدير في اتخاذ القرارات، ويمكن أن يتم هذا النمط الاتصالي من خلال صندوق الاقتراحات والشكاوى، الاجتماعات، سياسة الباب المفتوح، المقابلات المجدولة... الخ، ويمكن تمثل هذا الاتصال بالشكل التالي:

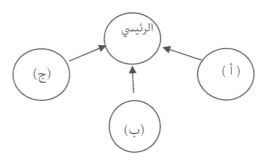

شكل (٣)

ج-الاتصالات الجانبية أو الأفقية:

ويعني هذا النمط الاتصالي انسياب الاتصالات بين الأقسام والأفراد على نفس المستوى الإداري، ويفيد هذا النوع من الاتصالات في التنسيق بين مختلف الوحدات الإدارية وتبادل المعلومات، كما يزيد من التواصل بين الزملاء في العمل ويعزز روح الفريق، ويعتمد هذا النوع من الاتصالات على المقابلات والأحاديث الشفهية.

د-الاتصالات متعددة الاتجاه:

يعتبر هذا النمط أكثر تطورًا وفاعلية من الأنماط السابقة، وهو من الرئيس لكل مرؤوس (من أعلى إلى أسفل) ومن المرؤوس للرئيس (من أسفل إلى أعلى)، وبين المرؤوسين بعضهم البعض الآخر (جانبي أو أفقي)، وهذا الاتصال يتيح فرص متعددة للتفاعل وتبادل الخبرات.

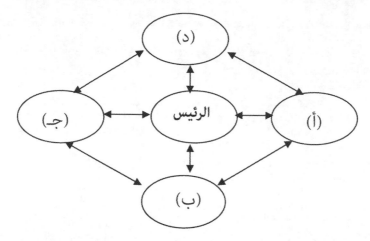

وبصفة عامة فإن الاتصال الرسمي الفعال في الإدارة التربوية يأخذ أشكالا مختلفة من الاتجاهات حسب الموقف الإداري، وعادة ما تكون قنوات الاتصال مفتوحة في كل الاتجاهات.

وتجدر الإشارة إلى أنه بجانب الاتصالات التنظيمية الرسمية التي تتم في إطار العمل ومتطلباته توجد الاتصالات التنظيمية غير الرسمية والتي تتم خارج إطار العمل، ومن مزاياها أنها توفر بيئة محفزة للعمل، ويمكن من خلالها التوصل لحلول الكثير من المشكلات التي يصعب حلها بالطرق الرسمية، ورغم هذا فالاتصال غير الرسمي قد يسبب التداخل في الأدوار التي تنعكس سلبًا على الأداء بالمنظمة [1].

٨-الرقابة: (Controlling)

هي عملية قياس مستويات الأداء وتوجيهها نحو الأهداف المرسومة، وبالتالي تتطلب وضع معايير محددة لقياس الأداء الفعلي والتأكد من أن الأنشطة تتحرك في المسار المخطط لها، أي مقارنة نتائج العمل (الإنجاز) بالمعايير الرقابية أو الأهداف المحددة في الخطة.

(١) خالد بن عبد الله بن دهيش وآخرون: الإدارة والتخطيط التربوي، أسس نظرية وتطبيقات عملية، مرجع سابق، ص (١٣٤).

وتتركز وظيفة الرقابة حول ضرورة التأكد بين مدى تحقيق الأهداف واكتشاف الانحرافات واتخاذ الإجراءات التصحيحية المطلوبة، قبل الوقوع في الخطأ وعند وقوعه تتم المتابعة المستمرة للإجراءات مرة ثانية.. وهكذا. .

وأيضًا تعني الرقابة الإشراف والمتابعة من سلطة أعلى بقصد معرفة كيفية مسير العمل والتأكد من أن الموارد المتاحة تستخدم وفق الخطة الموضوعة (1).

وهناك اختلاف بين التفتيش والرقابة، فالتفتيش يركز على دراسة وتحليل الأخطاء بعد وقوعها واستفحالها مما يدعو إلى التحقق والبحث عن الشخص الذي ارتكب الخطأ، وتوقيع الجزاء عليه، أما الرقابة فترمي إلى إجراء التصحيح قبل الوقوع في الخطأ إن أمكن وتختلف عن التفتيش اختلافًا جوهريًا (2)، لأنها تعني قياس وتصحيح نشاط المرؤوسين والتأكد من مطابقته للخطط المرسومة.

وأيضًا هناك علاقة وطيدة بين التخطيط والتنظيم كوظيفتان يختصان بوضع الأهداف وتنظيم العمل الرقابة فالتخطيط عملية سابقة للرقابة ولاحقة لها بمعنى أنه لا رقابة صحيحة بدون خطة تتضمن معايير تتم الرقابة في ضوئها، وغالبا ما تكون الأهداف المحددة في الخطة هي المعايير الواجب قياس الأداء عليها، ومقارنة الإنجاز بالمعيار المحدد، وتحديد حجم الانحراف عن المعيار، ومعرفة السبب الحقيقي للانحراف وتصحيحه، وذلك هو جوهر عملية الرقابة، كما يستطيع المدير أن يستفيد من نتائج الرقابة والتغذية المرتجعة عنها فيعدل خططه وتنظيمه للعمل بما يتلاءم والأوضاع التي تكشف عنها الرقابة.

---

(1) فؤاد الشيخ سالم وآخرون: المفاهيم الإدارية الحديثة، عمان: الجامعة الأردنية، ١٩٨٢م، ص (١٨٤).

(2) صلاح عبد الحميد مصطفى، فدوي فاروق: الإدارة والتخطيط التربوي، مقدمة في الإدارة والتخطيط التربوي، مرجع سابق، ص (١٣).

٩-التقويم :Evaluation

ويعني عملية إصدار الأحكام على مدى تحقيق العملية الإدارية لأهـدافها، والتعـرف عـلى نقـاط القوة ونقاط الضعف فيها والاستفادة من ذلك في تعزيز نقاط القوة ومعالجـة نقـاط الـضعف بقـصد تحـسين فعاليـات المنظومة الإدارية، ومن ثم تحقيق أهداف المنظمة.

وتجدر الإشارة هنا إلى أن الوظائف الإدارية التربوية ليست منفصلة عن بعضها بل هي مترابطـة ترابطًا وظيفيًا محكمًا في شكل حلقي دائري متصل ومستمر، ويوضح الشكل التالي هذا الترابط بين عناصر الإدارة التربوية.

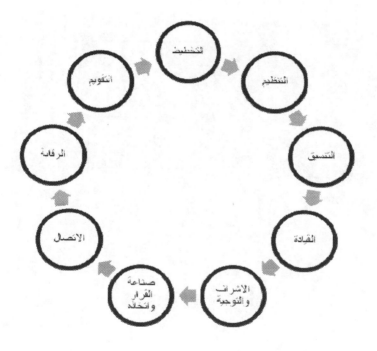

شكل (٦) وظائف أو عمليات الإدارة التربوية

وفيما يلي نموذج آخر يوضح وظائف أو عمليات الإدارة التربوية مع التركيز على وظائف المدير.

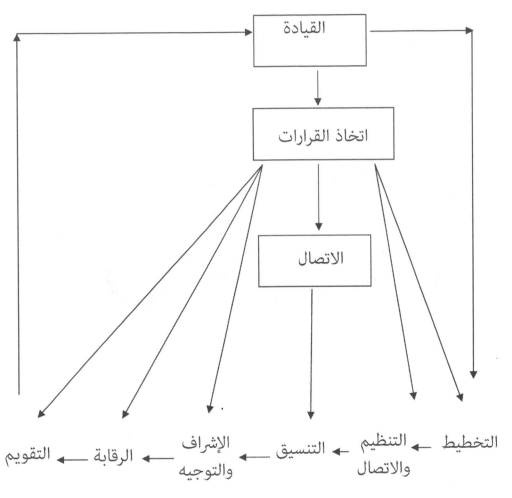

شكل (٧) وظائف أو عمليات الإدارة التربوية

وأيضًا تجدر الإشارة إلى أن الأهمية النسبية لوظائف الإدارة تختلف من مستوى إداري إلى آخر فوظيفة التخطيط والتنظيم والقيادة وصناعة واتخاذ القرار والاتصال تشغل معظم وقت الإدارة العليا أما الإدارة الوسطى الإشرافية، والدنيا التنفيذية. فتمارس وظيفة التنسيق والتوجيه والرقابة والتقويم بدرجة أكبر.

ويوضح النموذج التالي كيف تنفق المستويات الإدارية المختلفة أوقاتها في ممارسة وظائف الإدارة [1].

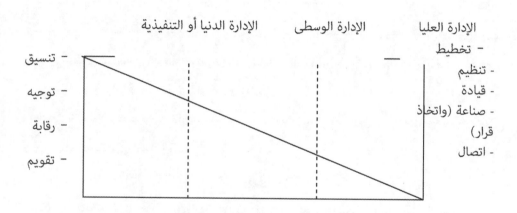

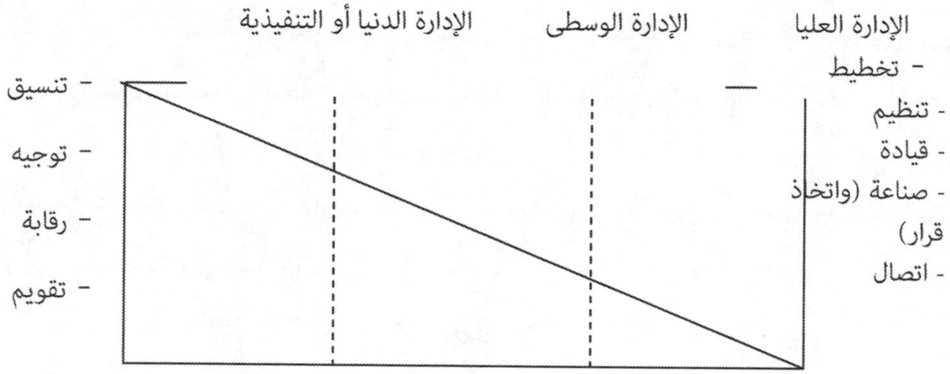

شكل (٨)

يبين كيفية إنفاق المستويات الإدارية أوقاتها

في ممارسة وظائف الإدارة التربوية

(١) جاري ديسلر: أساسيات الإدارة والمبادئ والتطبيقات الحديثة، مرجع سابق، ص (٣٤).

رابعًا-أنماط الإدارة التربوية:

يقصد بأنماط الإدارة التربوية «مجموعة الأساليب والممارسات التي يتبعها المدير حينما يوجه نشاط مرؤوسيه نحو هدف مشترك ».

وهناك تقسيمات متعددة للإدارة تختلف باختلاف مدى توزع السلطة أو رؤية الرئيس أو المدير للإدارة فقد يتمسك بكافة السلطات والصلاحيات الممنوحة له، ويركز على العمل دون الأفراد وسلوكه موجه نحو المهمة، ويتخذ القرارات بمفرده، ويعتمد على إيجاد الدافع [١] للعمل لدى موظفيه عن طريق ما يسمى بسلطة الجزاء، أو أنه يفوض كثير من سلطاته لمرؤوسيه ويهتم بالعمل، والأفراد معا، ويعتمد على إيجاد الدافع إلى العمل لدى مرؤوسيه على ما يسمى بسلطة الثقة المتبادلة المبنية على العلاقات الإنسانية الصحيحة، أو أنه يفوض جميع سلطاته وصلاحياته لمرؤوسيه، وسلوكه موجه نحو الأفراد، ويعتمد عليهم كلية في العمل [٢].

ويختلف نمط الإدارة التربوية أو المدير من منظمة (مدرسة) لأخرى تبعا لاختلاف القوى الثقافية التنظيمية المؤثرة، وعود العاملين وخبراتهم المهنية، ومقومات شخصية المدير وخبراته وفكره الإداري... وغير ذلك.

ومن هذه المنطلق فإن إدارة المؤسسات التربوية ذات أنماط متنوعة، وأن أي منظمة تتبع في إدارتها نمط يختلف عما تتبعه الأخرى، وعلى الرغم من تعدد أنماط الإدارة التربوية، فإنه يمكن تصنيفها أو تقسيمها وفق معيارين رئيسيين هما:

---

(١) هو إيجاد الرغبة لدى المرؤوسين لبذل الجهد لتحقيق الأهداف

(٢) صلاح عبد الحميد مصطفى: أساسيات الإدارة والتخطيط التعليمي، الرياض: مكتبة الرشد، (ب. ت) ص (٥٧).

أ-تصنيف الإدارة التربوية حسب درجة تركيز السلطات والصلاحيات وتوزيعها داخل التنظيم أو في مستويات المنظمة كافة، وأيضًا عملية اتخاذ القرار ووفق هذا المعيار تقسم الإدارة التربوية إلى ما يلي:

١- إدارة مركزية.

٢- إدارة لا مركزية.

١-الإدارة المركزية:

وتعني حصر كل السلطات والصلاحيات وتركيزها في يد شخص معين (مدير) يمثل المستوى الإداري الأعلى ويسمح بقدر ضئيل أو لا يسمح بتفويض السلطة إلى المستوى الأدنى (المرؤوسين) حسبما تقتضي الظروف، وهذا المدير أو المستوى الإداري الأعلى يملك وحده الحق في اتخاذ كافة القرارات بمعزل عن مستوى التنفيذ.

ويشيع تطبيق المركزية في المنظمات الصغيرة حيث أن حجمها يتيح الفرص لمن تركزت في يده السلطة إدراك أوجه النشاط كافة والإحاطة بمختلف العمليات، وعلى أن المركزية الإدارية قد توجد أيضًا في المنظمات الكبيرة وذلك حين تتركزالسلطة في مستويات الإدارة العليا [١].

ومن أبرز مزايا الإدارة المركزية ما يلي[٢]:

أ- تحقق فرصة الانتفاع بخبرات وقدرات أفراد الإدارة العليا في المنظمة التربوية (وزاة -كلية- مدرسة- فصل إداري...) في مختلف العمليات وكافة تقسيمات المنظمة.

---

(١) فؤاد الشيخ سالم وآخرون: المفاهيم الإدارية الحديثة، مرجع سابق، ص (١٣١).

(٢) إبراهيم إبراهيم سرحان، لميس محمد محمد حنفي: مبادئ الإدارة والتنظيم، القاهرة: المعهد الفني التجاري بشبرا، ١٩٨٦م، ص ص (١٨٧-١٨٩).

ب- تضمن تحقيق التنسيق الفعال بين جميع أوجه أنشطة المنظمة وتوفير وحدة إجراءات التنفيذ ووحدة السياسات في مختلف تقسيمات المنظمة، وبالتالي تعمل جميع أنشطة المنظمة في تجانس ووحدة في الجهد.

ج- وحدة الأمر وتعني أن الفرد أو الموظف لا يتلقى الأوامر بخصوص أمر ما إلا من رئيسه الأعلى فقط.

د- وحدة التوجيه وتعني أن الجهة التي تملك حق إصدار القرار هي أيضًا صاحبة الحق في إصدار الإرشادات وتوجيه الأداء الفعلي للمرؤوسين نحو الأهداف المحددة.

ه- سهولة تحديد المسئولية وقياس النتائج.

و- تحقق وحدة وفعالية المنظمة (المدرسة) التربوية.

ز- تخفف الإجراءات الرقابية على الوحدات الإدارية.

ح- تُزود المستويات الإدارية العليا بالقوة والمكانة.

<u>أما أبرز عيوب الإدارة المركزية فهي:</u>

- عدم تشجيع روح الابتكار والمبدأة بين المرؤوسين في المستوى الإداري الأدنى.
- بطء اتخاذ الإجراءات الكفيلة بحل مشكلة ما وذلك بسبب عدم مرونة المستوى الإداري الأعلى وضرورة رفع كافة الأمور إليه.
- عدم فهم المنفذين للقرارات التي تتخذها المستويات الإدارية الأعلى أو عدم قبولهم لها بسبب عدم المشاركة فيها.
- تعوق اتخاذ القرارات العاجلة في المواقف التي تستدعي قرارات سريعة.
- تقلل من أهمية دور المرؤوس.

وتجدر الإشارة هنا إلى أن درجة المركزية تتوقف على حجم العمل وعدد العاملين ومدى الإشراف والمنظور الزمني والبعد المكاني.

٢- الإدارة اللا مركزية:

وتعني تفويض أو دفع الكثير من السلطات والصلاحيات إلى المستوى الإداري الأدنى (المرؤوسين) وعدم تركيزها في المستوى الإداري الأعلى (المدير)، الذي يحتفظ بالجزء المتبقى من سلطاته وصلاحياته حتى يكون له حق مراقبة تصرفات مرؤوسيه وسلوكهم التنظيمي في الأمور المرتبطة بالسلطات والصلاحيات لهم، ويتم اتخاذ بعض القرارات في المستوى الإداري الأدنى القريب من مستوى التنفيذ الفعلي للأعمال، أو لرئاسة آخر فإن اتخاذ القرار ليس مقصورًا على المستويات الإدارية العليا.

هذا ويشيع استخدام اللا مركزية في المنظمات كلما ازدادت القرارات وأهميتها التي تتخذها المستويات الإدارية الدنيا، وأيضًا كلما زاد عدد الوظائف وأوجه النشاط التي تتأثر بالقرارات التي تتخذها المستويات الإدارية الدنيا.

وتجدر الإشارة هنا إلى أن خير من طبق اللا مركزية في العمل هو أمير المؤمنين عمر بن الخطاب، فهذا أبو عبيدة يستشيره في دخول الدروب خلف العدو، فكتب إليه عمر يقول: أنت الشاهد وأنا الغائب والشاهد يرى ما لا يرى الغائب، وأنت بحضرة عدوك وعيونك يأتونك بالأخبار فإن رأيت الدخول إلى الدروب صوابًا؛ فابعث إليهم السرايا [١].

مزايا الإدارة اللا مركزية:

تتلخص مزايا اللامركزية الإدارية فيما يلي:

- تُشجع على الابتكار والإبداع في المستويات الإدارية الدنيا.

- توفر قدرًا كبيرًا من الحرية في العمل التنفيذي.

---

(١) جمال ماضي: القيادة المؤثرة، القاهرة: دار التوزيع والنشر الإسلامية، ٢٠٠٦- ١٤٢٧ هـ ص ٢٨.

- تنمي القدرة على تحمل المسئولية في اتخاذ القرارات، وتؤهل بعض المرؤوسين لتولي وظائف إدارية أعلى في المستقبل.
- السرعة في اتخاذ القرارات بسبب مرونة الإدارة وعدم رفع كل الأمور إلى الإدارة العليا، وقصر المسافة بين مركز اتخاذ القرار وموقع التنفيذ.
- تزيد من رضا العاملين بالمنظمة نظرًا لاشتراكهم في عملية اتخاذ القرارات التي سيقومون بتنفيذها [(١)].
- وجود المحاسبة في كافة الأوقات.

عيوب الإدارة اللا مركزية:

من أبرز عيوب الإدارة اللامركزية ما يلي:

- لا تضمن تحقيق التنسيق بين كافة أوجه نشاط المنظمة من أجل الوصول إلى وحدة العمل من أجل تحقيق غرض مشترك.
- صعوبة تحديد المسئولية وقياس النتائج.

ومن هذا المنطلق فإن أي من النمطين له عيوبه ومزاياه، ويندر وجود أي منهما كاملاً ومنفردًا في التطبيق العملي، وأن هناك عوامل وظروف تنجح فيها الإدارة المركزية وأخرى تصلح لها الإدارة اللا مركزية وأن الإدارة التربوية الناجحة هي التي تعرف الدرجة المناسبة التي تحتاج إليها من كليهما وتتخير النمط الإداري التربوي المناسب للموقف الإداري، في ضوء طبيعة عملها وأهدافها والظروف البيئية التي تعمل بها [(٢)]، وتجمع بين مزايا النمطين في إدارة التنظيم.

(١) فؤاد الشيخ سالم وآخرون: المفاهيم الإدارية الحديثة، مرجع سابق، ص (١٣٢).
(٢) فؤاد الشيخ سالم وآخرون: المفاهيم الإدارية الحديثة، مرجع سابق ص (١٣٢).

ب-تصنيف الإدارة التربوية على أساس طريقة وأسلوب استخدام المدير للسلطة الممنوحة له (وهو التصنيف الشائع).

وقد درج الكتاب في الإدارة على استعمال هذا التصنيف في كتاباتهم منذ الدراسات التي أجراها على القيادة الإدارية وايت وليت (White & Lippitt) بإشراف كيرت ليفين (Kurtlewin) عام ١٩٣٨م [١].

ووفق هذا المعيار صنفت الإدارة إلى أربعة أنماط أساسية، هي:

١- الإدارة الأوتوقراطية Autocratic Management

٢- الإدارة الديمقراطية أو الشورية Democratic Management

٣- الإدارة التسيبية أو الفوضوية:

٤- الإدارة التسلطية أو الديكتاتورية Authortarian management

وتؤكد الممارسات الإدارية أن مدير المؤسسة التربوية يميل إلى ممارسة نمط إداري رئيسي من هذه الأنماط الثلاثة، في كثير من المواقف، اعتقادًا منه أنه النمط الذي يحفز المرؤوسين ويدفعهم للعمل لتحقيق أهداف محددة، وتتصف إدارته بهذا النمط، فضلاً عن اتباعه لنمط إداري (ثانوي) آخر بجانب النمط الأساسي عندما يستدعي الموقف ذلك، وسوف نتناول أنماط الإدارة التربوية وفق ما يلي:

٣-الإدارة الأوتوقراطية Autocratic Management

يعتبر المدير وفق هذا الأسلوب في الإدارة محور نشاط الجماعة ومركز الإدارة في وظائف أو عمليات الإدارة التربوية، ويتميز بمركزية السلطة، وعدم فسح المجال أمام المرؤوسين في المشاركة بعملية الإدارة، وينزع إلى السيطرة على المرؤوسين، وينفرد

---

(١)Dole Beach, Personnel: The Management of people at work (New yourk: Macmillan Publishing co., inc, ١٩٨٠ p ٤٧٨.

بتحديد السياسات والبرامج ، ويتخذ القرارات بمفرده، ويقرر ما يجب على المرؤوسين عمله، ويقومون بالتنفيذ بعد الرجوع إليه في كل كبيرة وصغيرة [١] ليوجههم إلى ما ينبغي فعله، وما يجب عليهم اتباعه ضمن قواعد وضوابط معينة، وذلك دون أن يتيح لهم فرصة المشاركة أو إبداء الرأي فيما يتعلق بهذه الأمور، ولذلك يطلق على هذا النمط الإداري مسمى الإدارة الفردية أو الإدارة الموجهة Directive Management للعمل على حساب الأفراد أو العلاقات الإنسانية.

ويعتمد السلوك التنظيمي لهذا النمط من المديرين (الموجه للعمل) على السلطة الرسمية التي يستمدها من مركزه الوظيفي، ومن قدرته على المحاسبة وتوقيع الجزاءات [٢] وحق إصدار الأوامر والتعليمات واستخدامها كأداة تحكُم وسيطرة على مرؤوسيه لإجبارهم على إنجاز العمل وتحقيق الهدف [٣] أي أن السلطة الرسمية (القوانين واللوائح) مركز قوته وتأثيره على مرؤوسيه ويغفل السلطة غير الرسمية التي تعتمد على قوة تأثيره الشخصية واستمالة مرؤوسيه من خلال الحوافز، وبالتالي يكون قد فقد نصف قوته الإدارية [٤] ويستند هذا النمط الإداري على ما تشير إليه نظرية (×) التي تشير إلى أن الفرد العامل بطبيعته كسول وغير طموح ويكره المسئولية، ويفضل أن يُقاد ولهذا السبب يجب إجباره على العمل باستعمال مبدأ العقاب والثواب معه لحفزه على العمل.

---

(١) فؤاد الشيخ سالم وآخرون: المفاهيم الإدارية الحديثة، عمان: شركة دار الشعب، ١٩٨٢م، ص (١٤٢).

(٢) جاري ديسلر: أساسيات الإدارة (المبادئ والتطبيقات الحديثة) ترجمة عبد القادر محمد عبد القادر، الرياض: دار المريخ للنشر، ٢٠٠٢م، ص (٤٥).

(٣) نواف كنعان: القيادة الإدارية، الرياض: دار العلوم للطباعة والنشر، ط ٢ -١٩٨٢، (١٢٢).

(٤) محمد منير مرسي: الإدارة التعليمية (أصولها وتطبيقاتها)، مرجع سابق، ص (٦٨)

ومن هذا المنطلق فإن هذا النمط من المديرين يرى أن الإدارة ما هي إلا عملية ضبط السلوك التنظيمي للمرؤوسين والسيطرة التامة على جمع تصرفاتهم والتحكم فيهم وإقناعهم بما يريد منهم أن يعملوه وكيف ينفذونه [١] وأيضًا يقوم بكل أعمال التفكير والتخطيط والتنظيم وما على مرؤوسيه سوى التنفيذ [٢]، وذلك باستخدام كثير من الأساليب المرتبطة بالقيادة الإيجابية من خلال الإطراء والثواب والعقاب ليضمن ولاء مرؤوسيه في تنفيذ قراراته، كما أنه يركز الرقابة الشديدة والإشراف المستمر لعدم ثقته في العاملين معه والمدير هنا يفهم السلطة على أنها أداة ضغط وتهديد لتأدية الأعمال المطلوبة من المرؤوسين، ويرى بعض المختصين في الإدارة أن هذا الأسلوب الإداري يمكن اتباعه مع الأفراد حديثي العهد بالعمل.

ويمكن وصف المدير الأوتوقراطي بأنه نشيط وفعال ويشتغل بكثرة وبجد، وبالرغم من مركزية السلطة لديه إلا أنه ليس متسلطًا على مرؤوسيه كالمدير التسلطي أو الديكتاتوري.

وتشير الدراسات الإدارية إلى أن المديرين الذين يطبقون هذا النمط الإداري لا يستخدمون جميعا السلطة الممنوحة لهم بنفس الدرجة بل يتفاوتون في ذلك، فمنهم المدير الأوتوقراطي المتسلط [٣]، (وسوف نتحدث عنه لاحقًا) ومنهم المدير الأوتوقراطي العادل، وهناك أيضًا ما يسمى المدير (اللبق) ويتميز بحسن لباقته في تعامله مع

(١) يعقوب نشوان: الإدارة والإشراف- التربوي بين النظرية والتطبيق، عمان: دار الفرقان، ١٩٨٢، ص (٩١).

(٢) فؤاد الشيخ سالم وآخرون: المفاهيم الإدارية الحديثة، مرجع سابق، ص (١٤٢).

(٣) محمد منير مرسي: الإدارة التعليمية (أصولها تطبيقاتها)، القاهرة، عالم الكتب، ١٤٠٤هـ/ ١٩٨٤م، ص (٢٨).

مرؤوسيه [1].

ومن أبرز الخصائص والصفات التي يتسم بها المدير التحكمي أو الأوتوقراطي كما جاءت في الأدب الإداري المعاصر تتضح في الشكل التالي:

(١) خالد بن عبد الله بن دهيش: الإدارة والتخطيط التربوي (أسس نظرية وتطبيقات عملية)، الرياض: مكتبة الرشد، ١٤٣٠هـ- ٢٠٠٩م، ص(١٠٤).

شكل رقم (٩)

أهم صفات السلوك التنظيمي للإدارة

التحكمية أو الأوتوقراطية

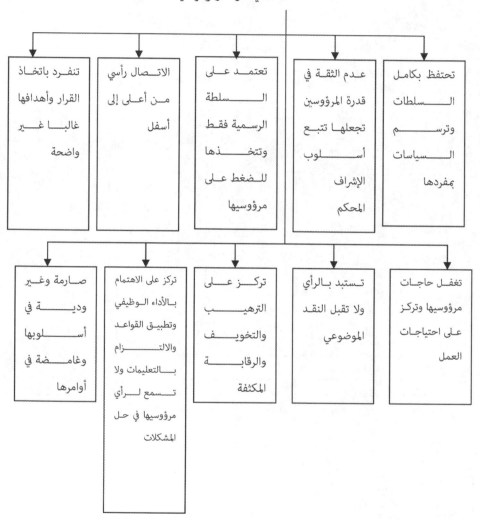

وبعد المراجعة المتفحصة لما جاء في كتابات المتخصصين في الإدارة التربوية تبين أن هذا النمط الإداري التحكمي يحقق نتاجات إدارية تؤثر في المنظمة والعاملين فيها، وأهم هذه النتاجات كما جاءت في الفكر الإداري المعاصر، يوضحها الشكل التالي.

شكل رقم (١٠)

أهم نتاجات السلوك التنظيمي للإدارة
التحكمية الأوتوقراطية

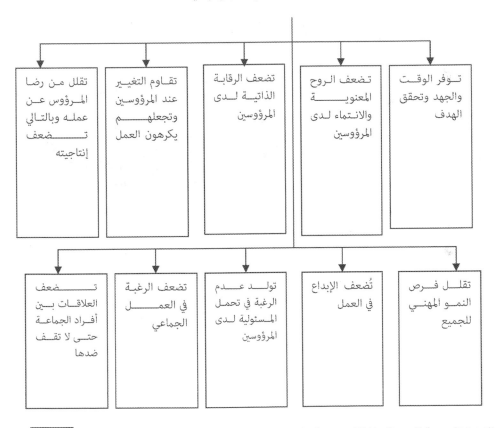

وتجدر الإشارة هنا إلى أن الدراسات الإدارية الحديثة تشير إلى أن اتباع مدير المدرسة لهذا النمط الإداري التحكمي يلحق الضرر بالمنظمة التربوية ويعوق نمو أفرادها[١]، ولا يحقق التوازن بين احتياجات المنظمة وأهدافها وبين احتياجات الفرد من المنظمة الذي يقوم على أساس تلبية حاجاته النفسية والاجتماعية والاقتصادية وإشباع رغباته حتى تحقق المنظمة الأهداف المحددة لها[٢]، فضلاً عن أن المعلمين سيميلون إلى اتباع هذا النمط الإداري مع طلابهم متأثرين بأسلوب مديرهم وهذا يتعارض مع ما جاءت به الإدارة الإسلامية والإدارة الحديثة، ولا يحقق الجودة الشاملة في التربية المدرسية.

٤-الإدارة الديمقراطية Democratic Management

يطلق عليه أحيانًا بالإدارة التشاركية (Participative Management) أو إدارة الفريق (Team Management)، ويتصف هذا النمط السلوكي في الإدارة بجعل المدير والمرؤوسين في مركز دائرة النشاط الإداري، ويؤدي كل منهم دوره في العمليات أو الوظائف الإدارية، والمدير وفق هذا النمط يثق في مرؤوسيه ، ويستند هذا السلوك التنظيمي للمدير على مبادئ الفلسفة التقدمية أو نظرية (Y) التي تنظر للإنسان على أنه إيجابي بطبيعته ويحب العمل وتحمل المسئولية وبذل الجهود لتحقيق الأعمال المطلوبة، وينبغي الثقة فيه واحترام شخصيته واعتباره غاية في ذاته، ومن هنا فإن السلوك التنظيمي للمدير الديمقراطي يوجه الاهتمام نحو المرؤوسين (المعلمين، الموظفين، الطلاب) والعمل على تلبية حاجاتهم وإشباع رغباتهم، وبالتالي يوازن بين احتياجات المنظمة من الفرد واحتياجات الفرد من المنظمة،ويعني ذلك أن الإدارة

(١) جاري ديسلر: أساسيات الإدارة (المبادئ والتطبيقات الحديثة) مرجع سابق، ص (٤٦).
(٢) سيد الهواري: الإدارة بالأهداف والنتائج، مرجع سابق، ص (١١-١٢).

الديمقراطية تقوم على ثلاث ركائز أساسية تتمثل في العلاقات الإنسانية، والمشاركة في اتخاذ القرارات والإشراف العام، ويشير الأدب الإداري إلى أهم خصائص وصفات السلوك التنظيمي للمدير الديمقراطي والتي يوضحها الشكل التالي

شكل رقم (١١)

أهم خصائص وصفات السلوك التنظيمي

للإدارة الديمقراطية

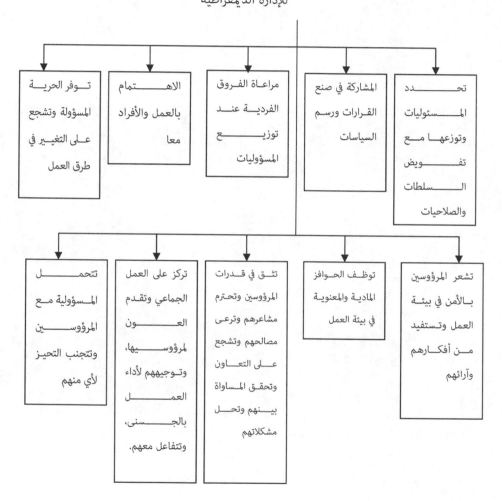

تحدد المسئوليات وتوزعها مع تفويض السلطات والصلاحيات
المشاركة في صنع القرارات ورسم السياسات
مراعاة الفروق الفردية عند توزيع المسؤوليات
الاهتمام بالعمل والأفراد معا
توفر الحرية المسؤولة وتشجع على التغيير في طرق العمل
تشعر المرؤوسين بالأمن في بيئة العمل وتستفيد من أفكارهم وآرائهم
توظف الحوافز المادية والمعنوية في بيئة العمل
تثق في قدرات المرؤوسين وتحترم مشاعرهم وترعى مصالحهم وتشجع على التعاون وتحقق المساواة بينهم وتحل مشكلاتهم
تركز على العمل الجماعي وتقدم العون لمرؤوسيها، وتوجيههم لأداء العمل بالحسنى، وتتفاعل معهم.
تتحمل المسؤولية مع المرؤوسين وتتجنب التحيز لأي منهم

وتشير الدراسات الإدارية ومنها الإدارة التربوية [1] إلى أن النمط الإداري الديمقراطي لـه نتاجـات إدارية، ينعكس أثرها على المنظمة التربوية والعاملين فيها، وأهم هذه النتاجات يوضحها الشكل التالي.

(١) محمد منير مرسي: الإدارة التعليمية (أصولها وتطبيقاتها) مرجع سابق، ص (٨١)

-    مختار حمزة، سمية علي خليل: السلوك الإداري، جدة: دار المجمع العلمي، ١٣٩٨هـ- ١٩٧٨م، ص (١٦٩).

-    محمود عبد القادر علي فرازة: نحو إدارة تربوية واعية، بيروت: دار الفكر اللبناني، ١٩٨٧م، ص (٣٤).

-    أحمد بلقيس: إدارة الصف وحفظ النظام فيه (المفاهيم والمبادئ والممارسات)، عمان: الرئاسة العامة لوكالة الغوث الدولية، ١٩٨٧م، ص (١٢).

-    صلاح الدين جوهر: مقدمة في إدارة وتنظيم التعليم، مرجع سابق، ص (٥٩- ٦٠).

شكل (١٢)

أهم نتاجات السلوك التنظيمي للإدارة

الديمقراطية

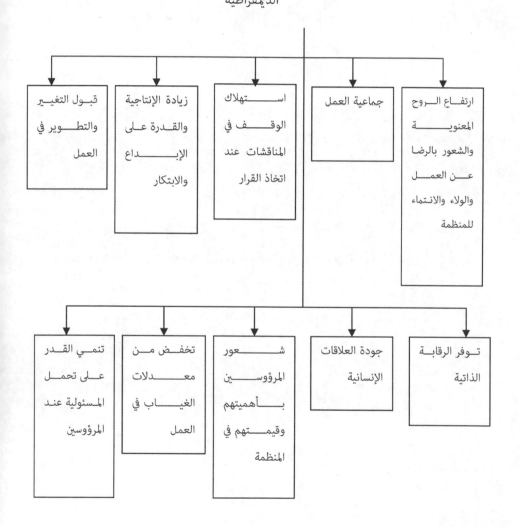

ويكون التساؤل هنا ما هو موقف الفكر الإداري المعاصر من هذا النمط الإداري؟ وللإجابة على هذا التساؤل نقول:

لقد توصلت الدراسة التي أجراها (هويو، مايسكيت) في الإدارة إلى أنه كلما اتسع المجال في إتاحة الفرصة للمرؤوسين للمشاركة في صناعة القرارات، كلما كانت صائبة، وكلما زاد تأييدها من جانبهم، ومن ثم المشاركة بمعنويات مرتفعة وحماس في التنفيذ [١]، ويصبحون أكثر مسؤولية وإنتاجية في العمل [٢]، وتسود العلاقات الإنسانية بينهم.

بينما أشار (جاري ديسلر) إلى أن المرؤوسين عندما يشتركون في تطوير طريقة جديدة للعمل، فإن الأداء يكون أيسر مما لو تم التطوير بدون المشاركة، كما أشار إلى أن الإدارة التشاركية تركز على خفض التوتر وتجعل الوظيفة أكثر بهجة، وتعتقد أن جعل كل فرد سعيدًا يُعد في أهميته بنفس أهمية التركيز على الإنتاج [٣].

أما (جريفث) فيرى أن مدير المدرسة الناجح هو المدير الذي يتبع النمط الإداري الديمقراطي (الشورى) في إدارة المدرسة ويعمل على حل مشاكل العاملين ويعطي سلطات للآخرين [٤].

بينما تشير الدراسات التي قامت بها (جامعة أوهايو) إلى أن الإدارة الديمقراطية أو التشاركية تتمثل في تلك الإدارة القادرة على الاحتفاظ بعضوية الجماعة وتحقيق

---

(١) Hoy Wayne. K& cell Misket, Educatinal Administration Theory & Research and practice, New York: Random House, ١٩٧٨, P. ٢٣٠- ٢٤٥

(٢) Jack Mcouaiq How to Motivate Men (New Yorki Fredreick Fell, inc, ١٩٧٦) P. ٤٩

(٣) جاري ديسلر: أساسيات الإدارة (المبادئ والتطبيقات الحديثة)، مرجع سابق، ص ص (٥٤١-551)

(٤) محمد منير مرسي: الإدارة التعليمية (أصولها وتطبيقاتها) مرجع سابق، ص (٨١).

أهدافها من خلال قدرتها على التفاعل مع المرؤوسين وهو الأمر الـذي لا يتـوفر لـلإدارة الأوتوقراطيـة أو التسيبية [1].

وعلى الرغم من بعض العيوب التي تلحق بهذا النمط (استهلاك الوقت في المناقشات، بعض العاملين يفضلون تلقي الأوامر) فإن المختصين يعتبرونـه أكـثر الأسـاليب الإدارية فعالية [2] والمـديرون في المنظمات التربوية ينبغي عليـهم اتباعـه لإحداث التغيير والتطوير وتحقيق الجـودة الـشاملة في التربيـة والتعليم.

ولقد فرض الإسلام اتباع هذا النمط الإداري فقال سبحانه وتعالى: (وَالَّذِينَ اسْتَجَابُوا لِرَبِّهِمْ وَأَقَامُوا الصَّلَاةَ وَأَمْرُهُمْ شُورَى بَيْنَهُمْ وَمِمَّا رَزَقْنَاهُمْ يُنفِقُونَ {٣٨/٤٢}) [الشورى: ٣٨] وكما قال سبحانه ﴿ وَشَاوِرْهُمْ فِي الْأَمْرِ ﴾[آل عمران: ١٥٩].

وكان الرسول صلى الله عليه وسلم والصحابة والخلفـاء الراشـدون يطلبـون المـشورة مـن أهـل الرأي من الصحابة وفي الأمور التي لا يوجد فيها نص قطعي في القرآن الكريم أو السنة النبوية المطهرة.

وقد جاء هذا التوجيه الإلهي ليجعل مـن النمط الـشوري (الـديمقراطي) أسـلوبًا إداريًا ينبغـي اتباعه اتخاذ القرارات ورسم السياسات، وتحديد البرامج ووضع الخطط التعليمية [3].

---

(١) جون فينفر، فرانك سيروود: التنظيم الإداري، ترجمة محمد توفيق رمزي، القاهرة: مكتبة عين شمس، ١٩٨٢م، ص ص (٤٠٠-٤٠١).
(٢) جاري ديسلر: أساسيات الإدارية (المبادئ والتطبيقات الحديثة) مرجع سابق، ص (٥٥١).
(٣) صلاح عبد الحميد مصطفى، نجاة عبد الله النابة: الإدارة التربوية، مفهومها، نظرياتها، وسائلها) جبي: دار القلم، ١٤٠٦هـ/ ١٩٨٦م، ص (٥٩).

٥-الإدارة التسيبية أو الفوضوية: (Laissez faire)

يقوم هذا النمط على المركزية المطلقة للمرؤوسين (المعلم/ الموظف/ المرشد الطلابي/ وغيرهم)، والمدير في ظل هذا النمط من الإدارة يتنازل لمرؤوسيه عن سلطة اتخاذ القرارات، و يقوم عادة بتوفير المعلومات لمرؤوسيه، ويترك لهم حرية التصرف في العمل دون أي تدخل منه، كما أنه لا يتابع أي عمل حتى لو كان هذا العمل في غاية الأهمية، ويستند النمط التسيبي في توجيه وقيادة الآخرين على ما يسمى بالفلسفة الطبيعية التي ترى أن الإنسان خير بطبعه ويميل للعمل وتحمل المسئولية، وأن الأصل في الإنسان حريته وليس اجتماعيته، وأن القواعد والنظم ما هي إلا عوائق مصطنعة تحول دون نموه الطبيعي، ولذلك فإن المدير التسييبي -وفق هذه الفلسفة- يترك للمؤوسين حرية العمل والنشاط ويقلل من الأوامر والنواهي، ولا يميل في كثير من الأحيان إلى تطبيق القوانين والقرارات واللوائح المنظمة للعمل، ويترك اتخاذ القرار للمرؤوسين، ولذلك فإن تأثيره في سلوك الأفراد محدود.

ويشير الفكر الإداري المعاصر إلى أن أهم خصائص وصفات السلوك التنظيمي للإدارة التسيبية، هي:

شكل (١٣)

أهم خصائص وصفات السلوك التنظيمي

للإدارة التسيبية

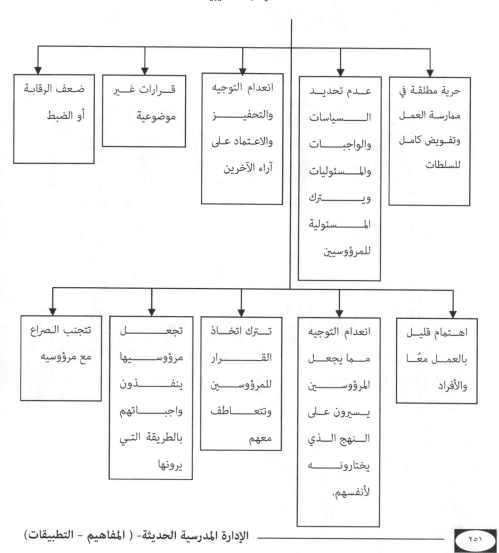

وتشير الدراسات الإدارية إلى أن النمط الإداري التسيبي يحقق نتاجـات إداريـة وتنظيميـة تـؤثر

على المنظمة التربوية والعاملين فيها، ومن أهم هذه النتاجات ما يلي [1]:

شكل (١٤)

أهم نتاجات السلوك التنظيمي للإدارة

التسيبية

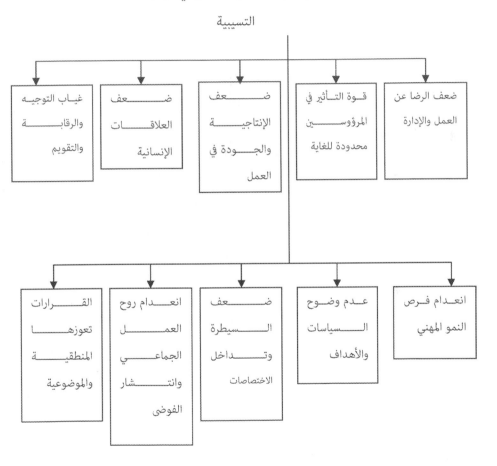

(١) انظر في ذلك، ذكي محمود هاشم: الجوانب السلوكية في الإدارة، مرجع سابق، ص (٢٥٠).

ويصبح التساؤل هنا ما هو موقف الفكر الإداري المعاصر من هذا النمط الإداري؟

لقد كشفت بعض الدراسات الإدارية عن الآثار السلبية التي تترتب على ممارسة المدير لهذا النمط الإداري واعتبرته نمط غير مرغوب فيه لأن تأثيره على سلوك الأفراد محدود، ولا يحقق أهداف المنظمة ومن هذه السلبيات أن الفرد الذي يعمل بحرية مطلقة لا يكون مسرورًا دائمًا في عمله، لأن الحرية المطلقة تؤدي إلى نتائج سيئة تنعكس على الآخرين من زملاء العمل وتؤدي إلى تفكك المجموعة وفقدان روح العمل الجماعي التعاوني [١].

ويعاب على هذا النمط من الإدارة أنه نوع من أنواع الإدارة السائبة التي تشجع على التهرب من المسئولية ويشوبها القلق والتوتر [٢]..

وقد بين (فيدلر) أن الإدارة أن الإدارة التسيبية تكون ناجحة وفعالة في حالة العمل الرويتيني [٣] وأن هذا النمط يحقق النجاح عندما يكون مرؤوسيه ذوي مستويات عقلية وعلمية عالية، ويتمتعون بخبرة كبيرة في العمل كما في مؤسسات الأبحاث والجامعات [٤]، وقد يكون هذا الأسلوب الإداري أفضل مع الشخصيات. ذات النزعة الفردية الذين يحبون العمل بمفردهم وينتجوا إذا تركت لهم الحرية في العمل، ويقل إنتاجهم إذا أرغموا على العمل وسط فريق أو جماعة [٥].

(١) نواف كنعان: القيادة في الإدارة التربوية، مرجع سابق، ص (٢١٠).
(٢) عبد الله السيد عبد الجواد: الإدارة التربوية والتخطيط التربوي، مرجع سابق، ص (٨٩).
(٣) نواف كنعان: القيادة في الإدارة التربوية، مرجع سابق، ص (٢٣٤).
(٤) فؤاد الشيخ سالم وآخرون: المفاهيم الإدارية الحديثة، مرجع سابق، ص (١٤٤).
(٥) إبراهيم عباس الزهيري: الإدارة المدرسية والصفية- منظور الجودة الشاملة، مرجع سابق، ص (٣٦١).

٦-الإدارة التسلطية أو الديكتاتورية: Authoritarian Management

يتميز المدير التسلطي، بالمركزية العالية والسلطة المطلقة ، ويقوم بإنجاز أعماله من خلال التأثيرات السلبية كالتهديد والإجبار واستعمال مبدأ التخويف، وهو دائما يهدد مرؤوسيه ويحفزهم بالثواب والخوف والإكراه والعقاب وخوفًا من العقاب يسلك المرؤوسون سلوكًا معينا لإرضاء ذلك المدير الذي لا يسمح بمشاركة المرؤوسين في اتخاذ القرارات وكذلك يعطيهم الأوامر الصارمة التي ينبغي عليهم اتباعها بدقة. ومن هنا يمكن وصفه بأنه استغلالي متسلط على مرؤوسيه [١].

وأيضًا فإن النمط الإداري المتسلط يرغب أن يؤدي المرؤوسين العمل بطريقته هو وحسب رغبته،وأنه يقول أكثر مما يستمع، وأنه عدواني في مواقف التحدي [٢].

وتجدر الإشارة هنا إلى أن خصائص وصفات ونتاجات السلوك التنظيمي للمدير التسلطي تشبه إلى حد كبير خصائص وصفات ونتاجات السلوك التنظيمي للمدير الأوتوقراطي ولذلك لا داعي لتكرارها.

جدول (١)

مقارنة بين الأنماط الإدارية التربوية (المديرين) الأربعة في بعض المفردات الإدارية

المجال	النمط الأوتوقراطي أو التوجيهي	النمط الديمقراطي أو التشاركي	النمط التسيبي أو الفوضوي	النمط التسلطي أو الدكتاتوري
(١)التركيز	التمركز حول المدير	التمركز حول الجماعة	التمركز حول الفرد	التمركز الشديد حول المدير

(١) فؤاد الشيخ سالم وآخرون: المفاهيم الإدارية الحديثة، مرجع سابق، ص (١٤٢).

(٢) محمد منير مرسي: الإدارةالتعليمية(أصولها وتطبيقاها)، مرجع سابق، ص ٣٨.

المجال	النمط الأوتوقراطي أو التوجيهي	النمط الديمقراطي أو التشاركي	النمط التسيبي أو الفوضوي	النمط التسلطي أو الدكتاتوري
(٢)القرارات	يتخذ المدير غالبيتها	يشارك التابعين فيها	يتخذ الأفراد غالبيتها	يتخذها المدير بمفرده
(٣) الاتصال	ذو اتجاه واحد	ذو اتجاهين	اتصال مفتوح وحر	ذو اتجاه واحد
(٤)التوجيه	يعتمد على السلطة الرسمية ويتركز حول المهام	يعتمد على السلطة غير الرسمية ويتركز حول المهام والأفراد	انعدام التوجيه إلى حد كبير	يعتمد على السلطة الرسمية ويتركز حول المهام
(٥)الاستقلالية في العمل	محدودة للغاية	تتوفر بقدر كبير	تتوفر بقدر كبير جدًا	محدودة للغاية
(٦)الرقابة	مكثفة	متوسطة	منعدمة إلى حد ما	مكثفة جدا
(٧)تفويض السلطة	لا يفوض سلطاته لمرؤوسيه	يفوض بعض سلطاته	يفوض كافة سلطاته لمرؤوسيه	لا يفوض سلطاته لمرؤوسيه
(٨)قوة التأثير	يعتمد على المركز الوظيفي	تعتمد على المكانة بين المرؤوسين وقبولهم لها	منعدمة إلى حد كبير	تعتمد على المركز الوظيفي
(٩)العلاقات	ضعيفة	قوية	منعدمة	ضعيفة جدا

المجال	النمط الأوتوقراطي أو التوجيهي	النمط الديمقراطي أو التشاركي	النمط التسيبي أو الفوضوي	النمط التسلطي أو الدكتاتوري
الإنسانية				
(١٠)المسئولية	يتحملها المدير بمفرده	يتحملها المدير والمرؤوسين معًا	يتحملها كل فرد في الجماعة	يتحملها المدير بمفرده
(١١)مركز الاهتمام	العمل	العمل والأفراد	لا يوجد	العمل
(١٢)الإنتاجية	عالية في وجود المدير	عالية في وجود المدير وفي غيابه	ضعيفة	عالية في وجود المدير
(١٣)دور المدير	يقدم التوجيه	يشرك الجماعة	يقدم مصادر الاستقلال الداعمة للأداء الفردي	يقدم التوجيه
(١٤) دور التابعين	الطاعة والتبعية	التعاون والمشاركة	الاستقلال والأداء الفردي	-الطاعة والتبعية الشديدة
(١٥)شعور التابعين	اهتمام قليل بشعور التابعين	شعور التابعين يؤخذ في الاعتبار	اهتمام كبير بشعور التابعين	اهتمام قليل جدا بشعور التابعين

ويصبح التساؤل هنا أي الأساليب الإدارية (الأوتوقراطية - الديمقراطية- التسيبية- الاستبدادية) أفضل من الآخر لإدارة المنظمة.

وللإجابة على السؤال نقول لقد ظهرت نظرية إدارية حديثة هي نظرية الموقف (لفيدلر) وتشير إلى أن قدرة المدير على ممارسة التأثير تتوقف على ظروف جماعة العمل

وسلوكه التنظيمي، وأن المدير الفعال هو من يستطيع تكييف أسلوبه ليتناسب مع مجموعة معينة وفي وقت معين وفي ظل ظروف محددة [١]، فعلى سبيل المثال عندما يحدث حريق في المدرسة ينبغي على مدير المدرسة أن يتصرف بحزم، وبسرعة لمواجهة الموقف دون انتظار لعقد لجان أو استشارة المرؤوسين؛ فليس هناك وقت لذلك والموقف لا يحتمل الانتظار أو التسويف، ويعني ذلك أن النمط الإداري يكون ناجحًا عندما يتواءم مع طبيعة الموقف الإداري [٢].

وقد حددت النظرية إمكانية استخدام أي من هذه الأنماط أو جميعها اعتمادًا على علاقة المدير بتابعيه، ومدى تقبلهم له، وتحديد المهام الوظيفية للمدير، ودرجة قوته الوظيفية والقيم التي يؤمن بها، ومدى شعوره بالأمن، ومدى توافر النزعة الاستقلالية عند تابعيه وقدرتهم على التعامل مع المشاكل، ومدى معرفتهم وكفاءتهم في العمل، وهذه العوامل مجتمعة أو منفردة هي التي تحدد استخدام النمط أو الأسلوب المناسب، فيمكن للمدير في ظل موقف معين أن يكون مستبدًا مع مجموعة، ومع مجموعة أخرى أو في موقف آخر مع نفس المجموعة يتبع النمط الديمقراطي أو التشاركي وهكذا.

ويبين الشكل (١٥) التالي اتجاه التأثير بين المدير وتابعيه وفقا للأساليب الإدارية الأربعة الأوتوقراطية، التسلطية، الديمقراطية، التسيبية.

(١) إبراهيم عبد الله المنيف: تطور الفكر الإداري المعاصر، مرجع سابق، ص (٥٤).

(٢) عبد الصمد الأغبري: الإدارة المدرسية (البعد التخطيطي والتنظيمي المعاصر، مرجع سابق، ص (١١٧).

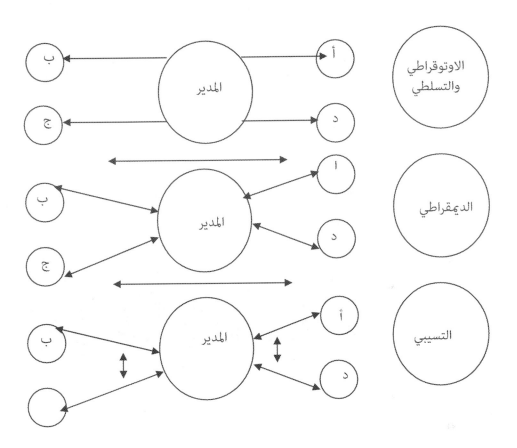

شكل (١٥)

وتجدر الإشارة هنا إلى أنه لا توجد خطوط فاصلة تمامًا بين الأنماط الإدارية الثلاثة، وبالتالي يمكن أن ينتقل المدير (Manger) الناجح من نمط لآخر وفقًا لظروف الموقف ونوعية جماعة العمل والأهداف المراد تحقيقها من خلال الموقف.

الفصل السابع

التخطيط التربوي والتعليمي وخطواتهما

أولا: أهداف الوحدة الدراسية:

بعد دراسة هذه الوحدة ينبغي أن يكون المتعلم قادرا على:

١- تعريف كل من:

أ-   التخطيط التعليمي.

ب-   الخطة التعليمية.

٢- تصنيف الخطط وفق المدى الزمني.

٣- يوضح موقف الإسلام من التخطيط.

٤- يفرق بين التخطيط التربوي والتخطيط التعليمي.

٥- مناقشة أهمية التخطيط التعليمي.

٦- يشرح العلاقة بين السياسة التعليمية والتخطيط التعليمي.

٧- يُعدد (مع الشرح) خطوات التخطيط التعليمي.

٨- يعدد الأسباب التي تبرر ضرورة التخطيط الاستراتيجي.

ثانيا : تتضمن هذه الوحدة ما يلي:

١- مفهوم التخطيط.

٢- الفرق بين التخطيط التربوي والتخطيط التعليمي.

٣- التخطيط التعليمي.

٤- أهمية التخطيط التعليمي.

٥- خطوات التخطيط التعليمي:

أ- مرحلة إعداد الخطة.

ب- مرحلة تنفيذ ومتابعة الخطة.

ج- مرحلة التقويم والتغذية الراجعة.

يعني تقيم الخطة (الحكم على مدى نجاح الخطة أو فشلها في تحقيق الأهداف التي كانت موضوعة لها) [1]، ويهدف إلى التعرف على المشكلات ومواجهتها ويستفاد منه في تصحيح المسار أو التعديل عندما يتطلب الأمر ذلك، ويتم التقويم في ضوء الأهداف العامة والتفصيلية للخطة التي حددها القائمون بعملية التخطيط وبعد تحديد النتائج التي تحققت والمعرفة الدقيقة لمستويات الأداء المحدد –في الخطة- والتكلفة المالية والفترة الزمنية، ولما كانت الخطة تتضمن إحداث تغييرات كمية وكيفية فإن تقويم الخطة يجب أن يمتد ليشمل فترة أطول من المحددة لتنفيذها، فالنتائج الكيفية عادة ما تتطلب مدة أطول من النتائج الكمية لتحديد وقياس نتائجها [2].

ويستفاد من نتائج التقويم –التغذية الراجعة- عند وضع مشروع خطة جديدة للتعليم تكون أكثر واقعية وقابلية للتنفيذ باستخدام الوسائل والإمكانات المتاحة وأكثر قدرة على تلبية حاجات المجتمع من التعليم في الوقت الحالي وفي المستقبل، وتراعي متطلبات العصر، أو تعديل الأساليب والإجراءات في الخطة الحالية تجنبًا لما يسمى بالهدر التربوي المادي والبشري.

ولما كانت عملية التربية والتعليم تستغرق وقتًا طويلاً ولا تظهر آثارها إلا بعد فترة زمنية طويلة، لذلك فإن تقويم الخطة التعليمية يتم بعد تنفيذ جميع مراحلها، ويتم أيضًا أثناء تنفيذ الخطة، باعتبار التقويم عملية مستمرة تسير جنبًا إلى جنب مع تنفيذ الخطة.

---

(١) سميرة أحمد السيد: علم اجتماع التربية، مرجع سابق، ص (٢٠٩).
(٢) محمد مصطفى زيدان: عوامل الكتابة في التربية، مرجع سابق، ص (١٤٢).

إن التخطيط الذي تشير إليه العمليات أو المراحل السابقة يعني تحديد الأهداف المطلوب تحقيقها في المستقبل، تحديد وسائل تحقيق هذه الأهداف من سياسات وبرامج وأيضًا وسائل المتابعة أثناء التنفيذ لإجراء التعديل اللازم في الأهداف أو في الوسائل المؤدية إليها، والخطة باعتبارها موضوع عملية التخطيط وناتجها النهائي تعني الأهداف المستقبلية ووسائل تحقيقها.

الفصل السابع

التخطيط التربوي والتعليمي وخطواتهما

مفهوم التخطيط Planning:

يعتبر مفهوم التخطيط من المفاهيم الحديثة نسبيا، فقد شاع تناوله في كتابات المتخصصين في الاقتصاد والاجتماع والتربية والتعليم منذ أوائل الربع الثاني من القرن العشرين، وبعد الحرب العالمية الثانية أخذت كثير من الدول بأسلوب التخطيط من أجل إحداث التقدم الاقتصادي والاجتماعي.

ويمثل التخطيط أهم مكونات أو عناصر العملية الإدارية حيث لا تستطيع المنظمات أن تعمل يوما بيوم ولكن تعمل وفقا لخطة تربط بين أهداف ترغب المنظمة (مدرسة، مستشفى، شركة) في إنجازها وبين الطرق والوسائل التي توصل للأهداف والزمن اللازم لتحقيقها.

وتنبع أهمية التخطيط من كونه يحدد لنا أين تريد المنظمة (المدرسة مثلا) أن تصل مستقبلا، وكيف يمكنها تحقيق ذلك؟ ويساعد في التعرف على المخاطر والفرص المستقبلية، كما يسهل من عملية الرقابة، ويمنع القرارات غير المتكاملة (المجزأة)، والتخطيط يعني تحديد الأهداف المستقبلية للمنظمة وبيان المهام والأنشطة الواجب القيام بها لاستثمار الموارد المتاحة في تحقيق هذه الأهداف، ومن هنا فإن التخطيط يجنب التنفيذ العشوائية وينير الطريق لرسم السياسات واتخاذ القرارات.

والتخطيط أيضًا هو الإجابة على أسئلة ثلاثة، هي: أين نحن الآن؟ وأين نريد أن نذهب؟ وكيف سنصل إلى هناك؟

ومن هنا فإن نجاح أية إدارة في أي نشاط اقتصادي أو اجتماعي خدمي أو ربحي يتوقف – إلى حد كبير – على جودة ودقة ما تقوم به من عمليات تخطيطية.

والتخطيط في جوهره عمل ذهني ومحاولة علمية منظمة لاختيار أفضل البدائل أو الحلول الممكنة لتحقيق أهداف محددة في فترة زمنية معينة. وهو – أي التخطيط – عملية ترتيب الأولويات في ضوء الموارد المتاحة.

ويعرف التخطيط بأنه (مرحلة التفكير العلمي المنظم الذي يسبق الفعل أو العمل في أية منشأة)[1].

أو هو "تحديد أهداف معينة مع وضع الأساليب والتنظيمات والإجراءات لتحقيق تلك الأهداف بأقل تكلفة اجتماعية ممكنة"[2].

أو هو "اختيار بين عدد من البدائل المتاحة التي يتم تقييمها لتحديد البديل الأفضل الذي يحقق الهدف"[3].

أما (سيزر) فيرى أن التخطيط هو "عملية التهيؤ أو الاستعداد لأخذ القرار"[4].

بينما يُعرف (كونتز H. Koontz) التخطيط بأنه "التقرير المسبق لما يجب عمله؟ وكيف يتم؟ ومن الذي يقوم به؟"[5].

ومن هذه التعريفات وغيرها فإن وظيفة التخطيط تشتمل على عناصر أساسية هي:

(١) محمود عساف: أصول الإدارة، القاهرة: مكتبة عين شمس، ١٩٧٦م، ص١٥٠.
(٢) محمد ماهر عليش: أصول التنظيم والإدارة في المشروعات الحديثة، القاهرة: مكتبة عين شمس، (ب.ت)، ص١٨.
(٣) نواف كنعان: القرارات الإدارية بين النظرية والتطبيق، الرياض: مكتبة الفرزدق التجارية، ١٩٨٣، ص٩٥.
(٤) محمد منير مرسي: الإدارة – أصولها وتطبيقاتها، مرجع سابق، ص٧٤.
(٥) عبد الصمد الأغبري: الإدارة المدرسية – البعد التخطيطي والتنظيمي المعاصر، مرجع سابق، س١٨٩.

أ- أهداف واقعية محددة

ب- أساليب وتنظيمات تستخدم الموارد المتاحة.

ج- حصر الموارد المتاحة.

د- مجموعة من البدائل واختيار أفضلها.

ه- تنفيذ الخطة لإحداث التغيير في المستقبل بأقل تكلفة في الوقت والجهد والمال.

ويشير الأدب الإداري إلى أن فكر التخطيط تعتمد على قاعدة بيانات ومعلومات واضحة وصادقة وموضوعية وحديثة ويقوم به مجموعة من الخبراء والمختصين في مجالاتهم، وهو عملية علمية ذات أهداف محددة للانتقال من وضع إلى وضع أفضل أو من الجيد إلى الأجود أو إحداث تغيير إيجابي في المستقبل.

ونخلص من ذلك إلى أن التخطيط نظرة إلى المستقبل بقصد التنبؤ باحتياجاته والعمل على تحقيقه في ضوء إمكانات الحاضر والقوي والعوامل الثقافية المؤثرة فيه، وبعبارة أخرى فإن التخطيط هو مرحلة التفكير المنظمة التي تسبق العمل وتنتهي باتخاذ القرارات المتعلقة بما يجب عمله وكيف ومتى يتم عمله[١].

وهناك فرق بين التخطيط والخطة التي تشكل إحدى مراحل التخطيط، والتخطيط عملية مستمرة بقرارات تتم في مختلف المستويات الإدارية، أما الخطة فهي وضع التخطيط في صورة برنامج موقوت بمراحل وتحديد زماني ومكاني، وتعرف الخطة بأنها "مجموعة من التدابير المحددة والوسائل المنتقاة التي تتبع من أجل بلوغ هدف محدد، نريد الوصول إليه"[٢].

(١) محمد سيف الدين فهمي: التخطيط التعليمي، أسسه وأساليبه ومشكلاته، القاهرة: مكتبة الأنجلو المصرية، ط٧، ٢٠٠٠م، ص١٠٧.

(٢) نواف كنعان: القرارات الإدارية بين النظرية والتطبيق، مرجع سابق، ص٩٧.

وتعود أهمية الخطة إلى أنها تركز الاهتمام وتوجه الجهود نحو الهدف المأمول تحقيقه، وبدون وضع خطة لعمل المنظمة (مثلا المدرسة) فإن الجهود قد تتعارض وتتضارب ولا نستطيع الوصول إلى الهدف المحدد.

وفي العادة فإن جميع الخطط تحدد أهدافها (كزيادة أعداد المقيدين بالتعليم الفني بنسبة ١٠%) أو تحديد عمل ما (كتعيين معلمين جدد، وزيادة مخصصات محو الأمية وتعليم الكبار نسبة ٢٠%)، وغالبا ما تجيب الخطة عن الأسئلة التالية: ما هي الأنشطة اللازمة لتحقيق الأهداف What activities، متى تنفذ هذه الخطة When، من هو المسئول عن تنفيذ هذه الأنشطة Who، أين يجب أن تنفذ هذه الأنشطة Where، متى يجب أن يكتمل تنفيذ هذه الأنشطة When complete.

والخطة من نتاجات التخطيط الذي يشمل إعداد الخطة، ثم توفير الوسائل والأساليب اللازمة للتنفيذ، والإشراف على هذا التنفيذ ومتابعته، ثم تقييم مشروعات الخطة وإعادة النظر فيها في ضوء ما يستجد من ظروف وما يتحقق من أهداف.

ويمكن أن نضع خطة من خلال الإجابة عن سلسلة من الأسئلة التالية:

أ-   ماذا وأين نكون؟

ب- أين نريد الذهاب؟

ج- كيف يمكننا الذهاب إلى حيث نريد؟

د-   متى تتوقع الوصول إلى حيث نريد؟

هـ- من سيفعل ماذا؟ ومتى يفعله؟

و-   كم سندفع؟

ز-   لماذا نحن ذاهبون؟

ح- نستمر في تعريف وجهتنا، وملاحظة موقعنا مقارنا بما هو مخطط، ونقوم بإجراء التغييرات المطلوبة لتحسين الخطة؟

وتصنف الخطط من حيث المدى الزمني والمستوى التنظيمي إلى ثلاثة أنواع، ففي أي مؤسسة تعليمية (وزارة التربية والتعليم مثلا) تكون الإدارة العليا Top management مسؤولة عن التخطيط الاستراتيجي Planning Strategic طويل الأجل (٥-١٠ سنوات)، بينما تركز الإدارة الوسطى Middle Management (إدارة التربية والتعليم بالمحافظة) أكثر على خطط التطوير التي (تتراوح ما بين سنة وخمس سنوات) وهذه الخطط تتضمن تفصيلا أكثر، وتوضح الكيفية التي سيتم بها تنفيذ خطة الإدارة العليا بواسطة مدير كل قسم، أما المستويات الإدارية الدنيا أو الإدارة التنفيذية Lower level management (المدرسة مثلا) فتركز خطتها على فترات زمنية أقل (تتراوح ما بين يوم وسنة) وهو ما نطلق عليه التخطيط التكتيكي (Tactical Planning)، والخطة هنا تكون أكثر تفصيلا من سابقتها، فتتناول تخطيط كل شيء يوما بيوم، وهي توضح - على سبيل المثال - أي المعلمين سيتولى الإشراف على طلاب الإذاعة المدرسية، أو توضح بالضبط عدد الأنشطة التعليمية التي سيتم القيام بها في أي يوم ... وهكذا. وتزداد أهمية التخطيط وضرورته كلما صعدنا إلى مستويات إدارية عليا (مدرسة ← إدارة التعليم في المحافظة ← وزارة التربية والتعليم).

وهناك التخطيط الشامل الذي لا يقتصر على مجال أو نشاط اقتصادي أو اجتماعي معين كقطاع الزراعة أو الصناعة أو التعليم أو الصحة بل يشمل كل القطاعات الاقتصادية والاجتماعية كالتخطيط الاقتصادي من أجل التنمية الاقتصادية لاستثمار الموارد المتاحة للدولة والأفراد لتحسين مستوى الدخل والأجور والارتفاع بمستوى معيشة الأفراد، والتخطيط الاجتماعي فهو من أجل مواجهة المشكلات الاجتماعية القائمة والمتوقعة في المستقبل وإحداث التغييرات الاجتماعية المطلوبة في المجتمع والتي تحقق صالح الفرد والجماعة.

والتخطيط الثقافي الذي يسعى إلى تنظيم شؤون المؤسسات الثقافية أو التربوية اللامدرسية (مثل: المسرح – الصحافة – التلفاز)، أما التخطيط السكاني فيعمل على إحداث التوازن الاقتصادي والاجتماعي بين موارد المجتمع والنمو السكاني للارتفاع بمستوى معيشة المواطنين، وزيادة الدخل الفردي، والتخطيط للقوي العاملة ويستهدف التعرف على الاحتياجات المستقبلية من القوي العاملة لمختلف المهن وربطها بالسياسة التعليمية لسد حاجات سوق العمل من القوى العاملة، والتخطيط الإداري ويستهدف إعداد الكوادر الإدارية العليا القادرة على تحقيق متطلبات التخطيط في جميع المجالات[١]، وغير ذلك من مجالات التخطيط.

والتخطيط للتعليم -كما رأينا- جزء لا يتجزأ من التخطيط الاقتصادي والاجتماعي للدولة وهو تخطيط يقوم على أساس علمي دقيق، ويعد مسئولية كل فرد في الجهاز التعليمي، كل على قدر مستواه، وعلى قدر الدور الذي يضطلع به في العملية التعليمية، ومن هنا يصبح التخطيط في الصف الدراسي جزء لا يتجزأ من التخطيط للعمل في المدرسة، وهذا جزء من التخطيط للعمل التعليمي في إدارة التربية والتعليم، وهذا أيضًا جزء من التخطيط للعملية التعليمية على مستوى الدولة، وينبع كل هذا التخطيط من احتياجات البلاد كما تعبر عنه الخطة الشاملة للتنمية الاجتماعية والاقتصادية [٢].

وتجدر الإشارة هنا إلى أن مجالات التخطيط مترابطة ومتكاملة وكل مجال يؤثر سلبا أو إيجابا في المجال الآخر، ولقد أدرك القائمون بالتخطيط أن إحداث التنمية

(١) أحمد كامل الرشيدي، فاطمة بنت حمد الرديني، إدارة التربية والتعليم وتخطيطها في الألفية الثالثة، الرياض: مكتبة الرشد، ط٢، ١٤٢٨هـ/٢٠٠٧م، ص ١٩٧-٢٠٠.

(٢) أحمد إسماعيل حجي: الإدارة التعليمية والإدارة المدرسية، مرجع سابق، ص (٧٧).

الشاملة يتطلب تبنى مفهوم التخطيط الشامل والذي يشكل التخطيط التعليمي جزءا لا يتجزأ منه، وأن التخطيط لأي مجال (تعليمي، صحي، ثقافي، اقتصادي...) ينبغي أن يكون ضمن إطار التخطيط الشامل[1] للدولة الذي يقوم على استثمار الموارد المجتمعية المتاحة لتحقيق التنمية البشرية المقصودة والمستمرة، وقد يكون التخطيط على المستوى القومي أوالإقليمي أو المحلي.

وقد احتل التخطيط كمنهج وأسلوب للحياة مكانة بارزة في الفكر الإسلامي فيقول سبحانه وتعالى : (يَا أَيُّهَا الَّذِينَ آمَنُوا اتَّقُوا اللَّهَ وَلْتَنظُرْ نَفْسٌ مَّا قَدَّمَتْ لِغَدٍ وَاتَّقُوا اللَّهَ إِنَّ اللَّهَ خَبِيرٌ بِمَا تَعْمَلُونَ {١٨/٥٩}) [**الحشر:١٨**] ، ويقول تعالى : ﴿ وَأَعِدُّواْ لَهُم مَّا اسْتَطَعْتُم مِّن قُوَّةٍ وَمِن رِّبَاطِ الْخَيْلِ تُرْهِبُونَ بِهِ عَدْوَّ اللَّهِ وَعَدُوَّكُمْ) **[الأنفال:٦٠]**، كما يقول سبحانه وتعالى : (يُوسُفُ أَيُّهَا الصِّدِّيقُ أَفْتِنَا فِي سَبْعِ بَقَرَاتٍ سِمَانٍ يَأْكُلُهُنَّ سَبْعٌ عِجَافٌ وَسَبْعِ سُنبُلَاتٍ خُضْرٍ وَأُخَرَ يَابِسَاتٍ لَّعَلِّي أَرْجِعُ إِلَى النَّاسِ لَعَلَّهُمْ يَعْلَمُونَ {٤٦/١٢} قَالَ تَزْرَعُونَ سَبْعَ سِنِينَ دَأَبًا فَمَا حَصَدتُّمْ فَذَرُوهُ فِي سُنبُلِهِ إِلاَّ قَلِيلاً مِّمَّا تَأْكُلُونَ {٤٧/١٢} ثُمَّ يَأْتِي مِن بَعْدِ ذَلِكَ سَبْعٌ شِدَادٌ يَأْكُلْنَ مَا قَدَّمْتُمْ لَهُنَّ إِلاَّ قَلِيلاً مِّمَّا تُحْصِنُونَ {٤٨/١٢}﴾ **[يوسف:٤٦-٤٨]**. وقد حذر الرسول الكريم صلى الله عليه وسلم من ترك الأمور بغير تخطيط عقلي، وتحول التوكل على الله بعمل، إلى تواكل على النفس بكسل، فقال رسول الله صلى الله عليه وسلم في حديث لرجل ترك ناقته دون عقال معتمدا على حفظ الله لها آمرا إياه أمرا واضحا بقول :"أعقلها وتوكل"، وهذا يدل على التوجيه النبوي الشريف بضرورة الأخذ بالأسباب للوصول إلى أفضل النتائج[2]، والبعد عن الإهمال والتواكل والاعتماد على الآخر أو الصدفة.

---

(١) صلاح عبد الحميد مصطفى، فدوى فاروق عمر: مقدمة في الإدارة والتخطيط التربوي، مرجع سابق، ص١٨٩.

(٢) أحمد كامل الرشيدي، فاطمة بنت حمد الرديني : إدارة التربية والتعليم وتخطيطها في الألفية الثالثة، مرجع سابق، ص ٢٠٣.

أما (التخطيط التربوي) يشمل تخطيطا للتعليم وللأسرة وتخطيطا للثقافة والإعلام والدعوة الإسلامية، وبالتالي فهو أعم وأشمل من (التخطيط التعليمي) الذي يمثل جزءا أو جانبا من التخطيط التربوي، بل هو الجانب الإجرائي منه والذي يختص بكل ما يتم داخل النظام التعليمي أو المؤسسات التربوية النظامية (المدرسية)، وأن الاختلاف بين التخطيط التربوي والتخطيط التعليمي هو اختلاف في درجة العمومية والشمول ، أي أنه فرق في الدرجة وليس في النوع.

وتجدر الإشارة هنا إلى أننا سوف نقتصر على التخطيط الذي يتم ضمن إطار المؤسسات التعليمية أو التربية المدرسية، دون أن نتطرق إلى التخطيط ضمن إطار المؤسسات التربوية اللامدرسية كالأسرة أو المسجد أو الوسائط الإعلامية وغيرها.

٢- الفرق بين التخطيط التربوي والتخطيط التعليمي:

يخلط الكثير من العاملين في ميدان التربية والتعليم بين مصطلحي التخطيط التربوي Educational Planning والتخطيط التعليمي Instructional Planning حيث ينظرون إلى هذين المصطلحين على أنهما مترادفان كل منهما يشير على الآخر.

ويمتد هذا الخلط إلى العديد من الكتب والمراجع حيث تستخدم تلك الأدبيات كلا المصطلحين بمعنى واحد دون تفرقة بينهما ويأتي هذا التداخل بين المصطلحين بسبب التداخل الكبير بين مصطلحي التربية Education والتعليم Instruction، فيرى عدد غير قليل أن التربية هي التعليم، وأن التعليم هو التربية، ومن ثم فهم يستخدمون كلا المصطلحين على نحو مترادف، ولعل السبب الجوهري لذلك هو ترجمة كلمة Education التي تعني (تربية إلى (تعليم) رغم أن هناك فارقا بينهما.

فالتربية أشمل وأعم من مصطلح التعليم وتتم في مؤسسات التربية المدرسية واللامدرسية (الأسرة، المسجد، التلفاز، الصحف والمجلات، الإنترنت) والتخطيط لهذه المؤسسات يسمى بالتخطيط التربوي ، وهو عملية مستمرة ومرشدة وعلمية تستهدف

تنظيم شؤون أي نظام تربوي أو أي مؤسسة تربوية سواء أكانت مدرسية أم غير مدرسية، بقصد تحقيق أهداف محددة، ويتعدى المؤسسات التعليمية.

٣- التخطيط التعليمي Educational Planning:

يتفق كثير من رجال التربية والتعليم والاقتصاد على أن التربية والتعليم عامل هام في إحداث التنمية البشرية الشاملة، وأن التخطيط التعليمي يشكل جزءا لا يتجزأ من التخطيط الشامل للمجتمع، الذي يقوم على استثمار الموارد المتاحة لتحقيق أهداف مجتمعية شاملة، ومن هنا فإن التخطيط التعليمي على هذا النحو يحدد ما ينبغي أن تقوم به السلطات التعليمية من ألوان النشاط التعليمي واختيار أفضل الطرق لاستخدام الموارد المخصصة للتعليم وتوجيه التوسع في النظام التعليمي وتحقيق نتائج محددة في فترة زمنية معينة.

ولقد أولت الكثير من الدول اهتماما بالتعليم وضرورة التوسع في مجالاته ومراحله حتى يتيح فرصا عديدة للمواطنين للانتفاع منه، وقد ظهر مفهوم التعليم للجميع في السنوات الأخيرة، وأيضا ضرورة أن يكون النظام التعليمي قادرا على الوفاء باحتياجات سوق العمل من القوى العاملة المؤهلة والمدربة التي تستطيع التعامل مع التغيرات العلمية والتكنولوجية المعاصرة، وهذا التطلع إلى التعليم تحدده موارد البلاد الاقتصادية وما لديها من طاقات بشرية تستطيع أن تشارك في نشر التعليم، ومن هذا المنطلق برزت فكرة التخطيط للتعليم كنمط من أنماط التخطيط يقوم على ملاءمة التطلعات مع الموارد واستخدامها بطريقة فعالة، ويستند على نظرة للمستقبل تستهدف التنبؤ بالاحتياجات من التعليم، في ضوء الموارد المتاحة والقوى والعوامل الثقافية المجتمعية، ورؤية التعليم في علاقته بمختلف جوانب النشاط الاقتصادي والاجتماعي وضمن إطار التخطيط الشامل الذي يشكل إحدى الركائز الأساسية للتنمية الشاملة، ويقتضى التخطيط التعليمي وضع خطط وبرامج مستقبلية توضح مسار التنفيذ ووجهته

وتنسق بين مختلف أجزائه، وتحدد الأهداف المرحلية والنهائية الواجب الوصول إليها، وتوضح البرنامج الزمني اللازم للتنفيذ[١].

ويُعرف التخطيط التعليمي بأنه "العملية المستمرة والمرشدة والعلمية التي تستهدف تنظيم شؤون التربية والتعليم في المجتمع وعلاج المشكلات التربوية والتعليمية، بحلول واقعية ملائمة للإمكانات ومسايرة لمقومات المجتمع وأهدافه، وتوفير تعليم مناسب لقدرات واستعدادات الطلاب واحتياجات مجتمعهم بحيث يستطيعون الإسهام الفعال في التنمية الشاملة، ويعتمد هذا التخطيط على مجموعة من المعلومات والبيانات الإحصائية، وعدد من الخبراء والمختصين في عدد من التخصصات المختلفة"[٢].

والتخطيط التعليمي جزء من التخطيط الشامل، وهو عمل ذهني مقصود ومستمر، يتضمن تحديد أهداف تربوية وتعليمية في ضوء احتياجات المستقبل من التعليم، والاستفادة من الأساليب والتنظيمات والموارد البشرية والمادية المتاحة بطريقة فعالة تساعد في توفير التعليم المناسب لكل فرد ليكون قادرا على المشاركة في التنمية البشرية الشاملة، وألا يقتصر التخطيط على جانب الكم، بل ينبغي أن يمتد لجانب الكيف.

ويستند التخطيط التعليمي على عدد من المبادئ نوجزها فيما يلي:

أ- الواقعية: ويقصد بها أن يؤخذ في الوضع القائم في الاعتبار من حيث طبيعة البناء والاحتياجات والإمكانات الفعلية.

---

(١) صلاح عبد الحميد مصطفى، فدوى فاروق عمر: مقدمة في الإدارة والتخطيط التربوي، مرجع سابق، ص ١٩٦-١٩٧.

(٢) محمد علي حافظ: التخطيط للتربية والتعليم، القاهرة: الدار المصرية للتأليف والترجمة، ١٩٦٥م، ص٩٧.

ب- المرونة: وتعني أن التخطيط لا يكون جامدًا بحيث يعجز عن مواجهة المتغيرات المختلفة.

ج- الشمول: بحيث يهتم بجميع جوانب ومدخلات العملية التعليمية باعتبارها عناصر متفاعلة.

د- المشاركة: وتعني ألا ينفرد فرد واحد أو جهة واحدة بالتخطيط بل لابد من تضافر الجهود ومشاركة جميع الأطراف في عملية التخطيط.

ه- التوقيت السليم: بمعنى أن يهتم المخططون بتحديد الأزمنة اللازمة للأنشطة الرئيسة والفرعية.

وتتمثل خطوات عملية التخطيط فيما يلي:

أ- وضع التنبؤات والافتراضات الخاصة بالتخطيط.

ب- تحديد الأهداف.

ج- اختيار أفضل البدائل.

د- إقرار الخطة وتنفيذها ومتابعتها وتقويمها.

وتجدر الإشارة إلى أن هناك ما يسمى بالتخطيط التعليمي الشامل Comprehensive Educational Planning الذي يركز على تطوير جميع عناصر العملية التربوية والتعليمية ومقوماتها الأساسية للأهداف، والمناهج، والبرامج، والمباني، والمعلم، وتكنولوجيا التعليم، وغير ذلك. أما التخطيط التعليمي الجزئي Partial Educational Planning فيتناول قطاعات معينة من النظام التعليمي أو عناصر أو أكثر من العناصر التربوية والتعليمية كالتخطيط للأبنية المدرسية أو إعداد المعلمين وتدريبهم، أو تطوير المناهج الدراسية، وغير ذلك[1].

---

(١) صلاح عبد الحميد مصطفى، فدوي فاروق عمر : مقدمة في الإدارة والتخطيط التربوي، مرجع سابق، ص ١٩٨.

٤- أهمية التخطيط التعليمي:

لقد أدركت كثير من الدول - وخاصة النامية - في السنوات الأخيرة أن التنمية التعليمية شرط أساسي للتنمية البشرية الشاملة، ومن ثم أخذت بفكرة التخطيط التعليمي واعتباره ضرورة قومية وحياتية وتنموية[1]، تحتمها الظروف الاقتصادية والاجتماعية للبلاد النامية.

وتتركز أهمية التخطيط التعليمي في مجموعة من الأسباب أبرزها ما يلي:

١- يساعد على مواجهة المشكلات التعليمية التي تراكمت عبر الزمن والتي من بينها انخفاض المستويات التعليمية، وانتشار الأمية، والتفاوت الكبير في مستويات التعليم بين الذكور والإناث، وعدم القدرة على مواجهة الطلب الاجتماعي المتزايد على التعليم، وعدم الوفاء باحتياجات سوق العمل من القوى العاملة بالكم والكيف المطلوبين.

٢- يحول المبادئ والأهداف المتضمنة في السياسة التعليمية إلى استراتيجياته - أي طرق صحيحة للوصول إلى الهدف - ثم برامج ومشروعات وخطط تعليمية قابلة للتنفيذ في ضوء الإمكانيات المتاحة، وذلك وفق النموذج التالي:

---

(١) منير المرسي سرحان: في اجتماعات التربية، القاهرة: مكتبة الأنجلو المصرية، ط٩، ١٩٨٢م، ص ٢٦٥-٢٦٩.

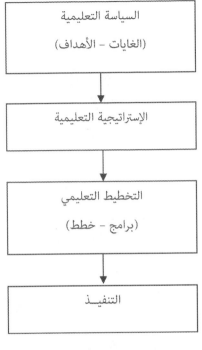

شكل (١)

يوضح علاقة السياسة التعليمية بالتخطيط التعليمي

٣- يضمن - بعد الله تعالى - حسن الاستثمار في التعليم باستخدامه جميع الموارد المادية والبشرية المتاحة بطريقة فعالة تحقق الأهداف التعليمية.

٤- يحدد مسارات العمل التعليمي في مراحله وقطاعاته المختلفة، ويضمن التنسيق بين النشاطات المختلفة، فالتخطيط يعني بتحديد الوقت اللازم لكل نشاط والأنشطة

الفرعية المنبثقة عنه بشكل يساعد على تحقيق الأهداف، وبطريقة تؤدي إلى التكامل بينها [١]".

٥- يوفر الوقت والجهد والمال في عملية التنفيذ أو التطوير.

٦- يوفر احتياجات القطاعات الاجتماعية والاقتصادية من القوي العاملة المؤهلة بالشكل المطلوب[٢].

٧- يحقق مبدأ تكافؤ الفرص في التعليم، وذلك بتقديم تعليم للجميع يتناسب مع قدراتهم واستعداداتهم، وبعبارة أخرى يحقق العدالة الاجتماعية في التعليم بين جميع أفراد المجتمع[٣].

٨- يحقق التوازن في الإنفاق المالي على التعليم ليس فقط بين أنواع التعليم المختلفة، بل بين قطاع التعليم والقطاعات الاقتصادية والاجتماعية الأخرى[٤].

٩- الحد من مشكلات البطالة والتي أصبحت ظاهرة اجتماعية واقتصادية - في كثير من المجتمعات - تعوق الاستقرار السياسي والاجتماعي في المجتمع.

ومن هذا المنطلق فقد أصبح الالتجاء إلى التخطيط التعليمي سمة من سمات الحياة المعاصرة وأمرا ضروريا معترفا به في المجتمعات الحديثة التي تسعى لتحقيق مستقبل أفضل لمواطنيها.

(١) أحمد إسماعيل حجي: الإدارة التعليمية، والإدارة المدرسية، مرجع سابق، ص (٤٦).
(٢) محمد سيف الدين فهمي: التخطيط التعليمي، القاهرة: مكتبة الأنجلو المصرية، ١٩٦٥م، ص ٣٢-٤٧.
(٣) سميرة أحمد السيد: علم اجتماع التربية، القاهرة: دار الفكر العربي، ١٩٩٣م/١٤١٣هـ ص١٩٦٦.
(٤) عبد اللـه عبد الدايم: التخطيط التربوي، بيروت، دار العلوم للملايين، ١٩٩٦م، ص١١٨.

وقد أخذت المملكة العربية السعودية - على سبيل المثال - بمنهجية التخطيط في سائر المجالات الاقتصادية والاجتماعية ووضعت الخطط الوطنية الإستراتيجية للتنمية البشرية، ومن بينها الخطة الإستراتيجية التي وضعتها وزارة التربية والتعليم - بالتعاون مع الإدارات التعليمية والإدارات المدرسية - للسنوات العشر القادمة ١٤٣٥/٢٥هـ وقد أسندت الوزارة هذه المهمة تحديدا إلى الإدارة العامة للتخطيط التربوي [١].

٥- خطوات التخطيط التعليمي [٢]:

يتبع المخططون للتعليم ثلاث خطوات هي:

أ-   مرحلة إعداد الخطة.   ب-مرحلة تنفيذ الخطة ومتابعتها.

ج-مرحلة التقويم والتغذية الراجعة.

وقد يبدو هذا التقسيم مفيدا من وجهة النظر التحليلية، غير أن الواقع العملي يدل على تداخل هذه المراحل (الخطوات) واتصالها بحيث يتعذر وضع حدود وفواصل فيما بينها، فالمخطط التعليمي عندما يبدأ في وضع الخطة لا يتوقف به الأمر عند المستوى الفكري، بل يربط بينه وبين مجال التنفيذ، محاولا تفهم الظروف التي يعمل في إطارها، ومقدرا الإمكانات المتوفرة لديه، والمشكلات التي يحتمل أن تواجهه، حتى يستطيع وضع خطة متكاملة ومرنة، فضلا عن أن نجاح الخطة يستلزم متابعتها

---

(١) المملكة العربية السعودية، وزارة التربية والتعليم: الخطة العشرية ١٤٣٥/٢٥هـ الرياض: وزارة التربية والتعليم، ١٤٢٤هـ.

(٢) تم الاعتماد على صلاح عبد الحميد مصطفى، فدوى فاروق عمر في مقدمة الإدارة والتخطيط التربوي، مرجع سابق، ص ٢٢٠-٢٣١.

وتقويمها عند البدء في تنفيذ المشروعات التعليمية للتعرف على ما تحدثه من تغيرات والوقوف على ما يعترض سبيلها من صعوبات[1].

وهذه المراحل متشابكة الجوانب، متماسكة الحلقات، وتتصل فيها المقدمات بالنتائج، كما ترتبط فيها النتائج بالمقدمات، ويوضحها الشكل التالي:

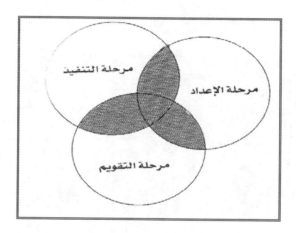

شكل (٣٢) يوضح مراحل التخطيط التعليمي

أ- مرحلة إعداد الخطة التعليمية:

تهدف هذه المرحلة إلى إعداد خطة متكاملة للتعليم ضمن إطار الخطة الشاملة للتنمية الاقتصادية والاجتماعية، وتتوقف طريقة إعداد الخطة على المدخل أو الأسلوب الذي يتبناه مخططو التعليم عند وضع الخطة، وهناك بعض الخطوات المتبعة لإعداد الخطة التعليمية ويوضحها الشكل التالي:

---

(١) عبد الباسط محمد حسن: التنمية الاجتماعية، ط٤، القاهرة: مكتبة وهبة، ١٩٨٢م، ص١٨٣.

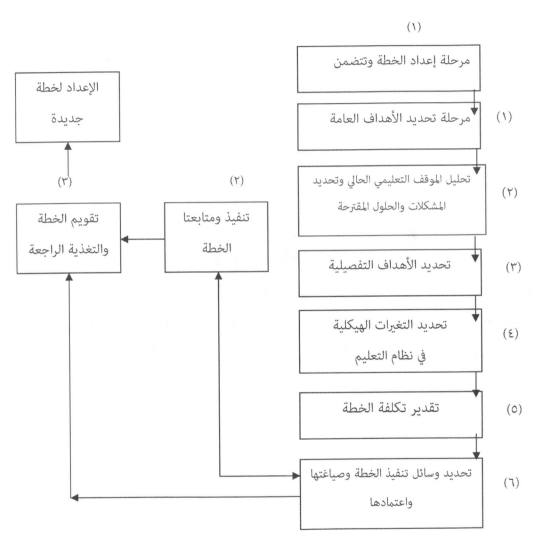

شكل (٢)عملية التخطيط التعليمي ومراحلها التفصيلية

وسوف نشرح كل خطوة أو مرحلة فيما يلي:

١- تحديد الأهداف العامة لخطة التعليم:

تقوم أجهزة التخطيط التعليمي بتوفير قدر كاف من الإحصاءات والبيانات والمعلومات المتعلقة بظروف المجتمع وأوضاعه الاجتماعية والاقتصادية والثقافية والسكانية والتدفقات الطلابية بين المراحل التعليمية والتخصصات المهنية للمتخرجين حتى تستطيع أن تقترح الأهداف العامة لخطة التعليم على النطاق القومي، وتستمد الأهداف العامة للخطة من الأهداف العامة للتربية والتعليم التي تتضمنها السياسة التعليمية[١]، فيمكن أن يكون أحد الأهداف العامة لخطة التعليم تشجيع وتنمية روح البحث والتفكير العلميين، وتقوية القدرة على المشاهدة والتأمل، وتبصير الطلاب بآيات اللـه في الكون وما فيه وإدراك حكمة اللـه في خلقه، وأيضا يمكن أن يكون من بين الأهداف العامة للخطة تحقيق تكافؤ الفرص التعليمية بين جميع المواطنين وفق قدراتهم واستعداداتهم[٢]، وكل هذا ضمن الاحتياجات العامة للتنمية الاقتصادية والاجتماعية، وفي جميع الأحوال يجب أن تتفق الأهداف العامة للخطة التعليمية مع السياسة التعليمية والسياسة العامة للدولة واتجاهاتها، وأن تقع ضمن إطار الخطة العامة للدولة، ولذا ينبغي عند تحديد الأهداف العامة لخطة التعليم مراعاة مبدأ التكامل والتوازن بين هذه الأهداف وأهداف الخطط الاقتصادية والاجتماعية

---

(١) تعني مجموعة من القرارات المرتبطة بالتربية والتعليم وتعطي عددا من التوجيهات العامة التي يسترشد بها في اتخاذ القرارات العملية ووضعها موضع التنفيذ.
(٢) محمد مصطفى زيدان: عوامل الكفاية الإنتاجية في التربية، مرجع سابق، ص١٣٩.

والثقافية حيث إن التنمية التعليمية ترتبط ارتباطا وثيقا بالتنمية الاقتصادية والاجتماعية والثقافية والسكانية وجميعها تستهدف رفاهية الإنسان، ورفع مستوى معيشته. وبعد أن يتم تحديد الأهداف العامة للخطة، تبدأ عملية تحليل الموقف التعليمي الحالي.

٢- تحليل الموقف التعليمي الحالي:

إن الإدراك والوعي الكامل بحالة التعليم الراهنة يمثل قاعدة أساسية لصياغة الخطة وتحليل موقف قطاع التربية والتعليم الذي يحتاج إلى تكيف جديد يوفر لنا مثل هذه القاعدة ويتم هذا التحليل من خلال إجراء دراسة أو مسح للموقف التعليمي الحالي ضمن الإطار الاجتماعي والاقتصادي والثقافي والسياسي للمجتمع، وهذه الدراسة توفر البيانات والمعلومات اللازمة وتوفر صورة عامة للموقف الحالي للتربية والتعليم ونظام التدريب بحيث يمكن على أساس هذه الصورة مراقبة تنفيذ الخطة وتقويم الأداء، ومعرفة أثر البرامج والأنشطة، وهو ما سوف يسمح بتحديد الحاجات ومراجعة برامج التنفيذ، ومن ثم اتخاذ الإجراءات التي من شأنها تكييف عملية تطبيق الخطة كلما احتاج الأمر وليس فقط عند رسم الخطة التالية بعد خمس أو عشر سنوات[١]، وينبغي أن تبرز هذه البيانات والمعلومات أوجه القوة والضعف في النظام التعليمي القائم من حيث أهدافه العامة واتجاهات نموه وأنواع مؤسساته المختلفة ومناهجه وإدارته وتمويل وإعداد معلميه والتحصيل الدراسي ومعدل الطلاب لكل معلم، ونوعية الخدمات التعليمية والتدريبية التي تقوم بها أجهزة ومؤسسات لا يكون التعليم أو التدريب وظيفتها الأساسية مثل الأجهزة والإدارات والمؤسسات المسئولة عن تحسين الصحة أو تطوير الصناعة أو مراكز البحوث العلمية وغيرها [٢]، وفي ضوء هذه الدراسة الشاملة

(١) التعليم للجميع، دليل لإعداد الخطة الوطنية، مرجع سابق، ص٢٧.

(٢) D. Spiegel and Herbert Harvey Hyman Basic Health Planning Methods (Maryland: Aspen system Corp., pp. ١٦-٢٠).

للخدمات التعليمية والتدريبية التي تقدمها جميع مؤسسات المجتمع، والتي ينبغي أن تكون معززة بالإحصائيات الحيوية والمعلومات والبيانات الدقيقة، وفي ضوء الأهداف العامة لخطة التعليم - التي تم تحديدها في الخطوة السابقة - يمكن أن يحدد المخططون التعليميون الفجوة أو الفارق بين الواقع الحالي للنظام التعليمي والمستوى المأمول تحقيقه من أهداف، ومن ثم فهم وتحليل المشكلات والصعوبات التي ينبغي التغلب عليها لدفع الواقع الحالي نحو تحقيق الأهداف، وبعد أن تنتهي مرحلة تحليل الموقف التعليمي الراهن يصبح لدينا المعلومات والبيانات والإحصائيات الكافية لإعداد الخطة وتبدأ صياغة الأهداف المفصلة للخطة التعليمية[١].

٣- تحديد الأهداف التفصيلية والأولويات:

لقد أصبح معروفا أن الخطوة المهمة في عملية التخطيط هي وضع أهداف تفصيلية محددة المعالم وتتسم بالواقعية والوضوح وقابلية القياس، وعلى سبيل المثال هل يكون الهدف توفير المكتبات المدرسية في المدارس الثانوية، أم يكون الهدف هو توفير المختبرات المدرسية في المرحلة الابتدائية.

ويمكن أن يتم تحديد الأهداف التفصيلية بنمو التعليم خلال فترة الخطة عن طريق الارتباط بأهداف معينة للتطور الثقافي والاجتماعي، أو عن طريق تقديرات الاحتياجات من القوة العاملة خلال سنوات الخطة.

ويتضمن تحديد الأهداف المرتبطة بالنمو التعليمي تقدير إعداد الطلاب المراد قيدهم في المراحل المختلفة للتعليم وأنواعه خلال سنوات الخطة - في ضوء الإمكانات المتاحة - بحيث تكون أجهزة التعليم قادرة على الوفاء بأهداف الخطة.

---

(١) محمد سيف الدين فهمي : التخطيط التعليمي، مرجع سابق، ص٨٧.

وينبغي مراعاة أن تقدير إعداد الطلاب المراد قيدهم بمراحل التعليم المختلفة خلال فترة الخطة يتطلب الأخذ بكثير من الاعتبارات مثل النمو في إعداد السكان في مجموعات العمر المختلفة خلال فترة الخطة، ونسب النجاح والرسوب والتسرب في السنوات المختلفة في سن المدرسة وحركة الهجرة والاحتياجات من القوي العاملة وغير ذلك [1]، وبعد الانتهاء من هذه الخطوة يتم تحديد الأهداف المطلوب تحقيقها، وتحديد أولويات هذه الأهداف أي أهميتها النسبية بالقياس إلى الموارد المتاحة حاليا ومستقبلا، ثم يتم ترجمة هذه الأهداف إلى برامج ومشروعات تعليمية يتم الربط بينها في نسق متكامل يتضمن الإطار المبدئي للخطة، وبمعنى آخر تحديد التغيرات التي ينبغي إحداثها في النظام التعليمي لتحقيق هذه الأهداف ويمكن أن يتم ذلك بواسطة لجان من المختصين والخبراء.

٤- تحديد التغيرات الهيكلية والمنهجية في النظام التعليمي:

بعد تحديد أهداف النمو التعليمي خلال سنوات الخطة يبدأ مخططو التعليم في دراسة التغيرات التي يجب إحداثها في نظام التعليم لتحقيق أهداف هذا النمو مثل زيادة أعداد الفصول أو المختبرات أو الكتب ومصادر التعليم الأخرى أو المدارس المطلوبة أو عدد المعلمين وفق تخصصاتهم ومستوياتهم الوظيفية، وأيضا التغيرات في نظام التعليم من ناحية تركيبة ونوع مناهجه، فقد لا يستطيع النظام التعليمي بتركيبه الراهن مواجهة الاحتياجات التعليمية المستقبلية، لذلك ينظر في بناء هيكل جديد له قد يتضمن زيادة أو تخفيض سنوات مرحلة تعليمية معينة أو إحلال نظام التلمذة الصناعية

---

(١) محمد سيد الدين فهمي : التخطيط التعليمي، مرجع سابق، ص٨٨.

محل المدارس الثانوية الفنية لتخريج العمال المهرة وقد يلزم تغير المناهج أو تطويرها أو تطوير إعداد المعلم أو غير ذلك [1].

٥-تقدير تكلفة الخطة التعليمية:

بعد وضع الإطار العام للتغيرات الهيكلية والمنهجية التي توفر الحلول المقترحة للمشكلات والموضوعات التي حددتها عملية تحليل الواقع التعليمي الحالي، يقوم مخططو التعليم بدراسة تكلفة الخطة وما تحتاجه من مخصصات مالية.

٦- تحديد وسائل تنفيذ الخطة:

يقوم المخطط التعليمي بترجمة الخطة إلى برامج ومشروعات لتحقيق الأهداف التفصيلية ثم تحديد الوسائل المناسبة التي يمكن أن يتحقق عن طريقها كل هدف من أهداف الخطة، ومن أمثلة الوسائل التي يمكن استخدامها إنشاء إدارة الإحصاء، أو إدارة المعلومات التربوية أو مراكز البحوث التربوية أو تطوير المناهج أو توفير المختبرات أو تطوير تدريب العاملين، أو إنشاء مؤسسات تهدف الخطة التعليمية إلى التوسع فيها لمقابلة احتياجات التنمية الاقتصادية والاجتماعية من القوى العاملة أو غير ذلك[2]، وبعد ذلك يتم تحديد البرامج والأنشطة المطلوبة بدقة والمفاضلة بينها وترتيبها في سلم الأولوية وأيضا الفترة الزمنية التي يستغرقها تنفيذ كل برنامج أو النشاط والموارد المالية وغير المالية الواجب توافرها وتحديد معايير الإنجاز المطلوب الوصول إليها، وتحديد كيفية قياسها، ويتوقف اختيار الوسيلة المناسبة على مدى صحة ودقة المعلومات التي توضع تحت أيدي المخططين التعليميين للمناقشة والمقارنة تمهيدا لاختيار أنسبها، ثم النظر في كيفية استخدامها، وبعد الانتهاء من جميع هذه المراحل يتم صياغة الخطة.

---

(١) محمد سيف الدين فهمي : نفس المرجع، مرجع سابق، ص٩١.

(٢) المرجع السابق، ص٩٢.

ولكي يتوافر عامل المرونة - وهو شرط أساسي في كل خطة - وحتى يتمكن المخطط من إحداث أي تعديل أو تغيير فيها حسب مقتضيات الظروف، فإن عملية إيجاد عدد من الوسائل تصبح لازمة حتى يتسع المجال للمقارنة واختيار الوسيلة التي تتوافر فيها الواقعية واليسر، وقلة الجهد اللازم في استخدامها وانخفاض تكاليفها[1].

وتجدر الإشارة هنا إلى أنه يمكن وضع الخطة مبتدئين من المستوى القومي فهابطا إلى المستويات المحلية أو مبتدئين من القاعدة فصاعدا إلى أجهزة التخطيط المركزية، وفي الحالة الأولى توضع البرامج والمشروعات التعليمية على المستوى المركزي، ثم توزع إلى خطط إقليمية لتقرها تلك المؤسسات، وفي الحالة الثانية تسير عملية التخطيط في سلسلة من الحلقات تبدأ من إدارات التربية والتعليم في المحافظات التي تحدد الاحتياجات في شكل برامج ومشروعات يتم رفعها إلى جهاز التخطيط بوزارة التربية والتعليم، الذي يقوم بدراستها ويعمل على ترتيبها حسب أهميتها والتنسيق بينها، وموازنتها مع باقي المحافظات ومع الموارد المتاحة، ثم يقوم بعمل تصميم مبدئي لإطار الخطة.

ب-تنفيذ الخطة ومتابعتها

بعد مرحلة إعداد الخطة التعليمي وإقرارها واعتمادها من جانب السلطات العليا المختصة تبدأ مرحلة التنفيذ وتوقع المشكلات التي قد تحدث أثناء التنفيذ وتصور كيفية مواجهتها والتغلب عليها، وقد يتم إدخال تعديلات على الأهداف أو البرامج أو أي عنصر آخر من عناصر الخطة في ضوء الخبرات الفعلية للتنفيذ، ويتوقف نجاح تنفيذ

---

(١) James Lewis, Lang-rong and short-range planning for education administrators, (Broston Allyn Bacon, Inc., ١٩٨٣), p.

أي خطة تعليمية على وضوح أهدافها، وارتباطها بالحاجات الفعلية للمستفيدين، ومراعاتها للإمكانات المادية والبشرية المتاحة.

وبعد تحديد المشروعات التي تقوم بتنفيذها الأجهزة المركزية بمفردها والمشروعات التي تقوم الأجهزة التعليمية المحلية على تنفيذها، والمشروعات التي تشترك في تنفيذها الأجهزة التنفيذية على المستويين القومي والمحلي، يتم تقسيم العمل وتوزيع الاختصاصات.

وينبغي أن يكون المبدأ العام الذي يحكم تنفيذ المشروعات التعليمية المختلفة هو تحقيق التعاون والمشاركة بين مختلف المستويات من ناحية التمويل أو تقديم الخبرات الفنية أو تهيئة الظروف الملائمة للعمل.

ويتطلب تنفيذ الخطة توفر قدر من المرونة بها يسمح بإدخال تعديلات طبقا للظروف المحلية، وتحقيقا للمصلحة العامة.

وتقع مسؤولية تنفيذ الخطة على عاتق جهاز التخطيط الذي يتولى تنفيذ جميع الأعمال المتعلقة بالخطة، أما جهاز المتابعة فيقع على عاتقه مسؤولية متابعة الإشراف على تنفيذ الخطة ومطابقتها فنيا وماليا وزمنيا وفقا لما جاء في الخطة والتعرف على مدى الالتزام بالبرنامج المحدد لخطوات التنفيذ وفقا للأهداف والأسس التي وضعت عند إعداد الخطة والكشف عن مواطن الضعف والقصور في تنفيذ المشروعات واتخاذ الإجراءات المناسبة للتغلب عليها، وبمعنى آخر التأكد من أن الأعمال تتم وفقا للخطة المرسومة ومدى تطابق الأداء الفعلي مع الأداء المتوقع من عدمه، مع تصحيح الانحرافات إن وجدت أو تعديل الخطة بناء على تجربة الواقع وفي ضوء الخبرات الفعلية للتنفيذ [1]،

(١) محمد مصطفى زيدان: عوامل الكفاية الإنتاجية في التربية، مرجع سابق، ص (١٤٢)

وللمتابعة أهمية كبيرة بالنسبة لأجهزة التخطيط حيث أنه عن طريق المتابعة يمكن أن تتوافر لدى المخططين بيانات ربما لم تكن متوافرة لديهم عند إعداد الخطة، وعن طريق تلك البيانات يمكن إدخال التعديلات اللازمة في تفاصيل الخطة الموضوعة أو الاستفادة من هذه البيانات عند وضع الخطة الجديدة.

وتتضمن عملية المتابعة ما تتضمنه خطة التعليم مثل إنشاء المباني والتجهيزات المدرسية، ومتابعة التوسع في إعداد الطلاب أو هيئات التدريس وفق الخطة الموضوعة وغير ذلك، ويفضل أن يكون جهاز التخطيط والمتابعة ضمن إطار واحد ويعملان تحت إشراف وتوجيه إداري موحد [١].

جـ- التقويم والتغذية الراجعة:

يعني تقويم الخطة (الحكم على مدى نجاح الخطة أو فشلها في تحقيق الأهداف التي كانت موضوعة لها » [٢]، ويهدف إلى التعرف على المشكلات ومواجهتها ، ويستفاد منه في تصحيح المسار أو التعديل عندما يتطلب الأمر ذلك، ويتم التقويم في ضوء الأهداف العامة والتفصيلية للخطة التي حددها القائمون بعملية التخطيط وبعد تحديد النتائج التي تحققت والمعرفة الدقيقة لمستويات الأداء المحددة - في الخطة- والتكلفة المالية والفترة الزمنية، ولما كانت الخطة تتضمن إحداث تغييرات كمية وكيفية فإن تقويم الخطة يجب أن يمتد ليشمل فترة أطول من المحددة لتنفيذها، فالنتائج الكيفية عادة ما تتطلب مدة أطول من النتائج الكمية لتحديد وقياس نتائجها [٣].

(١) سميرة أحمد السيد: علم اجتماع التربية، مرجع سابق، ص (٢٠٩)
(٢) محمد مصطفى زيدان: عوامل الكفاية الإنتاجية في التربية، مرجع سابق، ص (١٤٢)
(٣) سميرة أحمد السيد: علم اجتماع التربية، مرجع سابق، ص (٢٠٩)

ويستفاد من نتائج التقويم –التغذية الرجعة- عند وضع مشروع خطة جديدة للتعليم تكون أكثر واقعية وقابلية للتنفيذ باستخدام الوسائل والإمكانيات المتاحة وأكثر قدرة على تلبية حاجات المجتمع من التعليم في الوقت الحالي في المستقبل وتراعي متطلبات العصر، أو تعديل الأساليب والإجراءات في الخطة الحالية تجنبا لما يسمى بالهدر التربوي المادي والبشري.

ولما كانت عملية التربية والتعليم تستغرق وقتًا طويلا ولا تظهر آثارها إلا بعد فترة زمنية، لذلك فإن تقويم الخطة التعليمية يتم بعد تنفيذ الخطة، ويتم أيضًا أثناء تنفيذ الخطة باعتبار التقويم عملية مستمرة تسير جنبًا إلى جنب مع تنفيذ الخطة.

إن التخطيط الذي تشير إليه العمليات أو المراحل السابقة يعني تحديد الأهداف المطلوب تحقيقها في المستقبل، تحديد وسائل تحقيق هذه الأهداف من سياسات وبرامج وأيضًا وسائل المتابعة أثناء التنفيذ لإجراء التعديل اللازم في الأهداف أو في الوسائل المؤدية إليها، والخطة باعتبارها موضوع عملية التخطيط وناتجها النهائي تعني الأهداف المستقبلية ووسائل تحقيقها.

الفصل الثامن

التخطيط الاستراتيجي والخطة الاستراتيجية للمدرسة

أولاً: أهداف الوحدة الدراسية:

بعد دراسة هذه الوحدة ينبغي أن يكون المتعلم قادرًا على أن:

١- يُعرف التخطيط الاستراتيجي في المدرسة.

٢- يُعدد خطوات ومراحل التخطيط الاستراتيجي المدرسي.

٣- يُعدد خطوات الخطة الاستراتيجية للمدرسة.

٤- يشرح أحد نماذج التخطيط الاستراتيجي في التعليم.

ثانيًا: تتضمن هذه الوحدة ما يلي:

١- مفهوم التخطيط الاستراتيجي.

٢- تعريف التخطيط الاستراتيجي.

٣- التخطيط الاستراتيجي في المدرسة.

٤- تعريف التخطيط الاستراتيجي للمدرسة.

٥- خطوات ومراحل التخطيط الاستراتيجي المدرسي.

٦- بعض نماذج التخطيط الاستراتيجي

٧- الخطة الاستراتيجية للمدرسة.

الفصل الثامن

التخطيط الاستراتيجي والخطية الاستراتيجية للمدرسة

أولاً: مفهوم التخطيط الاستراتيجي [١]:

لقد ظهر مصطلح التخطيط الاستراتيجي كوليد جديد لعلم الإدارة العامة وإدارة الأعمال، وذلك في حقبة الستينات والسبعينات من القرن العشرين ليقدم بعض المفاهيم والعمليات الحيوية التي تساعد على فهم ما يحدث ويبين القوى التي يمكن أن تقود التغيير وتطرح وتقوم البدائل الاستراتيجية على مختلف المستويات في المنظمات والمؤسسات الكبيرة والمتنوعة [٢].

وقد بدأ التخطيط الاستراتيجي يدخل إلى حيز التطبيق بسبب عوامل من أهمها: الزيادة الكبيرة في أعداد المنظمات الاقتصادية والاجتماعية ومنها منظمات التربية والتعليم والتوسع في أنشطتها، والحاجة إلى أساليب جديدة لإدارة أعمالها، وأيضًا أزمة التمويل بالولايات المتحدة الأمريكية في الثمانينات، وكذلك أزمة الفعالية والدخول إلى عصر المعرفة المتجددة [٣] وايضًا التطوير التكنولوجي والتغيرات الاقتصادية والاجتماعية المتسارعة، وقد أدت كل هذه العوامل مجتمعة إلى الاتجاه نحو الأخذ بمنهجية التفكير والتخطيط الاستراتيجي والإدارة الاستراتيجية كأسلوب في

---

(١) Don Adams: "Paradigmatic contexts of Models Education

(٢) Planning and Decision Making Educational Planning Vol (٦) No (١) ١٩٨٧ p. ٣٨

(٣) خالد بن عبد اللـه بن دهيش وآخرون: الإدارة والتخطيط التربوي، أسس نظرية وتطبيقات عملية، ط٣، مرجع سابق، ص (٢١٠).

الإدارة الفعالة ومنهج في صنع القرارات الاستراتيجية واتخاذها للتأثير في مستقبل المنظمات الاقتصادية والاجتماعية ومنها التربية والتعليم.

ولقد أصبح التخطيط الاستراتيجي في الآونة الأخيرة من أفضل مداخل تطوير المنظمات الاقتصادية والاجتماعية ومنها منظمات التربية والتعليم، وهو في أبسط صوره عملية طويلة الأجل تتضمن بعض الإجراءات والعمليات الضرورية التي تستهدف إنجاز رؤية (Vision) مستقبلية واضحة ومحددة، وهو وظيفة من وظائف الإدارة الاستراتيجية ونوع من التخطيط يعبر عن رؤية لوظيفة التنظيم في المستقبل ويسمح لمديري المنظمات التربوية ومن بينها المدارس، بتقرير أين يريدون الوصول بمدارسهم؟ وكيف يمكنهم الوصول إلى حيث يريدون؟ ومتى الوصول؟

وهذا يعني أن التخطيط الاستراتيجي في أبسط صوره هو تصميم أو نموذج للمستقبل المأمول وتحديدًا للآليات المؤدية إليه، وهو -أي التخطيط الاستراتيجي عبارة عن عملية تبدأ بصياغة الأهداف فالاستراتيجيات، والسياسات، ثم الخطط لا سيما التفصيلية أو الإجرائية المؤدية إلى تنفيذ الاستراتيجية بصورة تتحقق من خلالها الأهداف المرسومة، وهو عملية تتصف بالاستمرارية للسيطرة على التغيرات التي قد تحدث في البيئة الداخلية للمؤسسة أو الخارجية [(١)].

والتخطيط الاستراتيجي يقع في مقدمة وظائف الإدارة الاستراتيجية، ويعمل على توجيه المنظمة إلى المستقبل المنشود، الذي يتطلب تحديد رسالة المنظمة وأهدافها

---

(١) Steiner G. A " Strategic Planning. What every manger must know " New York, the preepress, Macmillan company, ١٩٧٩, p.p. ٤٦-٥٨.

انظر في خالد بن عبد الله بن دهيش وآخرون: الإدارة والتخطيط التربوي، ط ٣، مرجع سابق، ص (٢١٢).

الاستراتيجية بناءًا على تحليل الوضع الراهن للمنظمة ولبيئتها الخارجية وقدرتها الذاتية، ثم يتم ترجمة الأهداف إلى برامج وخطط استراتيجية.

وقد ظهر التخطيط الاستراتيجي قبل ظهور مفهوم الإدارة الاستراتيجية، وفي ظل افتراض مؤداه سهولة التنبؤ والتأثير في المستقبل ولأجل طويل، وتقع المسئولية التخطيط الاستراتيجي على الإدارة العليا التي تضع الخطة الاستراتيجية وتكلف الإدارة التنفيذية بتطبيقها لبلوغ ذلك المستقبل.

والتخطيط الاستراتيجي علم وفن توجيه كل قوى المؤسسة التعليمية نحو تطوير الاستراتيجيات واتخاذ القرارات الأساسية التي تحدد ملامح مستقبل المؤسسة ووضع الخطط المناسبة لإنجاز الأهداف الاستراتيجية والتغلب على القضايا والمشكلات التي تواجه المؤسسة وتعوقها عن الوصول إلى المستقبل المنشود.

ويعني ذلك أن التخطيط الاستراتيجي يتميز عن التخطيط التقليدي طويل الأجل من حيث تركيزه على البيئة الخارجية المتغيرة للمؤسسة.

وقد بدأت مرحلة «التخطيط الاستراتيجي » في مجال منظمات التربية والتعليم منذ عقد الثمانينات والتسعينات من القرن العشرين، واعتبره المتخصصون في الإدارة التعليمية بديلاً فعالاً عن التخطيط التقليدي طويل الأجل، لأنه -أي التخطيط الاستراتيجي- يسعى إلى تطوير المنظمات التربوية على أساس من الدراسة والتنبؤ بموقعها في المستقبل، والطريق الذي يجب أن تسلكه إلى ذلك الموقع وذلك في إطار المتغيرات البيئية الخارجية، والفرص والتهديدات التي تؤثر إيجابًا أو سلبًا على منظمات التربية والتعليم، ويجيب التخطيط الاستراتيجي عن التساؤلات التالية «أين المنظمة التربوية الآن؟ متى يتم الإنجاز؟ وأين؟ ومن المسئول عن التنفيذ والمتابعة والتقويم؟ وماذا نريد تحقيقه للمنظمة بعد فترة زمنية محددة؟ ولماذا وما الموارد المخصصة للوصول بالمنظمة إلى حيث نريد أن تكون؟ وكيف الوصول إلى حيث نريد؟

ولما كان مفهوم التخطيط الاستراتيجي قد انتقل من مؤسسات العمل والإنتاج والخدمات إلى مؤسسات التربية والتعليم، فإن الضرورة تقتضي التعرض لتعريف التخطيط الاستراتيجي بصفة عامة وفي مجال التربية والتعليم والمدرسة تحديدًا.

ثانيًا: تعريف التخطيط الاستراتيجي:

يُعرف التخطيط الاستراتيجي بأنه «عملية اتخاذ قرارات مستمرة بناءًا على معلومات ممكنة مستقبلية عن هذه القرارات وآثارها في المستقبل، ووضع الأهداف والاستراتيجيات والبرامج الزمنية، والتأكد من تنفيذ الخطط والبرامج المحددة ».

ويؤكد هذا التعريف على أن التخطيط الاستراتيجي محوره صنع القرارات المستندة على رؤية مستقبلية واتخاذها وتحديد الأهداف والاستراتيجيات بقصد إنجاز الرؤية والرسالة للمؤسسة التعليمية.

أو هو «أسلوب منظم تقوم به الإدارة العليا للمؤسسة لتحديد القرارات المتعلقة بالقضايا المهمة والجوهرية لبقائها وحيويتها واستمرارها على المدى الطويل وتكون هذه القضايا بمثابة الأساس لكل الخطط الاستراتيجية التي يتم تطويرها لأي فترة زمنية لاحقة »[(1)].

ويؤكد هذا التعريف على أن التخطيط الاستراتيجي كأسلوب يسير وفق مراحل مترابطة يقوم بإعدادها مدير المؤسسة ولجنة التخطيط الاستراتيجي وإسناد تطبيق الخطة الاستراتيجية للإدارة التنفيذية.

ثالثًا: التخطيط الاستراتيجي في المدرسة:

يعتبر التخطيط الاستراتيجي شكل من أشكال التخطيط تتصور به المنظمة مستقبلها، ووظيفة من وظائف الإدارة المدرسية الفعالة، وهو عملية منظمة تعتمد على

(١) عبد الرحمن توفيق: منهج الإدارة العليا، التخطيط الاستراتيجي والتفكير الإبداعي، إعداد خبراء مركز الخبرات المهنية للإدارة، ط ٣، القاهرة: ٢٠٠٤م.

الأسلوب العلمي في الدراسة والبحث بقصد وضع إطار عام لخطة استراتيجية واقعية وقابلة للتنفيذ، لمقابلة احتياجات المدرسة ومجتمعها، حسب أولويتها وفي ضوء المتغيرات البيئية الخارجية والداخلية للمدرسة والإمكانات المتاحة وجوانب القوة والضعف والفرص المتاحة، والمخاطر المتوقعة والمؤثرة في العمل المدرسي، ومن خلال استراتيجية محددة بفترة زمنية معينة وتطبق في إطار مجموعة من القيم والمبادئ المعلنة والحاكمة في الإدارة المدرسية، وذلك بقصد تحقيق الرؤية المستقبلية للمدرسة.

رابعًا: تعريف التخطيط الاستراتيجي للمدرسة:

هو «عملية جوهرها الملاءمة بين نتائج تقييم البيئة الخارجية لمؤسسة تعليمية وبين موارد البيئة الداخلية بهذه المؤسسة ويجب أن تكون هذه العملية قادرة على مساعدة المؤسسة التعليمية في الاستفادة من نواحي القوة والفرص المتاحة وفي الحد من نقاط الضعف والتقليل من التهديدات ».

ويعرفه (برايسون Bryson) بأنه «شكل من أشكال التخطيط تم تصميمه بغية مساعدة المؤسسات ومنها التربوية والتعليمية، وهو جهد منظم لتقديم القرارات، وممارسات جوهرية تشكل اتجاه وطبيعة أنشطة المنظمة ومساعدتها على الاستجابة بشكل جيد للظروف المتغيرة »[(١)]..

أما (بترسون M. Petrson) فقد أوضح أن «التخطيط الاستراتيجي التعليمي يستهدف تعزيز عملية التكيف والانسجام بين المؤسسة التعليمية، والبيئة التي تتميز بطابع التغير، وذلك من خلال تطوير نموذج مرن قابل للتعديل، بغية تحقيق المستقبل المنشود للمنظمة التعليمية »[(٢)]..

---

(١) خالد بن عبد الله بن دهيش وآخرون، الإدارة والتخطيط التربوي، أسس نظرية وتطبيقات عملية، ط ٣، الرياض: مكتبة الرشد، ١٤٣٠هـ/ ٢٠٠٩م، ص (٢١٣).

(٢) نفس المرجع: ص (٢١٣).

بينما يعرفه هيرمان «بأنه نوع من التخطيط طويل الأجل يستهدف إيجاد رؤية مستقبلية معينة تسعى المدرسة إليها، ويتيح لمديري المدارس والمشاركين معهم فرصة تقرير: أين يريدون الوصول بمدارسهم؟ وكيف يمكنهم الوصول إلى حيث يريدون؟

ومن خلال ما سبق يمكن القول بأن التخطيط الاستراتيجي للمدرسة هو «عملية طويلة الأجل، يقوم بها مدير المدرسة والفريق المشارك معه، بقصد تطوير رؤية مستقبلية للمدرسة يقوم تحقيقها في الواقع على فهم التغيرات الحادثة في البيئة الخارجية وتقييم القوى الداخلية ومعرفة نقاط القوة والفرص والتهديدات المؤثرة على العمل المدرسي وتحديد الأهداف الاستراتيجية والإجرائية ووضع إجراءات التنفيذ واستثمار الموارد والوسائل بطريقة فعالة تحقق الأهداف ومن ثم الرؤية المستقبلية في فترة زمنية محددة.

وتعكس هذه التعريفات أهمية التخطيط الاستراتيجي كأسلوب أو نموذج فعال للمستقبل المأمول وتحديدًا للآليات المؤدية إليه، يساعد في مواجهة التحديات الحالية والمستقبلية من خلال وضع استراتيجيات محددة واضحة المعالم لتحقيق رؤية ورسالة المدرسة.

ويعني ذلك أن التخطيط الاستراتيجي عبارة عن عملية منظمة مترابطة تؤدي لتحديد الرؤية المستقبلية للمدرسة وأهدافها العامة أو الاستراتيجية، والأهداف التفصيلية، والسياسات، ثم الخطط التفصيلية قصيرة المدى المؤدية إلى تنفيذ الاستراتيجية بصورة تحقق هذه الأهداف، وهو عملية تتصف بالاستمرارية للسيطرة على التغيرات التي قد تحدث في البيئة الخارجية والداخلية للمنظمات التربوية والتعليمية ومنها المدرسة.

ومن هذا المنطلق فإن مدير المدرسة بصفته واجهة الإدارة المدرسية في مدرسته عليه أن يدرك أن الأخذ بالتخطيط الاستراتيجي هو وظيفته الأولى وسبيله لتطوير العمل

المدرسي الحالي والمستقبلي من خلال تحديد الأهداف الاستراتيجية والإجرائية، وكيفية إنجازها والموارد اللازمة لتطبيق الخطة الاستراتيجية للمدرسة.

وفي هذا السياق فإن التخطيط الاستراتيجي للمدرسة يرتكز على الجوانب التالية:

أ-التعامل مع المستقبل والتغيرات الحادثة في البيئة المحيطة بالمدرسة، واعتبارها نظامًا مفتوحًا.

ب- فهم البيئة الخارجية غير المستقرة للمدرسة بما فيها من فرص وتهديدات لجعلها قادرة على التكيف مع البيئة المتغيرة.

جـ-استثمار الموارد المتاحة بما يحقق الأهداف الاستراتيجية للمدرسة.

د-استخدام الاتجاهات الحالية والمستقبلية لاتخاذ قرارات تتعلق بالحاضر والمستقبل على حد سواء.

وتجدر الإشارة هنا وإلى أن الاختلاف الأساسي بين التخطيط التقليدي والتخطيط الاستراتيجي يتركز في أن النوع الأول ينظر للبيئة الخارجية على أنها مستقرة. أما النوع الثاني فينظر للبيئة الخارجية على أنها متغيرة وديناميكية، ولذلك يعتمد على المراقبة المستمرة للمتغيرات الخارجية والأحداث والأوضاع البيئية، وتحليل الاتجاهات، ثم عمل تنبؤات بما ستكون عليه في المستقبل، وتشكل هذه التنبؤات أساس عملية التخطيط الاستراتيجي.

خامسًا: خطوات ومراحل التخطيط الاستراتيجي المدرسي[1]:

تمر عملية التخطيط الاستراتيجي بمجموعة من الخطوات والمراحل المنطقية والمتكاملة تحقق الفعالية في إدارة المنظمات التربوية والتعليمية ومن بينها المدرسة، وهذه الخطوات ينبغي على مدير المدرسة والعاملين معه مراعاتها، وهي:

١- تحديد الأسس التي ترتكز عليها عملية التطوير مثل: المبادئ والقيم الإسلامية، والاتجاهات المعاصرة في التربية والتعليم، التراث الحضاري العربي، توجهات القيادة، العليا... وغير ذلك.

٢- فحص وتحليل وتقويم البيئة الخارجية ذات العلاقة بالمنظمة (المدرسة) إما حاليًا أو مستقبلاً وتقرير جوانب القوة والضعف فيها، والاستفادة منها في تطوير الرؤية المستقبلية للمدرسة وتحديد المهام وتتضمن المتغيرات البيئية الخارجية (الموارد المالية المتاحة، العوامل السياسية، العوامل الاجتماعية والسكانية، بيانات للمواقف والأوضاع الحالية) التي يحتمل أن تؤثر على سير العمل المدرسي ونجاحه، والتعرف على مكانة المدرسة في المنظومة المجتمعية ومدى تفاعلها وعلاقتها بالأنظمة الأخرى، والانطلاق من كل ذلك لبناء التنبؤ بمستقبل المدرسة، ويكون هذا الفحص عن طريق التحليل الشامل لماضيها وحاضرها لتحديد الفرص والتحديات والانطلاق من ذلك للتنبؤ بمستقبلها، وتتم عملية التحليل وفق ما يلي:

- جمع المعلومات والبيانات حول المتغيرات البيئية الخارجية وتحليلها.
- إعداد التنبؤات حول كل متغير بيئي على حده وفق نتائج التحليل.

---

(١) إبراهيم عباس الزهيري: الإدارة المدرسية والصفية منظور الجودة الشاملة، القاهرة: دار الفكر العربي، ١٤٢٩هـ/ ٢٠٠٨م، ص ص (٢١٤- ٢١٨).

- تحديد المسائل الأساسية في البيئة الخارجية التي لها تأثير على عمليات ووظائف المؤسسة التعليمية.

٣- فحص وتحليل وتقويم البيئة الداخلية للمدرسة بما فيها من موارد مادية وبشرية لمعرفة وتقويم البيئة الداخلية للمدرسة بما فيها من موارد مادية وبشرية لمعرفة نواحي القوة والضعف، وكذلك المعلومات المرتبطة بها مثل: العمليات الإدارية الحالية، البرامج المدرسية المعدة، نسب الحضور والغياب، مستويات تحصيل الطلاب، وفهم المعلومات البيئية وتحليلها، وبيان مدى ارتباطها واتساقها بالمعلومات الخارجية لبيئة المدرسة، فضلا عن معرفة ما حققته المدرسة من إنجازات وما لم تحققه وما يوجد بها من مشكلات ومعوقات. ويتضمن تحليل البيانات الداخلية للبيئة المدرسية مجموعة من المتغيرات المرتبطة بتحصيل الطلاب ومنها: جنس الطالب، الحالة الاجتماعية، الظروف الاقتصادية، الخلفية الثقافية، وأنشطة الطلاب، وبعد الانتهاء من الخطوتان (٢، ٣) يتم وضع تقرير عن حالة المدرسة.

٤- اقتراح مجموعة من المهام المحددة ذات الأولوية في المستقبل، وتحديد الرؤية والأهداف الاستراتيجية العامة طويلة المدى والإجرائية التفصيلية قصيرة المدى، تعبر عن طموح المدرسة لمواجهة التحديات، وتحقق الاستراتيجية. ويتم تحديد بيان المهام من خلال الإجابة عن التساؤلات التالية: ما الذي ستقوم به المدرسة؟ وكيف نستطيع القيام بذلك؟ ولماذا هي تعمل ذلك، وعندما تكون الأهداف واضحة ومحددة ومتضمنة المهام، فإنه سوف تساعد على إنجاز رؤية المدرسة وتحقيق رسالتها وبالتالي تطوير خطط العمل مستقبلا.

٥- تحليل العوامل المؤثرة (عوامل القوة والضعف، والفرص والتهديدات) فبعد أن يُحدد مدير المدرسة والمشاركون معه رؤية المدرسة يقومون بتحليل العوامل

المؤثرة في إنجاز الرؤية، وأيضًا يقومون بتطوير السياسة التي تدعم عوامل النجاح، وتقلل في نفس الوقت من تأثير عوامل الفشل.

٦- تطوير خطط العمل وتخصيص الموارد اللازمة لها.

٧- تنفيذ الخطط والعمل على تطويرها. وحتى يضمن مدير المدرسة تطبيق الخطة الاستراتيجية بنجاح وواقعية ينبغي عليه القيام بما يلي:

أ- تحديد الأشخاص المسؤولين عن تطبيق الخطة وتوضيح خطوات تنفيذ الخطة.

ب- ضمان واقعية الخطة، عن طريق سؤال المشاركين في التخطيط، هل هذا هو الواقع؟ وهل نستطيع عمل ذلك فعلا؟

ج- تنظيم الخطة الاستراتيجية العامة في مجموعة من خطط عمل صغيرة تُسند كل منها للجنة مختصة، مع تحديد موعد بداية ونهاية تنفيذ الخطة.

د- يتم في الخطة الاستراتيجية تحديد من الذي يعمل؟ وكيف؟وأين يعمل؟ ومتى يعمل؟ وبحيث تتضمن خطط العمل (الرؤية،الرسالة، المهام، القيم، المصادر الرئيسة، الأهداف، الاستراتيجيات).

هـ- تحديد أدوار ومسئوليات منفذي عملية التخطيط والمشرفين عليها.

و- وضع معايير ومؤشرات واضحة ومحددة تسهل المراقبة والمتابعة خلال العمليات المختلفة أثناء تنفيذ الخطة إلى حين تحقيق الأهداف.

ز- ترجمة أعمال الخطة الاستراتيجية من خلال توصيف الوظائف، وتقويم أداء المشاركين في تنفيذ الخطة.

ح- متابعة تنفيذ الخطة، مع المراجعة المستمرة للأهداف العامة والتفصيلية للخطة.

ك- التغذية الراجعة لضمان تنفيذ خطة العمل بنجاح وإجراء التعديلات المطلوبة عليها إذا تطلب الأمر ذلك.

ل- تحديد المؤشرات أو المحددات التي يستدل بها على الانتهاء من تنفيذ الخطة بنجاح.

م- بدء دورة أخرى من التخطيط الاستراتيجي ورؤية مستقبلية أخرى تستفيد من الدروس المستخلصة من تطبيق الخطة السابقة، وتستجيب للتحديات المستمرة والمتجددة.

ونؤكد هنا أن التخطيط الاستراتيجي الناجح يتطلب من مدير المدرسة أن يشرك في تخطيط الأنشطة والفعاليات المدرسية كلاً من: الهيئة التدريسية، الهيئة الإدارية، أعضاء المجتمع المحلي المهتمين بالتربية والتعليم، أولياء أمور الطلاب، بعض العاملين بإدارة التربية والتعليم بالمحافظة، الطلاب، ... الخ.

سادسًا: بعض نماذج التخطيط الاستراتيجي التعليمي:

توجد نماذج عديدة للتخطيط الاستراتيجي يمكن أن تطبقها إدارة التربية والتعليم بقصد تطوير وتحسين كفاية النظام التعليمي، ومنها ما يلي:

أ-نموذج ستينر Steiner Model [(١)]..

يطلق (ستينر) على هذا النموذج ما يسمى بالنموذج الوظيفي للتخطيط الاستراتيجي، لأنه يشتمل على المكونات والعمليات الأساسية للتخطيط الاستراتيجي وهو قابل للتعديل والتغيير حسب ظروف الإدارة التعليمية.

يتضمن هذا النموذج ثلاث مراحل رئيسية مترابطة ومتكاملة وهي:

(١) Steiner . G. A : Strategic Planning What Every Manager Must Know, New, York, The Free Press, Macmillan Company, ١٩٧٩.

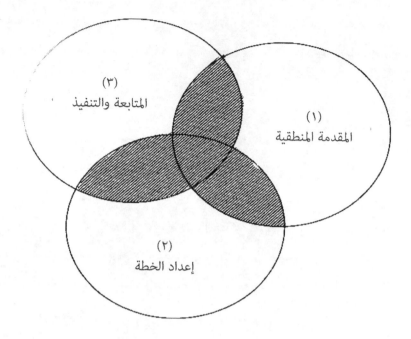

شكل (٣٤)

يبين مراحل التخطيط الاستراتيجي في نموذج ستينر

<u>المرحلة الأولى: المقدمات المنطقية:</u>

تنقسم هذه المرحلة إلى خطوتين وثيقتين: الأولى: تهتم بتحديد كيفية بـدء المسئولين لهذا الجهد (التفكير المؤسسي في التخطيط) ونوع المعلومات الأساسية ، وبصفة عامة تستهدف هذه المرحلة تدعيم المنشأة التعليمية وتحديد أهدافها الأساسية التي يتطلبها تنفيذ الخطط، وهذه الخطوة يطلق عليها خطوة التخطيط للتخطيط Planning For Planning بينما تركز الخطوة الثانية على تشخيص الوضع الراهن والعوامل المؤثرة فيه وتهتم بجمع البيانات (الكمية والنوعية) المتعلقة بالتوقعات

الخاصة بالاهتمامات الخارجية والداخلية والماضي والحاضر والتنبؤ بالأداء المستقبلي وتوقع الفرص والمخاطر التي يمكن أن تأتي من البيئة الخارجية وذلك في ضوء جوانب القوة والضعف في المنظمة أو المؤسسة.

<u>المرحلة الثانية: تشكيل أو إعداد الخطة.</u>

وتتضمن هذه المرحلة تشخيص الوضع الراهن أو الواقع الحقيقي للعملية التعليمية والعوامل المؤثرة فيه ثم وضع استراتيجيات مثالية أو متكاملة واستراتيجيات للبرنامج، وتضم الاستراتيجيات المثلى: الأنشطة الأساسية والأهداف، والسياسات، وتنظيم المصادر والاستفادة بها في المشروعات التي تتفاعل مع الأنشطة الأساسية وتصميم الوسائل الأكثر فعالية لتحقيق هذه الأهداف، ومع الوصول إلى الاستراتيجية المثالية تتجه العملية إلى تطوير خطط أو برامج متوسطة المدى تكون محققة لوصف كامل لآلية تنفيذ الاستراتيجية المثالية، ثم تأتي الخطط طويلة المدى، والتي تتضمن تحليلاً تنفيذيًا للخطط متوسطة المدى.

<u>المرحلة الثالثة: التنفيذ والمتابعة:</u>

وتشتمل على كافة الأنشطة الإدارية بما تتضمنه من الدافعية والرقابة والتقويم، وهنا يأتي اهتمام الإدارة العليا في المنظمة بالخطط والنتائج في مقدمة العوامل التي تسهم في إنتاج خطط فعالة.

ب-نموذج كوفمان (١). Kaufman Model

وينقسم هذا النموذج إلى ثلاثة مستويات تخطيطية هي:

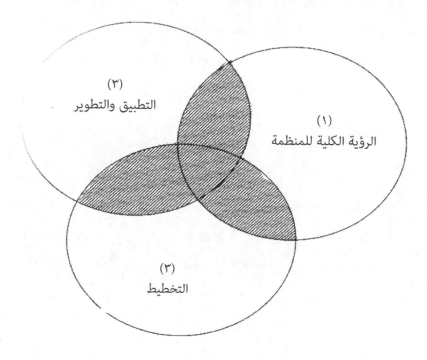

١-   الرؤية الكلية للمنظمة.

٢-   التخطيط.

٣-   التطبيق والتطوير.

(١) خالد بن عبد الله بن دهيش، وآخرون، الإدارة والتخطيط التربوي، أسس نظرية وتطبيقات عملية، مرجع سابق، ص ص (٢٢٣- ٢٢٤).

١-الرؤية الكلية للمنظمة:

وفي هذه المرحلة تحدد الرؤية الكلية للمنظمة، وهي التي توضح تصورا لما تريد الإدارة التعليمية أو المدرسية أن تصل إليه في المستقبل؟

ومن خلال هذه الرؤية يتم صياغة الرسالة وتمثل عرضًا تفصيلياً لمضمون رؤية المنظمة-للمستقبل- وتحمل في مضمونها العناصر الرئيسة التي من شأنها تحقيق الرؤية ويتم تحديد الرسالة في ضوء تحديد احتياجات وفجوات الإدارة التعليمية،أو المدرسية والخطوة الأخيرة في هذه المرحلة التخطيطية، يتم تحديد أهداف الرسالة أو ما يمكن تعريفه بالأهداف الاستراتيجية، بحيث تعبر بشكل دقيق وبصيغة إجرائية عما ينبغي الوصول إليه لتحقيق الرسالة ومن ثم الرؤية الكلية للمنظمة.

٢-التخطيط:

وفي هذا المستوى يتم إجراء تحليل الوضع الراهن وتشخيصه باستخدام الأسلوب المعروف Swot ومن خلاله يمكن التعرف على جوانب القوة والضعف والمخاطر والفرص المتاحة للمنظمة، ثم تأتي عملية تحديد الأهداف بعدية المدى والأهداف الإجرائية قصيرة المدى موزعة على سنوات الخطة، وبذلك تكون الرؤية أو الخطة الاستراتيجية Strategy Plan قد اصبحت جاهزة للتنفيذ.

٣- التطبيق والتطوير:

ويمثل هذا المستوى مرحلة التنفيذ ويتم فيها بناء وصياغة الخطة التنفيذية التي تتضمن الأهداف والوسائل وتاريخ البدء والانتهاء والكلفة التقديرية ومسئوليات التنفيذ والمتابعة، ويلي ذلك خطوة المتطلبات المادية والبشرية للخطة، ثم تبدأ خطوة التنفيذ والتقويم والتطوير، وخلالها يتم تحديد مستوى الفعالية والإتقان وما إذا تطلب الأمر إعادة التخطيط والتطوير من جديد.

وتجدر الإشارة إلى أن هذا النموذج يربط الإدارة بالمجتمع الخارجي ويعتبره أحد عوامل نجاح التخطيط الاستراتيجي، وقد طبقت وزارة التربية والتعليم في المملكة العربية السعودية استخدمت هذا النموذج في إعداد الخطة العشرية للتعليم ١٤٢٥/ ١٤٣٥هـ.

سابعًا: الخطة الاستراتيجية للمدرسة:

أ-تعريف الخطة الاستراتيجية للمدرسة:

هي خطة أساسية، تغطي مجالات عديدة في المدرسة، طويلة الأجل تتراوح مدتها بين (٣-٥ سنوات)، وُتحدد الرؤية المستقبلية للمدرسة، وترصد الوضع الراهن لعمل المدرسة وتحلله، وتحدد فيها الأهداف الاستراتيجية أو الأهداف العامة Goals والأهداف التفصيلية، والأنشطة الأساسية والبرامج، والسياسات [١]. والإجراءات [٢]. وتنظيم الموارد، والاستفادة من الفرص المتاحة للمدرسة، وتصميم الوسائل الأكثر فعالية بصورة تتحقق من خلالها الأهداف المحددة.

ومن هذا المنطلق فإن الخطة الاستراتيجية تعني تصميمًا أو نموذجًا سلوكيًا للمستقبل المأمول للمدرسة، يحدث التكامل بين الأهداف والسياسات وتتابع الأفعال، ويوجه عمليات تخصيص الموارد، واتخاذ القرارات، ويحدد الآليات المؤدية إلى إحداث التكيف والتفاعل بين المدرسة والبيئة المتغيرة وتحقيق التنافسية مع المدارس الأخرى.

وتتحدد الخطة الاستراتيجية للمدرسة بوضع برنامج شامل لها، ضمن خطة عامة للسياسة المدرسية، من خلال تحديد الأهداف العامة والتفصيلية التي تعتبر موجهات للسلوك الإداري والفني لمدير المدرسة [٣]..

(١) مبادئ عامة إرشادية لاتخاذ القرارات.

(٢) خطوات متتابعة تصف تفصيليا كيف تؤدي الأنشطة أو الأعمال

(٣) إبراهيم عباس الزهيري: الإدارة المدرسة والصفية، مرجع سابق، ص (٢١٩).

وتتضمن الخطة الاستراتيجية مجموعة من الخطط التفصيلية أو التنفيذية متوسطة الأجل ومتكاملة وتتراوح مدة كل منها مابين (ستة شهور إلى ثلاث سنوات)، وترتبط كل واحدة منها بمجال (Domain) واسع من مجالات العمل والتطوير المدرسي المتفق مع متطلبات الرؤية والتي تعني ما يجب أن تكون عليه المدرسة في المستقبل، وبالتالي لا تخلو أية خطة استراتيجية من عدة خطط تفصيلية تسند كل منها للجنة مختصة تتولى تنفيذها، ومن أمثلة الخطط التفصيلة:

خطة التنمية المهنية للمعلمين، خطة تطوير الموارد المادية، خطة تطوير تكنولوجيا التعليم، تطوير المناهج الدراسية، تكامل المنهج المدرسي، خطة رعاية الموهوبين، خطة تحسين العلاقة مع المجتمع المحلي... وغيرها.

وعند بناء الخطط التفصيلية أو التكتيكية يتم ترجمة الرؤية والأهداف العامة أو الاستراتيجية إلى أهداف تفصيلية متوسطة المدى وقابلة للإنجاز في فترة زمنية معينة، ومن خلال تجديد البرامج والمشروعات المفضلة وفق ترتيب الأولويات وتنفيذها من قبل الإدارة الوسطى (الأقسام) تتحقق تلك الأهداف ومن ثم الأهداف العامة أو الاستراتيجية.

أما الخطط قصيرة المدى فتتراوح مدتها بين (يوم إلى ستة شهور) وتتضمن تحليلاً تنفيذيًا للخطة متوسطة المدى، وتكون أكثر تفصيلاً منها، وتتناول كل شيء يومًا بيوم، ويقع عبء تنفيذها على المستويات الإدارية الأدنى، وهذه الخطط يمكن أن تطور لتحديد كيفية تحقيق الأهداف قصيرة المدى، وما الذي يتعين على كل فرد في المجتمع المدرسي وخارجه -وخاصة من المهتمين بعمل المدرسة- فعله لتحقيق هذه الأهداف.

وتجيب الخطة الاستراتيجية للمدرسة عن الأسئلة التالية:

١-   ما هو العمل الذي نرغب في إنجازه، (وهو بمثابة الهدف) ولمن نعمله؟

٢-   من يقوم بذلك العمل، وكيف نستطيع القيام بذلك العمل في ضوء الواقع؟

٣- ما الموارد المطلوبة لتنفيذ العمل؟

٤- كيف نتحقق من إنجاز العمل؟

٥- متى تقاس نتائج العمل، وكيف؟

وتتضمن الخطة الاستراتيجية لتطوير العمل بالمدرسة: وصف مناخ المدرسة، المرافق، تطوير العاملين، المناهج، الاختبارات والتقويم، مشاركة الآباء... ونحو ذلك.

ب- خصائص الخطة الاستراتيجية للمدرسة:

هناك مجموعة من الخصائص تتميز بها الخطة الاستراتيجية ومنها ما يلي:

٢- ذات خطوط عريضة.

٣- تتسم بالمرونة لاستيعاب المتغيرات المستمرة والمستجدات.

٤- تعتبر مظلة تربط بين الخطط على مختلف المستويات التنظيمية، وفي ذات الوقت تعمل كإطار لتوجيه القرارات في داخل المدرسة.

٥- مسئولية المستويات الإدارية العليا.

ج- شروط الخطة الاستراتيجية الجيدة:

إذا أراد مدير المدرسة ومعاونوه أن تكون مخرجات العملية التعليمية فعالة، يجب عليهم أن يحرصوا على توفر مجموعة من الشروط في الخطة، وهي:

١- اتساق مفرداتها مع رسالة المدرسة وأهدافها.

٢- تتسم أهدافها بالتحديد والتدرج والوضوح وقابلية التحقيق ومواكبة التغيرات.

٣- مشاركة جميع الأفراد الذين يجب أن ينفذوها في تصميمها وإعدادها.

٤- المرونة وتتمثل في إدخال تعديلات على الخطة لمواجهة ما قد يطرأ من تغيرات اجتماعية واقتصادية وثقافية وغيرها.

٥- استفادة المدرسة مما تتيجه البيئة من الفرص، وتعني هذه الفرص (التغيرات المواتية في البيئة الخارجية التي تؤثر إيجابيا على المدرسة).

٦- تحديد أفضل الوسائل لحماية المدرسة مما تفرضه البيئة الخارجية عليها من تهديدات (تغيرات تحدث في البيئة الخارجية في غير صالح المدرسة وتؤثر سلبًا عليها) وتقاس الفرص والتهديدات بالنسبة لنقاط القوة والضعف في المدرسة.

٧- تلبية احتياجات المجتمع الحالية والمتوقعة.

٨- الاستفادة من جهود كل شخص في الدرسة.

د-بناء الخطة الاستراتيجية للمدرسة (١):

Developing Strategic Planto School

تكون الخطة الاستراتيجية للمدرسة على شكل وثيقة تبين كيفية تنفيذ الاستراتيجيات التي تم اختيارها والموافقة عليها.

وتسير عملية بناء الخطة الاستراتيجية بأربع مراحل مترابطة ومتكاملة، وهي:

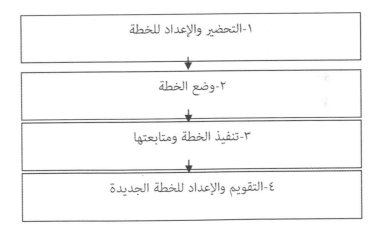

١-التحضير والإعداد للخطة

↓

٢-وضع الخطة

↓

٣-تنفيذ الخطة ومتابعتها

↓

٤-التقويم والإعداد للخطة الجديدة

(١) المرجع السابق: ص ص(٢٢١- ٢٢٨).

المرحلة الأولى: التحضير للخطة:

تتطلب من مدير المدرسة ومعاونوه القيام بتشخيص الوضع الحالي للمدرسة مـن خـلال التحليـل الدقيق لوضعها الراهن، وتحديد ما يمكن الاستفادة منه عند التخطيط للمستقبل، ثم يقومـون بـالخطوات التالية.

أ-تحديد الأهداف العامة أو الاستراتيجية للخطة، وتتحقق هـذه الخطـوة مـن خـلال الإجابـة عـن الأسئلة التالية:

١- ماذا نريد تحقيقه؟

٢- أين نحن الآن من ذلك الهدف؟

٣- ما هي العوامل التي ستعيقنا أو ستساعدنا في تحقيق الهدف؟

٤- ما هي البدائل المتاحة لتحقيق الهدف؟ وما هو البديل الأفضل؟

ويقوم بإنجاز هذه المرحلة مدير المدرسة، واللجنة الإدارية، ولجنة التخطيط الاستراتيجي بالمدرسة. ويتفق المخططون على أن وضوح الأهداف العامة وتحديدها وتضمينها للمهام، سوف يساعد عـلى إنجاز الرؤية المستقبلية للعمل المدرسي، والمتمثلة في الأهداف التي يتوقع من المدير تحقيقها في فترة زمنية معينة، وبحيث تحدد هذه الرؤية مستقبل المدرسة ومستواها التعليمي والتربوي والثقافي، ذلك لأن رؤيـة المدير المستقبلية لمدرسته يعطي للمدرسة نجاحًا في تحقيق عمليات التطوير والتحديث وقد تختلـف الرؤية المستقبلية من مدرسة لأخرى وفقا للأولويات والأهمية لدى تلك المدرسة [١]..

ب-حصر الإمكانات المادية والبشرية المتاحة، وتتم هنا الخطوة مـن خـلال قيـام مـدير المدرسـة ومعاونوه بما يلي:

---

(١) المرجع السابق، ص ٢٢٨.

١- جمع وتحليل البيانات والمعلومات المرتبطة بواقع البيئة الخارجية للمدرسة، المتمثلة في العوامل السكانية، الاجتماعية، الاقتصادية، التكنولوجية وكذلك البيئة الداخلية والمتمثلة في الإمكانات المادية سواء المباني والتجهيزات، والموارد المالية والبشرية وكل المعلومات التي تخص المعلمين والطلاب، والمدرسة بوجه عام، وكذلك عوامل الفرص والتهديدات الخارجية، وذلك لتوفير قاعدة لتطوير الرؤية التي ستكون عليها المدرسة في المستقبل والتي تساعد في تحديد أهداف الخطة التنفيذية للمدرسة.

٢-التعرف على نقاط القوة والتميز لدى المعلمين والطلاب ورجال الأعمال في المجتمع المحلي والاستفادة من جهودهم في تنفيذ الخطة.

٣- التعرف على إمكانات وقدرات المسئولين في الإدارة التعليمية التي يمكن الاستفادة منها وفي وضع الخطة تنفيذها.

ج-تقييم الخطة السنوية السابقة لمعرفة المعوقات التي واجهت مدير المدرسة ومن معه، وكيف تغلبوا عليها، وأيضًا معرفة المهام التي وردت في الخطة السابقة ولم تنجز ولا زالت المدرسة في حاجة لإنجازها وينبغي أن تتضمنها الخطة الجديدة، وكذلك الاستفادة من الأساليب والوسائل التي نجحت في تحقيق أهداف معينة واستبعاد ما عاداها.

<u>د-تحديد الأهداف التفصيلية:</u>

وتعود أهمية هذه الخطوة التي ينبغي أن يقوم بها مدير المدرسة وأعضاء الهيئتين الإدارية والتعليمية في أنها تساعدهم على معرفة الجوانب التي يجب أن تتجه إليها كافة الجهود والموارد المتاحة أثناء تنفيذ الخطة، فضلاً عن أنها تتخذ أساسًا كمعايير لقياس الأداء وتقييم ومراجعة الخطة وتعديل مسارها إذا لزم الأمر ذلك، ويجب أن تكون هذه الأهداف محددة وواضحة، ومشتقة من الأهداف العامة أو الاستراتيجية،

ومحققة لرسالة المدرسة، وقابلة للقياس والتنفيذ من خلال الاستفادة من الموارد والإمكانيات المتاحة، مع مراعاة مبدأ الأولويات وفق متطلبات وحاجات المدرسة.

هـ-وضع السياسات والإجراءات المناسبة:

في هذه الخطوة يقوم مدير المدرسة بتكليف اللجان المدرسية المختصة بمراجعة الأهداف العامة والتفصيلية للخطة، وتحديد ما تتطلبه من سياسات وإجراءات ملائمة لتحقيق هذه الأهداف.،

وينبغي على مدير المدرسة التنسيق بين اللجان التي تقوم بتحديد أهداف الخطة، وتلك التي تتولى توفير السياسات والإجراءات المناسبة.

المرحلة الثانية: وضع الخطة:

بعد أن يتم تحديد الأهداف العامة والتفصيلية ووضع السياسات والإجراءات، ينبغي على مدير المدرسة واللجان المختصة تطوير خطط العمل المتصلة بدقة ودعم فرق العمل وإنجاز ما هو مطلوب، ويشترط في خطط العمل المفصلة تحديد ما يلي:

١- المهام التي يجب القيام بها في ظل الموارد والإمكانات المتاحة مع مراعاة مبدأ الأولويات، ومن سيكون مسئولا عن كل مهمة.

٢- الفترة الزمنية لإنجاز المهام وتنفيذ الخطة.

٣- المقاييس أو المعايير التي ستستخدم لتقرير ما إذا كانت الأهداف العامة أو التفصيلية قد تم إنجازها أم لا.

وتتطلب هذه المرحلة من مدير المدرسة القيام بما يلي:

أ-إعداد مشروع الخطة ويتضمن ما يلي:

١- مقدمة عامة تتناول وصف المدرسة، وما يميزها عن المدارس الأخرى في نفس التخصص والمرحلة التعليمية، وكذلك أهمية الخطة ودور مدير المدرسة فيها، ومدى ارتباطها بالعمل المدرسي، ثم الطريقة المتبعة في إعداد الخطة المدرسية.

٢- عرض الأهداف العامة للتربية والتعليم في المجتمع، ومنها تشتق أهداف المدرسة.

٣- عرض الأهداف العامة والتفصيلية المستمدة من الرؤية والتصور المستقبلي للمدرسة.

٤- تحديد الطرق والأساليب والوسائل والأنشطة المدرسية المحققة للأهداف.

٥- تحديد الفترات الزمنية لتحقيق الأهداف.

٦- توزيع الواجبات والمسئوليات على المعلمين والإداريين والطلاب، ومنحهم السلطات الملائمة للمسئوليات.

٧- وضع معايير لقياس الأداء والمتابعة وتصحيح مسار الخطة.

<u>ب- ترتيب الاحتياجات التربوية والتعليمية حسب درجة أهميتها، وضرورتها.</u>

مع مراعاة مبدأ الأولويات المتميزة في خطة تطوير المدرسة من حيث:

١   مقابلة الاحتياجات للإمكانيات المتوفرة للمدرسة.

٢   تقسيم الاحتياجات إلى مجموعات ووضع كل مجموعة في مجال مثل: تطوير المناهج الدراسية، التنمية المهنية للمعلمين، التوجيه والإرشاد الطلابي، العلاقة مع المجتمع المحلي، العلاقات الاجتماعية في المدرسة، وغيرها.

٣   ترجمة الاحتياجات إلى أهداف محددة قابلة للقياس والتحقق، ووضعها في مجموعات بحيث تنتمي كل مجموعة من الأهداف إلى المجال الذي انتمت إليه مجموعة الاحتياجات التي انبثقت عنها هذه الأهداف.

٤   ترجمة الأهداف التفصيلية إلى برنامج عمل، ويتحدد ذلك في شكل مشروعات وأنشطة محددة، يتولى تنفيذها أفراد المجتمع المدرسي.

٥   تحديد مكونات الخطة، وتتمثل في مجالات العمل المختلفة، الأهداف المحددة، الأنشطة والأعمال، المستفيدين، المنفذين، التوقيت، المتطلبات من الموارد المناسبة لتطبيق خطة العمل داخل المدرسة، أدوات التوجيه والإشراف التي ستستخدم أثناء العمل، طرق التقييم ووسائله.

ج-تحديد وسائل تنفيذ الخطة:

يقوم مدير المدرسة ومعاونوه بتوفير الوسائل والأساليب التي ستستخدم في تنفيذ الخطة، وهي:

١- إنشاء مجالس ولجان تطوير تربوية مثل: لجنة تحليل نتائج الامتحانات، لجنة البحوث التربوية، لجنة تحليل المناهج الدراسية، لجنة ضمان الجودة الشاملة... وغيرها.

٢- لجان تنظيمية، مثل: لجنة النظام والمراقبة، لجنة العلاقات العامة، لجنة الأنشطة المدرسية المجتمعية، لجنة الجرد... وغيرها.

٣- لجان الأنشطة الطلابية، مثل: النادي العلمي، الحاسب الآلي، الإذاعة المدرسية، الصحافة المدرسية، المسرح... وغيرها.

٤- برامج ومشاريع مثل: برنامج الأنشطة المصاحبة، مشروع رعاية المتفوقين، رعاية المتأخرين دراسيًا.. وغيرها.

المرحلة الثالثة: تنفيذ الخطة ومتابعتها:

بعد إقرار الخطة الاستراتيجية يقوم مدير المدرسة ومساعدوه بتهيئة المعلمين والطلاب وأولياء الأمور لتنفيذ الخطة بما تحتويه من خطط ومشروعات وأنشطة، وتوزيع الواجبات والمسئوليات على الأفراد، وتنشيط دورهم في القيام بمهامهم من خلال التوجيه والإشراف والتحفيز على الإنجاز.

ومن أهم مستلزمات الخطة توافر الإمكانات المادية والبشرية اللازمة لتنفيذ الاستراتيجية وإدخال التعديلات عليها وفقا لما تتطلبه التغيرات التي تحدث في البيئة الداخلية والخارجية للمدرسة.

وتتم المتابعة المستمرة من قبل مدير المدرسة ورؤساء اللجان والأنشطة، ويستفاد من المتابعة فيما يلي:

١-ضمان مطابقة ما يجري تنفيذه من أنشطة وبرامج مختلفة مع أهداف الخطة.

٢-التعرف على المعوقات التي تواجه تنفيذ البرامج والأنشطة المحددة بالخطة واتخاذ الإجراءات المناسبة لمواجهتها.

٣-اقتراح التعديلات المناسبة على هيكل الخطة التي يجري تنفيذها.

وتتطلب المتابعة تنظيمًا خاصًا حسب نوع العمل وأهميته وحجمه، ومن أبرز أدوات المتابعة الملاحظة والمقابلة الشخصية والاجتماعات وغيرها.

<u>المرحلة الرابعة: تقييم الخطة الاستراتيجية للمدرسة:</u>

في هذه الخطوة يقوم مدير المدرسة واللجنة المختصة بتقييم شامل ومستمر لما جاء في الخطة وذلك من خلال مقارنة النتائج المحققة من الأداء بالأهداف أو المعايير المحددة، ومعرفة جوانب القوة والضعف في جميع مكونات الخطة (الأهداف -الأنشطة- الوسائل والأساليب)

والإفادة من التغذية المرتجعة في تصحيح مسار الخطة، وتكييفها وفقا للظروف والمتغيرات في البيئة الداخلية والخارجية للمدرسة، كما يستفاد من التقييم في تحديد أهداف الخطة الجديدة، استنادًا إلى النتائج السابقة لخطة المدرسة بعد تقويمها، على اعتبار أن عملية التخطيط عملية مستمرة ومتصلة.

وتجدر الإشارة إلى أن هذه المراحل مترابطة وبينها علاقة تأثير وتأثر ولا يمكن تنفيذ مرحلة قبل الأخرى، وينبغي على الإدارة الاستراتيجية الالتزام بها وتطبيقها حتى تتحقق الأهداف الاستراتيجية المرسومة.

<u>محتويات وثيقة الخطة الاستراتيجية:</u>

تتبنى كل مؤسسة تعليمية طريقة خاصة في إخراج الصيغة النهائية لوثيقة الخطة الاستراتيجية، وبصفة عامة يمكن أن تكون وثيقة الخطة على النحو التالي:

الفصل الثامن: التخطيط الاستراتيجي والخطية الاستراتيجية للمدرسة

الجزء الأول: الخلاصة العامة للخطة تتضمن (رسالة المدرسة/ أغراض المدرسة/ التنبؤات المالية (خلال ٣ سنوات).

الجزء الثاني: خلاصة تقويم البيئة الخارجية (الاجتماعية، السكانية/ الاقتصادية، وغيرها). خلاصة تقويم البرامج الدراسية، خلاصة التقويم الذاتي للمدرسة.

الجزء الثالث: القضايا الاستراتيجية والأهداف والاستراتيجيات، خطط العمل والأولويات، خطط الطوارئ، الخطة المالية (الميزانية).

وتتحقق الخطة الاستراتيجية عندما تنجز الأهداف التالية:

١- تحديد مهام المدرسة، ويتم تجديد المهام في الإجابة على التساؤلات الآتية:

أ- ما الذي ستقوم به المدرسة.؟

ب- وكيف نستطيع القيام بذلك؟

ج- ولماذا هي تعمل ذلك؟

٢- تحليل عوامل القوة والضعف في المدرسة.

٣- تحديد الأهداف لمعرفة عوامل القوة والضعف.

٤- تحديد أفضل الاستراتيجيات لإنجاز تلك الأهداف.

وتصبح الخطة الاستراتيجية بعد إقرارها في برنامج شامل، من قبل مدير المدرسة والعاملين معه والطلاب وأولياء الأمور وأفراد المجتمع المحلي المهتمين بالتربية والتعليم، بمثابة الفلسفة التي تساعدهم على اتخاذ مجموعة من القرارات، والإجراءات والنشاطات التي من شأنها تحقيق الرسالة وبالتالي الرؤية المستقبلية للمدرسة.

ولتوضيح الرؤية المستقبلية للمدرسة يجب أن يسأل المدير نفسه عند وضع الخطة عن الآتي: أين المدرسة الآن؟ وأين نريد أن تكون في نهاية الخطة المدرسية؟ وما هي الاستراتيجية المقترحة لتحقيق ذلك؟ وكيفية الوصول إلى حيث نريد؟ متى يتم الإنجاز؟

ومن سيكون المسئول عن (التنفيذ) (الإشراف، المتابعة، والتقويم، واتخاذ القرار)؟ وما هو تأثير الموارد المادية والبشرية؟ وما هي قاعدة البيانات المطلوبة لقياس مدى التقدم[1]..

وتختلف الخطة الاستراتيجية من مدرسة لأخرى وفقًا للأولويات والأهمية التي تحظى بها المدرسة، وبصفة عامة فإن الخطة تتضمن (الرؤية، والرسالة، والقيم التربوية التي يؤمن بها العاملون في المدرسة كالعدل والمساواة والتطوير وغيرها، المبادئ المعلنة، والمعلومات الأساسية عن المدرسة، والأهداف الاستراتيجية والإجرائية والمهام الاستراتيجية للعمل المدرسي، والاستراتيجيات وتمثل مجموعة القرارات والإجراءات والنشاطات التي من شأنها تحقيق الرسالة وبالتالي الرؤية التي ترغب المدرسة في الوصول إليها مستقبلا.

وترتكز أية خطة استراتيجية على ثلاث ركائز، هي: الأهمية، الشمولية، والنظرة المستقبلية.

وتجدر الإشارة إلى أن هناك رؤية أخرى لبناء خطة استراتيجية للمدرسة نعرضها فيما يلي:

<u>هـ- خطوات بناء الخطة الاستراتيجية للمدرسة:</u>

بناء خطة استراتيجية للمدرسة هو النشاط النهائي الذي تعده المدرسة بعد الانتهاء من أعمال التقييم الذاتي، وبعد ذلك ينبغي على مدير المدرسة والعاملين معه القيام بالخطوات العشرة التالية:

<u>الخطوة الأولى: ويتم فيها:</u>

- اختيار فريق التخطيط الاستراتيجي.
- تحديد الشركاء من خارج المدرسة (المجتمع المحلي/ إدارة التربية والتعليم).
- تحديد الأدوات والمسؤوليات لكل عضو في فريق التخطيط.

(١) المرجع السابق: ص (٢٢٩).

- جمع المعلومات والبيانات التي يحتاجها فريق التخطيط من مصادرها الأصلية كالبحوث التربوية والتقارير والإحصاءات والاتجاهات العالمية والمحلية والممارسات التربوية ونتائج اختبارات الطلاب، وبطاقات تقويم الأداء والملاحظة، والمقابلات الفردية والجماعية... وغيرها.

- تحديد الموارد المطلوبة والفترات الزمنية.

الخطوة الثانية:

بناء الرؤية التي تعبر بها المدرسة عن نظرتها المستقبلية في تلبية متطلبات المجتمع. المحلي والعالمي، والسياسة التعليمية للدولة، وتعتمد هذه الرؤية على دراسات وبحوث علمية، ويشارك فيها عدد كبير من الأطراف المعنية.

الخطوة الثالثة:

تحديد القيم والمبادئ التي يجب أن يؤمن بها جميع العاملين بالمدرسة، ومن أهم القيم التربوية التي يجب توافرها (العدالة- الفرص المتساوية للمشاركة في الأنشطة- الاهتمام بالتغيير والتطوير نحو الأفضل..) وهي تمثل قوة دافعة ومرجعية حاكمة لأنشطة وبرامج الإدارة المدرسية.

الخطوة الرابعة: صوغ الرسالة انطلاقاً من الرؤية التي تم تحديدها في الخطوة الثانية وكيفية تحقيقها، وهذه الرسالة تمثل الصورة التفصيلية لما ستقوم به الإدارة المدرسية للوصول إلى رؤيتها المأمولة، وهي تركز على الوقت الحالي والقريب وصولا للمستقبل.

الخطوة الخامسة:

تشخيص الواقع الحالي من خلال تحليل معلومات وبيانات المدرسة في عدة جوانب منها، عدد الطلاب ونتائجهم، وعدد الفصول الدراسية، وإمكانيات المدرسة من حيث المعامل والمختبرات ومصادر التعلم، والمعلمين وتخصصاتهم وخبراتهم ومن خلال تحليل المعلومات يتم تحديد جوانب القوة والتميز والتعرف على جوانب القصور، وتحديد

الفرص المتاحة والمخاطر المتوقعة، وتحديد فجوات الأداء للممارسات التي تحتاج إلى تحسين في كل مجال من المجالات (الطالب، المعلم، المناهج، الإدارة،... وغيرها)

الخطوة السادسة:

يحدد مدير المدرسة وفريق التخطيط القضايا التي سوف يتناولها التحسين مثل (احتياج المعلمين للتنمية المهنية- قصور استخدام التكنولوجيا العملية التعليمية- ضعف المستوى التحصيلي لطلاب الصفوف الأولى في المرحلة الابتدائية... وغيرها.

الخطوة السابعة:

تحديد الأهداف العامة أو الاستراتيجية وما ينبثق عنها من أهداف تفصيلية أو إجرائية قصيرة المدى والبرامج المحققة لهذه الأهداف.

الخطوة الثامنة:

تنفيذ البرامج والأنشطة وتوزيعها على سنوات الخطة.

الخطوة التاسعة:

التقويم والمتابعة من خلال الزيارات الصفية ودراسة نتائج الطلاب، ونتائج بطاقة الملاحظة الصفية للمعلمين، ومن خلال التقويم والمتابعة يمكن التوقف على ما تم إنجازه وما لم ينجز وأسباب عدم الإنجاز واتخاذ القرارات المناسبة وتعديل الخطة الاستراتيجية إذا لزم الأمر. وهذه الخطوات متكاملة ويؤثر كل منها في الآخر سلبًا أو إيجابًا.

وتجدر الإشارة إلى أنه من أبرز خصائص الأهداف الاستراتيجية والإجرائية التي تتضمنها الخطة الاستراتيجية الارتباط بالرؤية المستقبلية والرسالة والعملية والواقعية، والقابلية للقياس والجدولة الزمنية، والشمولية والتدرج والتوازن.

«نموذج استرشادي» «لخطة استراتيجية مدرسية»

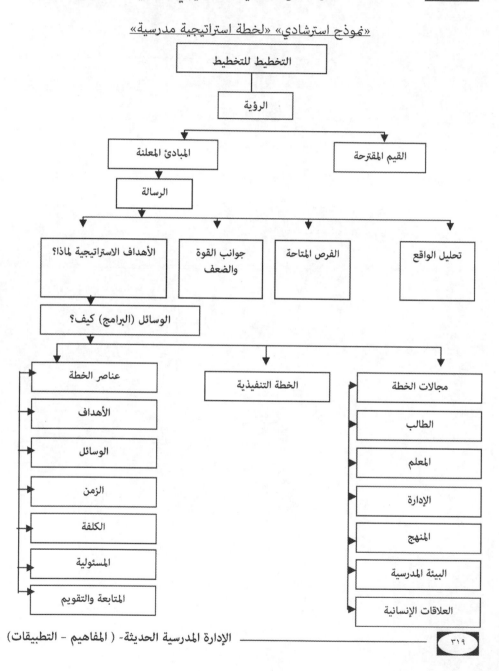

ويمكن توضيح النموذج الاسترشادي لخطة استراتيجية مدرسية وفق ما يلي:

١-بناء الرؤية: Thevision.

وتعني تصورات إدارة المدرسة وطموحاتها لما يجب أن يكون عليه الحال (في المستقبل) خلال السنوات الثلاث القادمة،إلى أين نتجه؟ أو إلى أين نريد الوصول من واقعنا اليوم؟

وكمثال: تخريج طلاب ذوي أخلاق محمودة، مكتسبين المعارف والمهارات المختلفة التي تمكنهم من التكيف مع أنفسهم وبيئاتهم، ويملكون القدرة على الإبداع والابتكار، ومن خلال بيئة مدرسية تسودها العلاقات الإنسانية الصحيحة، وعند صياغة الرؤية ينبغي الالتزام بالاختصار والوضوح والشمول والمنطق.

٢-تحديد القيم والمعتقدات المقترحة:

وتعني الثقافة المؤسسية المرغوبة مثل:

أ-التعاون باعتباره أساس النجاح.

ب-العمل بروح الفريق.

ج-تقدير العلم والعلماء.

د-الصدق والأمانة.

هـ-الولاء والانتماء للوطن.

و- التنمية المهنية لمنسوبي المدرسة خيار استراتيجي.

ز-الديموقراطية وحرية الرأي.

ح-رعاية الموهوبين.

ط-الاعتزاز بمهنة التعليم.

ي-الاحترام سمة التعامل مع منسوبي المدرسة.

ك-إتقان العمل.

٣-المبادئ المعلنة:

أ- التعليم رغبة مشتركة من القائمين على التربية والمستفيدين منها.

ب-المدرسة مؤهلة ماديا وبشريا لتأدية دورها.

ج-التطوير المستمر للمدرسة في جميع جوانبها.

د-رضاء الشركاء ومساهمتهم (أولياء الأمور/ المجتمع) أحد محددات العمل نحو تحقيق الرؤية.

هـ-تطوير الأداء بصفة مستمرة منهج كل معلم وإداري وموظف.

٤-الرسالة:Mission

وتعني غرض المنظمة أو السبب في وجودها... ولماذا؟ وتركز على الأعمال الفعلية أو الحالية للمنظمة، وتمثل الرسالة الأساس في تحديد الأهداف المطلوب تحقيقها، وتصاغ الرسالة حول عنصر أو أكثر (الطالب/ الخدمات التي تقدمها المدرسة/ المشاركة المجتمعية) وكمثال على الرسالة العناية بالطالب تعليميًا وتربويًا باستخدام الأساليب التدريسية الحديثة ومستجدات التكنولوجيا التربوية بما يغرس فيه قناعات وقيم صحيحة وقوية تجعله معتزًا بدينه ووطنه يعرف حقوقه وواجباته ويمارسها قولاً وسلوكًا، مبدعًا في فكره ومهاراته من خلال منظومة تربوية ومعلمين ومؤهلين وبمشاركة مجتمعية فعالة.

وخصائص الرسالة الفعالة: الوضوح والدقة والعمومية في التعبير، الذي يتم بشكل عام ومختصر وليس بشكل تفصيلي، وقابلية التحويل إلى خطط وسياسات وبرامج عمل، ويتم التعبير عن الرسالة بشكل مستقل ويمكن دمجها مع الرؤية

المسلسل	الأهداف	البيان
	الهدف العام	تطوير البيئة المدرسية المعنوية والمادية
أولاً	الأهداف الإجرائية	-الصيانة المستمرة للمدرسة سواء عن طريق المدرسة أو إدارة التعليم. -توظيف مركز مصادر التعلم والإفادة من جميع إمكاناته. -العناية بنظافة المدرسة والجوانب الجمالية فيها. - توفير علاقات إنسانية داخل المدرسة
ثانيًا	الهدف العام	بناء الطالب بطريقة متكاملة، وتزويده بالمعارف والمهارات المتنوعة
	الأهداف الإجرائية	-تنفيذ المناهج بفعالية والإسهام في تطويرها بما يحقق بناء الشخصية المتكاملة -تزويد الطالب بالمعارف والمهارات الالزمة للمواقف الحياتية. -تنمية مهارات التعلم الذاتي والتعليم مدى الحياة. -تنمية مهارات التفكير الإبداعي لدى الطلاب. - تنويع الأنشطة بما يشبع حاجات الطلاب المختلفة

ويعتبر ما سبق جزء من نموذج لخطة استراتيجية تضمن بندين رئيسين من بنود ينبغي أن تتضمنها الخطة الاستراتيجية للمدرسة.

الفصل التاسع

إدارة الجودة الشاملة وتطبيقاتها

في التربية والتعليم

أولاً: أهداف الوحدة الدراسية:

بعد دراسة هذه الوحدة ينبغي أن يكون المتعلم قادرًا على أن:

١- يشرح معنى إدارة الجودة الشاملة في التعليم.

٢- يُعرف إدارة الجودة الشاملة.

٣- يُقارن بين المنظمات التعليمية التي تدار تقليديًا والتي تدار بالجودة الشاملة.

٤- يشرح كيفية تطبيق مبادئ «ديمنج » في إدارة المنظمة التعليمية.

٥- يُعدد مع الشرح صفات التنظيم المؤهل لإدارة الجودة الشاملة في التعليم.

٦- تشرح معنى الجودة الشاملة للمدرسة.

٧- يُعدد مراحل تطبيق الجودة الشاملة في المنظمات التعليمية.

٨- يُحدد معوقات تطبيق مبادئ إدارة الجودة الشاملة في المدرسة.

٩- يناقش مراحل تطبيق الجودة الشاملة في المدارس.

١٠- يشرح معوقات تطبيق مبادئ إدارة الجودة الشاملة في المنظمات التعليمية.

<u>ثانيًا: تتضمن هذه الوحدة ما يلي:</u>

١- تقديم.

٢- مفهوم إدارة الجودة الشاملة في التعليم.

٣- تعريف إدارة الجودة الشاملة.

٤- أوجه الاختلاف بين المنظمات التعليمية ذات الإدارة التقليدية والمنظمات التي تدار بالجودة الشاملة.

٥- أهمية إدارة الجودة الشاملة.

٦- مبادئ "ديمنج" لإدارة الجودة الشاملة في التربية والتعليم.

٧- تطبيق مبادئ "ديمنج" لإدارة الجودة الشاملة في التعليم.

٨- صفات أو ملامح التنظيم المؤهل لإدارة الجودة الشاملة في التعليم.

٩- الجودة الشاملة للمدرسة.

١٠- مراحل تطبيق نظام إدارة الجودة الشاملة في المدارس.

١١- معوقات تطبيق مبادئ إدارة الجودة في المنظمات التعليمية.

الفصل التاسع

إدارة الجودة الشاملة وتطبيقاتها

في التربية والتعليم

تقديم:

لقد ظهرت إدارة الجودة الشاملة TQM Total Quality management في ستينيات القرن العشرين كسمة مميزة لمعطيات الفكر الإداري الحديث، وأصبحت تمثل إطارًا محوريًا في كثير من دول العالم، وهذا ما يمكن ملاحظته في المؤسسات الصناعية والهيئات والمنظمات والاجتماعية ومنها التعليمية التي اتجه القائمون عليها في السنوات الأخيرة إلى تطبيق نظام إدارة الجودة الشاملة، بقصد تقويم أدائها وتطويرها، وجعلها قادرة على تلبية رغبات المتعلمين وحاجاتهم واحتياجات المجتمع ومتطلباته، هذا فضلاً عما تواجهه جهود إصلاحها وتطويرها والتغلب على معوقات تستدعي تغييرًا في طريقة تعامل المؤسسة التعليمية مع مشكلات التعليم والمجتمع بصورة تحقق لها الفعالية والكفاءة، وتزيد من مستوى رضا المعلمين والطلاب وأولياء أمورهم، وغير ذلك.

ومن هنا فإن القائمين على المجال التربوي التعليمي يسعون إلى تطوير أساليب الإدارة التربوية بتطبيق نظام إدارة الجودة الشاملة وما ينبثق عنها من الرقابة على الجودة الشاملة في النظام التعليمي وإدارته، لإحداث تطوير كيفي لدورة العمل في المدارس بما يتلاءم مع المستجدات التربوية والتعليمية والإدارية، ويواكب التطورات والتحديات التي تحقق التميز في كافة العمليات التي تقوم بها المؤسسة التعليمية، من أجل إعداد أفراد متعلمين بشكل جيد، يكون لهم دور فعال في تحسين نوعية الحياة في المجتمع وذلك من خلال الاهتمام بالجودة الشاملة وإدارتها.

ويتطلب هذا التطوير الكيفي المتشبع بالجودة تغيراً جذريًا في المناخ التنظيمي القائم بالمدرسة ومحدداته، كما يتطلب إدارة للجودة تستند إلى فلسفة مبنية على مبادئ وأسس تتمثل في مشاركة المعلمين والإداريين في خلق ثقافة تنظيمية تقود إلى الجودة، وتهتم بوعي المستفيد (الطالب) ورأيه، والبحث المستمر عن الأفضل فتهيئة المناخ التنظيمي الملائم شرط ضروري لتحقيق استراتيجية الجودة، وكذلك يتطلب التطوير الكيفي للتعليم التفاعل بين المنظمة (المدرسة) وبقية المنظومات المجتمعية.

ومن هذا المنطلق أخذت إدارة الجودة الشاملة طريقها إلى المدارس بصورة أكثر فعالية من أجل تحسينها، وأصبح من الضروري تعريف المعلمين والإداريين بمبادئ استخدامات الجودة التي تتفق مع طموحاتهم الخاصة للتحسين المستمر في التعليم ولذلك أصبح على مدير المدرسة، أن يتبنى مفاهيم ومبادئ وقيم الجودة المبنية على المشاركة والثقة المتبادلة والتعاون والتسامح والعمل في فريق وتلاحم المعلمين والإداريين في المدرسة معه، والعمل على غرس القيم الجديدة لديهم والمتلائمة مع تطبيق الجودة في المدرسة، فضلاً عن قيامه بعملية إنمائية يطور فيها مهاراته وإمكانياته الإدارية والسلوكية، وبالتالي يؤدي ذلك إلى تطوير إدارة المدرسة والذي يؤدي إلى التحسين المستمر في النظام والعمليات، وبالتالي يرتفع مستوى المنتج التعليمي (طالب، فصل، مدرسة، مرحلة) بما يتناسب مع متطلبات المجتمع ومن خلال العاملين في المدرسة.

وقد ارتبط اسم "ديمنج" بالحركة التي تدعو لإدارة الجودة الشاملة، والتي أحدثت ثورة عالمية جديدة، جعلت مدخل إدارة الجودة الشاملة شعارًا كليًا لمظاهر الحياة، وتم استخدام إدارة الجودة الشاملة (TQM) ومبادئها لتحسين الأداء وتطويره

بالمؤسسات الحكومية، والمستشفيات والمنظمات الاجتماعية بالإضافة إلى نظم التعليم وإداراتها التعليمية والمدرسية [1]. ومن ثم تحسين جودة المنتج التعليمي.

وهناك مداخل عديدة لاستخدام إدارة الجودة الشاملة، التي تهتم بالعمل المدار بطريقة سليمة تبتعد عن الإدارة التقليدية وتؤكد على تعديل ثقافة المؤسسة التربوية بما يتلاءم وأسلوب إدارة الجودة الشاملة، وكذلك الالتزام والقيادة التشاركية وتعاون كل الناس فيها، وفي هذه الحالة ستكون هناك جودة شاملة في التعليم تتمثل في مجموعة من المواصفات والشروط التي ينبغي توافرها في جميع عناصر العملية التعليمية سواء منها ما يتعلق بالمدخلات أو العمليات التي تؤدي إلى مخرجات تتصف بالجودة وتعمل على تلبية احتياجات المستفيدين (من معلمين وإداريين وأولياء أمور، وغيرهم في المنظومة) وتحقيق رضاهم بشكل مستمر، وخفض التباينات والانحرافات، وتتحقق تلك الشروط والمواصفات المميزة من خلال الاستخدام الإداري الفعال لجميع العناصر المادية والبشرية وتلك مهمة ما يسمى بإدارة الجودة الشاملة في التعليم.

وبالتالي أصبح من الضرورة تبني التفكير المستقبلي في التعليم ونحن في بداية القرن الحادي والعشرين والذي يتطلب وجود الجودة في المنتج التعليمي، وهذا لا يتأتى إلا من خلال الاهتمام بتبني صيغ جديدة تطبقها بعض الدول المتقدمة، والاستفادة منها، والمتمثلة في إدارة الجودة الشاملة لأن المهمة الأساسية لتحدي ومعالجة المشكلات التعليمية تتمثل في الأخذ بمبادئ إدارة الجودة الشاملة وتقنياتها في العديد من المجالات التربوية وبخاصة البناء التنظيمي، والمناخ المدرسي والإشراف التربوي، والإرشاد نحو

---

(١) إبراهيم عباس الزهري: الإدارة المدرسية والصفية- منظور الجودة الشاملة، مرجع سابق، ص (٢٤)

تحسين العملية التعليمية[١]. ويعني ذلك أن ما ينبغي أن نستفيد به من مدخل إدارة الجودة الشاملة في التعليم، هو تطوير أساليب الإدارة التربوية تحقيقًا لجودة المنتج التعليمي.

ثانيًا: مفهوم إدارة الجودة الشاملة في التعليم:

لقد ظهرت حركة إدارة الجودة الشاملة في الولايات المتحدة الأمريكية، إلا أن نموها وتطورها في أنحاء العالم يسجل لليابان واليابانيين، وينسب الاهتمام بالجودة فلسفة وفكرًا وتطبيقا إلى الأمريكي وليام إدوارد ديمنج، الذي قاد حركة إدارة الجودة الشاملة في اليابان عام ١٩٥٠م.

وتعني إدارة الجودة الشاملة فلسفة مبنية على مبادئ وأسس تتمثل في مشاركة الإداريين في خلق ثقافة تنظيمية تتمثل في القيم والمعتقدات والتقاليد التي يحملها المعلمون والطلاب والمديرون التي شكلت خلال تاريخ المدرسة، وهذه الثقافة تقود إلى الجودة، وتهتم بوعي المستفيد ورأيه والبحث المستمر عن الأفضل.

ولقد تأثرت إدارة الجودة الشاملة بكل ما أفرزه الفكر الإداري ونظريات الإدارة وتطبيقاتها المهمة مثل: ديناميات الجماعة، التخطيط الاستراتيجي، نظريات القيادة، الإدارة العلمية، ثقافة وبيئة المنظمة، ربط المنظمة بالمجتمع، نظم التقنية الاجتماعية، وتطوير المنظمة[٢].

---

(١) نفس المرجع ص: ٢٩.

(٢) أحمد إسماعيل حجي: الإدارة التعليمية والإدارة المدرسية، مرجع سابق، ص (٤٥٠).

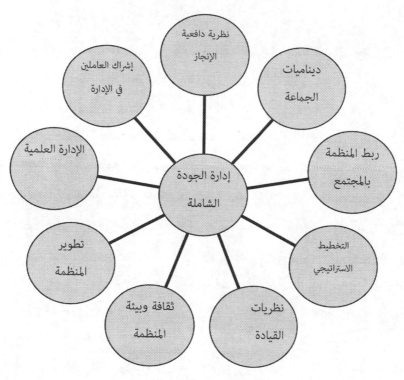

نظريات الإدارة وتطبيقاتها في إدارة الجودة الشاملة

وتعني إدارة الجودة الشاملة في مجملها أنها عملية متصلة متمثلة في اشتراك كل أعضاء المنظمة في التأكيد على أن كل نشاط متصل بالإنتاج أو الخدمات له دور ملائم في تأسيس جودة المنتج أو الخدمة، كما تعني أنها نظام يتضمن مجموعة من الفلسفات الفكرية المتكاملة والأدوات الإحصائية والعمليات الإدارية المستخدمة لتحقيق الأهداف ورفع مستوى رضا العميل والموظف على حد سواء، وذلك من خلال التحسين للمؤسسة وبمشاركة فعالة من الجميع من أجل منفعة المؤسسة والتطوير الذاتي لموظفيها، وبالتالي تحسين نوعية الحياة في المجتمع.

ثالثًا: تعريف إدارة الجودة الشاملة:

يعرفها رودس Rhodes ١٩٩٢ بأنها «عملية إدارية استراتيجية ترتكز على مجموعة من القيم والمبادئ والمعلومات التي يتم من خلالها توظيف مواهب العاملين واستثمار قدراتهم وتهيئتهم للتطوير في مختلف مستويات التنظيم على نحو إبداعي لتحقيق التحسن المستمر للمنظمة "إن تعريف (رودس) يمثل إطارًا مرجعيًا لتطبيق نموذج الجودة الشاملة في التربية والتعليم، فالمدخلات هم (الطلبة) والعمليات (ما يدور في داخل المدرسة) والمخرجات الطلبة المتخرجون، إن الالتزام الكلي بتطبيق الجودة الشاملة في المؤسسة التربوية يستدعي إعادة النظر في رسالة هذه المؤسسة وأهدافها واستراتيجيات تعاملها مع العمل التربوي ومعاييرها وإجراءات التقويم المتبعة فيها، ويجب التعرف على حاجات المستفيدين (الطلبة) أي ما هي نوعية التعليم والإعداد التي يرون أنها تحقق حاجاتهم وتلبي رغباتهم.

بينما يعرفها أحمد درياس بأنها «أسلوب تطوير شامل ومستمر في الأداء يشمل كافة مجالات العمل التعليمي، فهي عملية إدارية تحقق أهداف كل من سوق العمل والطلاب، أي أنها تشمل جميع وظائف ونشاطات المؤسسة التعليمية ليس فقط في إنتاج الخدمة ولكن في توصيلها، الأمر الذي ينطوي حتمًا على تحقيق رضا الطلاب وزيادة ثقتهم وتحسين مركز المؤسسة التعليمية محليًا وعالميًا.

أما محمد عبد الله البكر فيرى أنها «منهج نظري وتطبيقي لعملية متكاملة ومتناسقة من مجموعة من القيم والوسائل والأساليب والخطوات الإجرائية المنظمة والتي تهدف إلى ضمان استمرارية جودة المنتج أو الخدمة المقدمة »[١].

---

[١] إبراهيم عباس الزهيري: الإدارة المدرسية والصفية- منظور الجودة الشاملة، مرجع سابق، ص (٣٠).

ومن هذا المنطلق يمكن تعريف إدارة الجودة الشاملة بأنها: «عملية إدارية استراتيجية تشاركية تستند على مجموعة من المبادئ والقيم والمعلومات والأساليب التي يمكن من خلالها استثمار قدرات ومواهب العاملين لتحسين نوعية المنتج التعليمي بأقل كلفة محققا الأهداف التربوية التعليمية، وأهداف المجتمع وسد حاجة سوق العمل من الكوادر المؤهلة، وتحقيق رضا المستفيدين، والارتفاع بمستوى الرضا الوظيفي العاملين».

ومن هنا فإن إدارة الجودة الشاملة تعني عملية جماعية وثقافة إدارية خاصة ترتكز على تحقيق رضا وتوقعات المستفيدين من معلمين وإداريين وطلاب، وأولياء أمور وغيرهم في المنظومة التعليمية والمجتمع المحلي بشكل مستمر.

ومن فوائد إدارة الجودة الشاملة أنها تعمل على تحسين العملية التربوية ومخرجاتها، وتقلل الأخطاء وتنمي مهارات ومعارف واتجاهات العاملين، وترتكز على تطوير العمليات أكثر من تحديد المسئوليات وتقليل الأهدار الناتج عن التسرب من المدرسة أو الرسوب فيها، زيادة كفايات الإداريين والعاملين بالمؤسسات التعليمية، زيادة الوعي والانتماء نحو المدرسة من قبل الطلاب والمعلمين وأولياء أمور الطلاب، وغيرهم. كما يمكن أن تنجز الجودة الشاملة بتكلفة منخفضة من خلال اشتراك كل الأشخاص في العملية الإدارية،والتحسينات المستمرة لكل من المستخدمين والطلاب، والمشاركين في العمل بشكل نشط [1] مع تحقيق الأهداف التربوية في الوسط الاجتماعي.

---

(١) إبراهيم عباس ا لزهيري: الإدارة المدرسية والصفية- منظور الجودة الشاملة، مرجع سابق، ص (٣١).

رابعًا: أوجه الاختلافات بين المنظمات ذات الإدارة التقليدية والمنظمات التي تدار بالجودة الشاملة [1]:

نستنتج مما سبق وجود اختلافات بين المنظمات التي تدار بالإدارة التقليدية والمنظمات التي تدار بالجودة الشاملة ويوضح ذلك الجدول التالي:

منظمات تعليمية تقليدية الإدارة	منظمات تعليمية تدار بالجودة الشاملة
١-يعتمد الهيكل التنظيمي على الطابع الهرمي وخطوط جامدة بين السلطة والمسئولية	يعتمد الهيكل التنظيمي على السهولة والمرونة وأقل تركيزًا على الطابع الهرمي
٢-يكون التركيز على ثبات الوضع الراهن	يكون التركيز على التحسين المستمر في النظام والعمليات
٣-تعتمد علاقات الرئيس بالمرؤوس على الاتكالية (الاعتمادية) والخوف والسيطرة وانعدام الثقة المتبادلة.	تعتمد علاقات الرئيس والمرؤوس على المشاركة والاستقلالية والثقة والاحترام المتبادل
٤-تعتمد على إنجاز الأعمال بشكل فردي	تعتمد على العمل الفريقي

(١) إبراهيم عباس الزهيري: الإدارة المدرسية والصفية منظور الجودة الشاملة، مرجع سابق، ص (٣٤).

خامسًا: أهمية إدارة الجودة الشاملة:

تبرز أهمية تطبيق الجودة الشاملة في المنظمات التعليمية من خلال مجموعة من الأسباب، أهمها ما يلي:

أ- اتجاه غالبية الدول النامية إلى الأخذ باستراتيجية الكيف لتحسين نوعية العملية التربوية بجانب استراتيجية الكم لاستيعاب تدفق الأطفال من السكان إلى الجهاز التعليمي.

ب- التغيرات العلمية والتكنولوجية المتسارعة تمثل تحديًا للعقل البشري مما جعل غالبية المجتمعات تسعى إلى الارتقاء بالمستوى النوعي لنظمها التربوية والتعليمية.

ج- المتعلم محور العملية التعليمية لأنه مستفيد ومستخدم للنظام التربوي التعليمي، ولذا يجب إشباع حاجاته وإرضائه كزبون رئيسي في العملية التعليمية، وذلك من خلال الجودة الشاملة.

د- ضرورة إجراء التحسينات المستمرة في عناصر العملية التعليمية ومخرجاتها بطريقة منظمة من خلال تحليل البيانات والمعلومات باستمرار.

هـ- الاستثمار الفعال للموارد المادية والبشرية والمتاحة.

و- تقديم الخدمات التي تشبع حاجات المستفيد الداخلي والخارجي، وتحقيق الأهداف التربوية التعليمية كمطلب مجتمعي.

ز- أسلوب لنقل السلطة إلى العاملين بالمنظومة التعليمية مع الاحتفاظ في نفس الوقت بالإدارة المركزية مع الحد منها.

ح- تفعيل الاتصال على المستويين الأفقي والرأسي.

ط- تغيير النمط الإداري التقليدي إلى نمط إداري تشاركي فعال لجميع العاملين بالمدرسة من القاعدة إلى القمة، مما يؤدي إلى اندماجهم في العمل وبالتالي الاستفادة من جميع قدراتهم وطاقاتهم الكامنة بحيث تكون المدارس استثمار في المجتمع المستقبلي وليس فقط كمؤسسات خدمة للطلاب وأولياء أمورهم.

ي- تحقيق رضا المستفيدين وهم (الطلبة، أولياء الأمور، المعلمون، المجتمع).

ك- تقليل الإهدار في الإنفاق التعليمي الناتج عن التسرب من المدرسة أو الرسوب،وبالتالي تخفيض التكلفة مع تحقيق الأهداف التربوية التعليمية التي يرغبها المجتمع.

ل- توفير أدوات ومعايير لقياس الأداء المؤسسي في التعليم وقياس تقدم الطلاب بشكل منتظم خلال السنة الدراسية، بحيث يتجنبون مشكلات التركيز على امتحانات آخر العام.

م- ابتكار وسائل لتطوير أداء المعلمين والعاملين في المواقف المختلفة، لأن التطوير التقليدي لهم على الاستراتيجيات والكفايات ليس كافيًا في تحقيق الجودة.

ن- تُحدث تغييرات في علاقات المعلمين مع كل من الطلاب والمدراء، فالمعلمون يحتاجون إلى رؤية التعلم من خلال عيون طلابهم، وهم محتاجون للعمل مع المدراء كفريق مما يشكل مسئولية كبرى للمدراء والذين يحتاجون إلى تفويض بعض مسئولياتهم إلى المعلمين [١].

(١) إبراهيم عباس الزهيري، الإدارة المدرسة والصفية- منظور الجودة الشاملة، مرجع سابق، ص (٦٥).

وأيضًا فإن نظام إدارة الجودة الشاملة يساعد المؤسسات التعليمية في مواجهة التحديات التي

تواجهها ومن أبرزها ما يلي:

– إعادة تعريف أدوار وأهداف ومسئوليات المدارس.

– تحسين المدارس كأسلوب حياة.

– وجود خطة شاملة لتدريب المعلمين والموظفين على كل المستويات.

– تطبيق بحوث وممارسات تستند إلى معلومات توجيهية لكل من السياسة والممارسة التربوية.

– تصميم مبادرات شاملة من خلال وكالات ومؤسسات متنوعة. لتنمية الطفل المتجاهل (المهمش)

ومن هنا يتضح أن المسعى للجودة هو المسئولية التي تؤكد عليها المدرسة إذا أرادت أن ترقى

نفسها من خلال الجانب الإنساني وأن تؤهل الطلاب للجودة.

ويؤكد ليفل وآخرون Lefel & et.al إن إدارة الجودة الشاملة ينبغي أن تبدأ بتكوين فريق قيادي

يعمل وفق رؤية وقيم مشتركة، ومجموعة وفيرة من المهارات القيادية، لأن التغير في ثقافة المؤسسة

وأفرادها لن يحدث مصادفة [1].

---

(١)   نفس المرجع، ص (٦٥).

سادسًا: مبادئ إدارة الجودة الشاملة في التربية والتعليم:

تقوم إدارة الجودة الشاملة في التربية والتعليم على مجموعة من المبادئ، وهي:

المبدأ الأول: التركيز على المستفيد.

حيث يجب أن تتفهم المؤسسات التعليمية الاحتياجات، والتوقعات الحالية، والمستقبلية لمستفيديها من التعليم وتركز على تحقق كل التوقعات.

والمستفيدين هنا: الطالب والمجتمع وسوق العمل الذي يستوعب الخريجين.

المبدأ الثاني: اختيار القيادة:

حيث أن قيادات التعليم تهتم بتوحيد الرؤية والأهداف والاستراتيجيات داخل منظومة التعليم (إدارة -قسم -مدرسة) وتهيئة المناخ التعليمي لتحقيق هذه الأهداف وبأقل تكلفة،وينبغي على القيادة توفير تدريب للمعلمين والعاملين للعمل بمبادئ إدارة الجودة الشاملة. والتشجيع المستمر لتحقيق أهداف تحسين الجودة على كل المستويات، والزيارات المستمرة للمدارس لإيجاد ممارسات وتحسين منظم.

المبدأ الثالث: مشاركة العاملين:

التركيز على المشاركة الفعالة لجميع العاملين بالتعليم من القاعدة للقمة، كل حسب موقعه، وهذا سيؤدي إلى اندماجهم الكامل في العمل،وبالتالي يمكن الاستفادة من كل قدراتهم وطاقاتهم الكامنة لفائدة المؤسسة التعليمية وإصلاحها.

المبدأ الرابع: التركيز على الوسيلة.

حيث أن اختيار الوسيلة الملائمة لتحقيق الهدف يضمن تحقيق الجودة الشاملة.

المبدأ الخامس: اتخاذ القرارات الفعالة اعتمادًا على الحقائق:

ينبغي أن يتم اتخاذ القرارات الفعالة ليس فقط اعتمادًا على جمع البيانات والمعلومات، بل كذلك على نتائج تحليلها، ووضعها في متناول متخذي القرار.

المبدأ السادس: التحسين المستمر في العمليات والمخرجات التعليمية:

يجب أن يكون التحسين المستمر(Improvement continuous) في العمليات والمخرجات التعليمية (الطلاب) هدفًا دائمًا للمؤسسات التعليمية، ويتحقق ذلك من خلال خضوع التحسين لمعيارين:

الأول: استمرار تحسين النتائج مع خفض التكلفة.

الثاني: الاعتماد على مبادئ وعمليات «ديمنج » و «جوران وكروسي وجلاسر » والتي يمكن من خلالها إجراء عملية التحسين المستمر.

المبدأ السابع: الاستقلالية:

تعتمد إدارة الجودة الشاملة على الاستقلالية (Autonomy)مع دعم مفهوم اللامركزية الإدارية والحد من المركزية التي تعوق العمل في غالب الأحيان [(١)].

وهناك تصنيف آخر لمبادئ إدارة الجودة الشاملة وتطبيقاتها في التربية والتعليم.

---

(١) إبراهيم عباس الزهيري: الإدارة المدرسية والصفية، منظور الجودة الشاملة، مرجع سابق، ص (٤٤، ٤٥).

سابعًا: تطبيق مبادئ «ديمنج» في التعليم لإدارة الجودة الشاملة [1]:

قدم ديمنج رائد فكرة الجودة الشاملة أربعة عشر مبدأ لإدارة الجودة الشاملة والتي يمكن تطبيقها في مجال التربية والتعليم لتطوير منظماته،ويمكن تسمية هذه النقاط بـ «جوهر الجودة في التعليم» وهي:

أ- وضع أهداف متناسقة طويلة المدى يعرفها كل عضو في المنظمة، وتتصل بالمستقبل، وذات معنى، وتتمثل في تحسين المنتجات والخدمات والتخطيط الاستراتيجي الفعال للمستقبل،ويتم ذلك من خلال:

١- أن يكون للمدرسة رؤية مشتركة تتمثل في تحقيق الجودة.

٢- وجود خطة استراتيجية طويلة المدى توجه كافة الأعمال.

٣- استخدام معايير الأداء لإنجاز أهداف المنظمة وفي معالجة العمليات.

ب- تبني فلسفة الجودة الشاملة التي تقوم على التعاون بين الأفراد والمنظمة ككل، ويتحمل مسئولياتها كل فرد في المنظمة، ويتم ذلك من خلال:

١- إيمان القيادات بعملية التغيير في ظل التحديات التي يواجهها المجتمع.

٢- أن يستند اتخاذ القرارات على البيانات والمعلومات والحقائق.

٣- تفويض الصلاحيات لفرق العمل المتمثلة في الطلاب والمعلمين.

٤- إيجاد بيئة عمل إيجابية ذات أثر إيجابي في الطالب.

٥- تحديد ما يحتاجه كل فرد وينبغي تحقيقه، ومعرفة كيف يتحقق.

---

(١) إبراهيم عباس الزهيري: الإدارة المدرسية والصفية- منظور الجودة الشاملة، مرجع سابق، ص (٤٩-٥٤).

ج- تقليل الاعتماد على التفتيش النهائي، لأن المنتجات غير الصالحة يتم التخلص منها أو إعادة إصلاحها، وكلا الأمرين مكلف وعوضًا عن ذلك يجب بناء الجودة من الخطوات الأولى. ويتم ذلك من خلال.

١- يجب ألا تعتمد الجودة على التفتيش، فالجودة تتحقق من خلال تعزيز وتحسين ما يقوم به الأفراد، وليس من خلال فحص مخرجات الأنشطة التي قاموا بها.

٢- أن تكون الاختبارات مؤشرات تشخيصية عملية التعليم، ومن ثم لا يتم تقويم المتعلم اعتمادًا على نتائج الاختبارات فقط، ولكن باستخدام أكثر من وسيلة (الملاحظة، التقييم الذاتي، اجتماعات المعلم والطالب)

د- إلغاء تقييم الأعمال على أساس السعر فقط، فاختيار العروض على أساس أقل سعر عادة ما يكون على حساب الجودة، لذا لابد من انتفاء موردين (المجتمع) وتأسيس علاقة طويلة معهم مبنية على الإخلاص والثقة ويتم ذلك من خلال:

١- بناء علاقة قوية بين المدرسة والمجتمع فكلاهما مورد ومستفيد.

٢- أن معيار الجودة أهم من معيار انخفاض السعر فيما يتعلق بشراء المواد والأدوات اللازمة للعملية التعليمية.

٣- إنجاز الأعمال المدرسية بطرق جديدة.

هـ- تحسين كل عملية باستمرار، فعلى المديرين ألا يحافظوا على الوضع الراهن، بل ينبغي عليهم تشجيع الأفراد على الاشتراك في التحسين المستمر للعمليات، وخفض التكاليف وزيادة الإنتاجية التعليمية،ويتم ذلك من خلال:

١- منح المعلم صلاحيات واسعة لتحقيق جودة التعليم.

٢- بناء فريق الجودة لضمان إسهام جميع العاملين في القرارات التي تؤثر فيهم.

٣- إعطاء الأعضاء الوقت الكافي للمناقشة والتحليل لكل عملية أو أسلوب من شأنه أن يؤثر في المخرجات.

و- العناية والاهتمام بتدريب العاملين أثناء الخدمة، لما له من أثر كبير في جودة الأداء وبالتالي المنتجات والخدمات، ويتم ذلك من خلال.

١- تهيئة المعلم الجديد قبل الخدمة فيما يتعلق بثقافة المدرسة وتوقعاتها منه وتوجيهه فيما يتعلق بسياسة التحسين المستمر.

٢- التدريب على كيفية أداء العمل وسبب أدائه.

٣- توفير برامج تدريب للمعلمين لدى جهات مختصة على اعتبار أن التدريب داخل المنظمة محدود الفائدة.

ز- القيادة الإدارية التشاركية، إذ لا توجد منظمة ناجحة بدون قائد يعمل على تقديم المساعدة للأفراد لتأدية المهام على نحو أفضل، وإطلاق قوى إبداعاتهم وفي العمل ويتطلب ذلك توافر الكفايات الأساسيات لدى المديرين والمشرفين فيما يتعلق بالعمل الذي يؤديه الأفراد الذين يشرفون عليهم ويتم ذلك من خلال.

١- مساعدة القائد للأفراد على أداء أعمالهم بشكل أفضل، من خلال تهيئة المناخ المناسب لهم، ويشعرهم بالفخر بمهنتهم، ويوفر بيئة مدرسية تحقق رؤية المدرسة ورسالتها، ويعمل على تحقيق العدالة بين العاملين بالمدرسة، ويحقق لهم الاستقرار النفسي، ويقلل من الدور الرقابي ويعزز المساندة والقدرة والنموذج، ويوفر فرص الإدارة الذاتية للطلاب والمعلمين.

٢-فهم المدير لحاجات الأفراد وقدراتهم وإدراك أنهـم مختلفـون، وأنـه يحتـاج إلى فهـم الأداء مـن خلال النظام.

ج-التخلص من الخوف وبناء الثقة المتبادلة والاحترام بـين أفراد المنظمـة، حتـى تتحقـق الفعاليـة في الأداء، ويتم ذلك من خلال:

١-تحقيق الأمن والسلامة المعنوية والمادية في بيئة المدرسة لكل من المعلم والطالب، وإزالة الخوف لديهم.

٢-معاملة جميع العاملين في المدرسة على أنهم ماهرون في تأدية العمل.

٣-التغيير الحقيقي، ويتمثل في المشاركة في السلطة والمسئولية واتخاذ القرار والعوائد والحوافز.

ط-إزالة الحواجز أو معوقات النجاح بين الأقسام، والعمل كفريق واحد بحيث تكون الجـودة هـي الهـدف، ولا ينبغي أن يتنافس كل قسم مع غيره لمصلحة نفسه.

ويتم ذلك من خلال:

١-إزالة الحواجز بين المعلمين والإدارة ومطوري المناهج، وبقيـة الإدارات بـشكل يـضمن قيـامهم بالعمل كفريق.

٢- التأكيد على العمل الجماعي.

٣-إزالة الحواجز بين المدرسة الابتدائية والمتوسطة والثانوي.

ي- التخلص من النصائح واللوم لأنها تخلق الإحباط وتحول دون العمل الجماعي.

ك- تجنب أسلوب الإدارة بالأهداف والإدارة بالأرقام فالتركيز على الكمية سيكون على حساب النوعية.

ل- إزالة المعوقات التي قد تحول دون افتخارًا العامل بعمله، لذا ينبغي إلغاء كافة أشكال. ويتم ذلك من خلال:

١- إزالة جميع العوامل التنظيمية التي قد تسبب فشل المعلم أو الطالب.

٢- تشجيع المعلمين على استخدام مهاراتهم وطرقهم المبتكرة بدلا من وضع الضوابط عليهم في كل صغيرة وكبيرة.

م- إعداد برامج قوية في التعليم تكفل التعليم مدى الحياة وتحقيق النمو الذاتي للعاملين لتمكينهم من أداء أعمال ومهام محددة.

ن- إيجاد التنظيم اللازم لمتابعة هذه التغيرات، لذا لابد من التزام الإدارة العليا باستراتيجية الجودة واعتبارها مسئولية الجميع.

<u>ثامنًا: صفات أو ملامح التنظيم المؤهل لإدارة الجودة الشاملة:</u>

لكي يكون للجودة الشاملة وجود في مجال التطبيق الفعلي لابد من توافر ست صفات للتنظيم الناجح لإدارة الجودة الشاملة،وهي:

أ- حشد جميع العاملين داخل المنظمة بحيث يدفع منهم بجهده تجاه الأهداف الاستراتيجية كل فيما يخصه.

ب- الفهم المتكامل للصورة العامة،وخاصة بالنسبة لأسس الجودة الموجهة لإرضاء متطلبات المستفيد والمتمحورة حول جودة العمليات والإجراءات.

ج- تبني المنظمة لمفهوم العمل الجماعي.

د- التخطيط لأهداف لها صفة التحدي القوى، والتي تلزم المؤسسة وأفرادها بالارتقاء في نتائج جودة الأداء.

هـ- الإدارة اليومية المنظمة للمؤسسة من خلال استخدام أدوات مؤثرة وفعالة لقياس القدرة على استرجاع المعلومات والبيانات (التغذية الراجعة).

و- توافر قاعدة للبيانات تشمل معلومات دقيقة شاملة لواقع المنظمة والخدمات التي تقدمها، ومن المستفيدين منها وصعوبات إنجاز العمليات بشكل جيد، بما يضمن تقييم واقع المنظمة، وتحديد المشكلات القائمة والمتوقعة والأسباب التي تدفع المنظمة إلى تبني مفهوم الجودة الشاملة.

تاسعًا: الجودة الشاملة للمدرسة [1]

تعني جملة المعايير والمواصفات التي ينبغي أن تتوفر في جميع عناصر المنظومة المدرسية والعوامل المجتمعية، والأسرية مما يؤدي إلى رفع مستوى المنتج التعليمي (طالب- فصل) بما يتناسب مع متطلبات المجتمع واحتياجاته ورغبات المتعلمين وحاجاتهم، وذلك خلال العاملين في المدرسة.

ويتفق المختصون في الإدارة التربوية والمدرسية على وجود مواصفات وشروط ينبغي توافرها في مكونات النظام التعليمي المدرسي ويطلق عليها معايير الجودة وتتمثل في جودة:

١-القوى البشرية المدر سية وتشمل:

أ- جودة الإدارة المدرسية.

ب- جودة المعلمين.

(١) أحمد إسماعيل حجي: الإدارة التعليمية والإدارة المدرسية، مرجع سابق، ص ص (٤٥٧- ٤٦٤).

٢-جودة بيئة التعليم والتعلم وتشمل:

أ- جودة المناخ الاجتماعي المدرسي.

ب- جودة تنظيم البيئة المدرسية.

جـ-جودة التعليم بالمدرسة.

د- جودة المنهج المدرسي.

هـ- جودة استراتيجية التدريس.

و- جودة التكنولوجيا التعليمية.

ز- جودة إدارة زمن التعليم.

٣- جودة الموارد المالية للمدرسة:

٤-جودة العلاقة بين المدرسة والمجتمع المحلي.

٥-جودة إدارة الجودة المدرسية:

وعندما تتحقق الجودة في المكونات أو العناصر السابقة فإن النظام التعليمي يصبح قادرًا على توفير مخرجات تتصف بالجودة وتعمل على تلبية احتياجات المستفيدين (الطلاب- أولياء الأمور- المجتمع المحلي...)

ويمكننا تناول معايير ومواصفات الجودة الشاملة التي ينبغي توافرها في مكونات النظام التعليمي بالمدرسة بالتفصيل وهي:

١-جودة القوى البشرية المدرسية:

تعتبر القوى البشرية للمدرسة مكون أساسي لهذه الجودة الشاملة، وهي بدورها تشمل:

أ-جودة الإدارة المدرسية:

وتعني استخدام مفاهيم الجودة في تحسين الإدارة المدرسية، وتحويلها من مجرد إدارة وتسيير إلى قيادة تشابكية تطويرية تنمي إمكانات العاملين، وتجعلهم يشاركون في صنع القرار واتخاذه، ورسم السياسات وتبنيها. وتنفيذها ومتابعتها وتقويمها، وتهيئ لهم المناخ المؤسسي لتحقيق الأهداف، بأقل تكلفة، وتحقق الاستقرار النفسي للعاملين بالمدرسة وتوفر فرصة للإدارة الذاتية للطلاب والمعلمين وتهتم بتوحيد الرؤية والأهداف والاستراتيجيات داخل منظومة التعليم، وتستثمر قدرات العاملين وطاقاتهم الكامنة لصالح المنظمة التعليمية، وترفع من معدلات الكفاءة الداخلية والخارجية وتستخدم جميع العناصر المادية والبشرية بفعالية. وتعمل على ربط المدرسة بالمجتمع المحلي وجذب الآباء إلى مدرسة أبنائهم، والعمل في فريق وتأخذ بالتخطيط الاستراتيجي، ويمثل العمل الجماعي التشاركي فلسفتها ومنطلقها، وكل ذلك يؤدي إلى التحسين المستمر للإدارة المدرسية، وهذا يتطلب دمج مفاهيم الجودة في تحسين الإدارة المدرسية.

ب-جودة المعلمين:

يمثل المعلم ركنا هامًا في عمليتي التعليم والتعلم، لأنه يتيح فرصًا لاكتساب الخبرات في مناخ باعث على التعلم الذاتي والمشاركة الإيجابية الفعالة.

وتتم من خلال:

- امتلاكه الكفايات اللازمة لأداء أدواره في المدرسة.
- تمثله متطلبات أخلاقيات مهنة التعليم.
- حرصه على التنمية المهنية الذاتية وبالتدريب داخل المدرسة وخارجها.
- مشاركة جميع العاملين في إدارة المدرسة وشعورهم بالمسئولية تجاهها.
- التزامه بإقامة علاقات بناءة مع الطلاب وآبائهم.
- التزامه بمبدأ العدالة في تعامله مع الطلاب بدون تمييز.
- يستطيع تحليل المقرر الدراسي.
- يقوم بإدارة الموقف الصفي بفعالية.
- إلتزامه بلوائح وقوانين المدرسة.
- حرصه على الاهتمام بالعمل الجماعي التشاركي، فالعمل الفردي لا يمكن أن يحقق للمؤسسة تعليمية الجودة الشاملة.
- يختار الأنشطة التعليمية والوسائل المرتبطة بموضوع دروسه وتحقق أهدافه.

<u>ثانيًا: جودة بيئة التعليم والتعلم:</u>

وتشمل جودة بيئة التعليم والتعلم عدة أمور من أهمها:

<u>أ-جودة المناخ الاجتماعي المدرسي:</u>

ويعني ذلك إيجاد مناخ تنظيمي اجتماعي مفتوح يتسم بالفاعلية والكفاءة وذلك من خلال اهتمام الإدارة بإشباع الحاجات وتوفير العلاقات الإنسانية السليمة،

والتزام العاملين والطلاب بالصدق والعدل في معاملاتهم، والاحترام المتبادل بينهم وتوفير الأمن والأمان للعاملين والطلاب،وتحفيزهم على العمل الجماعي التعاوني، والتأكيد على المشاركة الفعالة لجميع العاملين من القاعدة إلى القمة بدون تفرقة، كل حسب موقعه،وبنفس الأهمية مما يؤدي إلى اندماجهم الكامل في العمل، هذا فضلا عن أن يشعر الجميع بالمسئولية ويحرصون على المدرسة وتطويرها، ومن هذا المنطلق يشعر الجميع بالرضا عن العمل.

ب-جودة تنظيم البيئة المدرسية:

يشكل تنظيم البيئة المدرسية أساس لحسن الأداء وتحقق رؤية المدرسة ورسالتها، لأن كل فرد ينبغي أن يعرف مسئولياته وصلاحياته،ويحرص على أن يكمل الآخرين،ويتعاون معهم.

وتحقيق جودة تنظيم البيئة المدرسية يتطلب تحديد المسئوليات والسلطات،والتنسيق بين العاملين،ووضع قواعد مدرسية محددة وواضحة يشارك الجميع في صياغتها والالتزام بها.

وينـدرج تحـت هـذه الجـودة جلسة التلاميذ داخل الفصل، أي الـشكل الـذي توضع مقاعدهم على أساسه، وتغيير هذا الشكل كلما تطلب الأمر ذلك،وطبيعي أن يتوقف الأمر على كثافة التلاميذ في الفصل، وكلما انخفضت الكثافة تحقق التفاعل الصفي وارتفع مستوى التعليم والتعلم.

ج-جودة التعليم بالمدرسة:

تتوقـف جـودة التعلـيم بالمدرسـة عـلى اهتـمام الإدارة والمعلمـين بـالمتعلم والتركيـز عليـه، واعتبـاره مـستفيد ومـستخدم للنظـام التربـوي ومـساعدته عـلى تحقيـق مـستويات عاليـة مـن الإنجـاز ومعاملتـه بطريقـة سـليمة وإزالـة الخـوف لديـه،

ومراعاة ميوله واتجاهاته وقدراته، ويحرص المعلمون بالمدرسة على استفادة الطلاب بشكل كاف في نهاية اليوم المدرسي.

والتلميذ هنا تلميذ فاعل،نشط، مشارك، يبحث عن المعرفة ويكتسب المهارات، ويتيح له مناخ المدرسة التعاون مع زملائه والعمل الجماعي معهم، وكل ذلك وغيره يمكن أن يتحقق عندما نستخدم مفاهيم الجودة في تحسين أي عمليات تعليمية في المدرسة وبما يحقق تفوق المدرسة،ويؤكد على أنها مركز من مراكز التميز.

<u>د- جودة المنهج المدرسي:</u>

وتتوقف جودة المنهج على جودة مرتكزاته النفسية والاجتماعية والبيئية، وهذا يعني أنه يراعي المتعلم والمجتمع ويؤثر فيهما ويتفاعل معهما.

وأيضًا جودة أهدافه التي ينبغي أن يشارك الجميع في صياغتها وتكون قابلة للقياس والتحقق

وكذلك جودة محتوي المقررات المتميزة، والتي تتطلب ترجمة الأهداف والمرتكزات إلى مفردات علمية وأنشطة تؤدي إلى تعلم الطلاب المهارات والمعارف الأساسية، وتكسبهم الإيجابية المرتبطة بالمواطنة، وأيضًا ينبغي أن تتمركز الأنشطة التعليمية حول المتعلم وتعمل على تنمية جوانب شخصيته، وتراعي ميوله واتجاهاته وقدراته، وتدربه على البحث والتجريب، وتحثه على الاستقلالية في اختياراته وطرحه للآراء والأفكار والنقد الذاتي في عملية التعلم وتطوير قدراته الفكرية، وتحسين مستوى الفهم والاستيعاب لديه، ورفع مستوى مهاراته في حل المشكلات وقدرتهم على تمثل المعلومات . وهذا

يعني ضرورة دمج مفاهيم الجودة في المناهج الدراسية، وأن يكون التحسين المستمر للمناهج هدفا دائما للمؤسسات التعليمية.

و-جودة استراتيجيات التدريس:

وتعني استراتيجيات التدريس الطرق والأساليب التدريسية التي يستخدمها المعلم في إكساب الخبرات المتنوعة لتلاميذه، وجودة الاستراتيجيات تتطلب مشاركة التلاميذ في التعليم والتعلم، والعمل الفريقي، وتنطلق من أن جميع التلاميذ يمكنهم أن يتعلموا كل ما يقدم لهم، والوصول بهم إلى درجة الإتقان والتميز، كما تتطلب مراعاة الفروق الفردية، ومعالجة حالات التأخر الدراسي،وتنمية القدرات الإبداعية،ومراعاة المتفوقين دراسيًا، والتركيز على مواقف ومواهب المعلمين، والطلاب وأفراد المجتمع، حول رؤية ذات مغزى واسع من خلال أهداف التدريس لإعداد الشخصية التربوية الاجتماعية للطالب.

و-جودة التكنولوجيا التعليمية:

وتعني اختيار التكنولوجيا الملائمة للموقف التعليمي، والمحتوى ومستوى المتعلم، واهتمامها بالتفاعل والمشاركة وأن تكون جزءًا من الاستراتيجية المستخدمة.

ويعبر عن الجودة التكنولوجية من خلال ما يلي:

- امتلاك المدرسة نظم إدارة المعلومات التربوية Educational management information system. أو (Emis)

- توفر المدرسة تكنولوجيا التعليم في حجرات الدراسة.

-ينتج الطلاب البرمجيات.

- تعد المدرسة برامج لمحو الأمية الحاسوبية.

ز- جودة إدارة زمن التعلم:

وتتمثل في استفادة المعلم من الوقت المتاح للتعليم والتعلم، وحسن تنظيمه واستثماره مما يحقق الفائدة القصوى للتلاميذ.. وذلك اعتمادًا على ما توصلت إليه الدراسات العلمية في إدارة الوقت.

٣- جودة الموارد المادية للمدرسة:

وتتضمن الموارد المادية للمدرسة المبنى والتجهيزات المتاحة وجودتها وتنظيم الفائدة منها.

٤- جودة العلاقة بين المدرسة والمجتمع المحلي:

وتنطلق هذه الجودة في العلاقة بين المدرسة والبيئة، من أن التعليم عملية اجتماعية، وأن المدرسة منظومة، أنشأها المجتمع لتعليم أبنائه، وتربيتهم، وينفق عليها لتحسين أدائها، ومن ثم ينبغي أن توثق علاقة المدرسة بالمجتمع من عدة مداخل، من أهمها:

أ- ارتباط المنهج المدرسي بثقافة المجتمع، واهتمامه بتطويرها واكتساب التلاميذ لها.

ب- ارتباط المنهج بالبيئة بكل مكوناتها وأنشطتها، وحرصه على الارتقاء بها.

ج- وضع استراتيجية تحقق أقصى تفاعل للآباء مع المدرسة.

د- ربط التلميذ بالبيئة وتأكيد الانتماء إليه.

٥-جودة إدارة الجودة المدرسية:

وتتلخص جودة إدارة الجودة المدرسية في فعاليات إدارة عمليات وآليات الجودة لتحقيق الهدف الأساسي الذي يتمثل في تحقيق أفضل أداء وأفضل مخرجات في ظل فعاليات ومكونات ذات جودة.

ويتحقق ذلك من خلال:

أ-وضع معايير لقياس الأداء، وايضًا محددات للمخرجات والمتابعة والتقويم.

ب-تحديد كل ما يراد تطبيق الجودة عليه ومواجهة المشكلات التي تعترض تحسينه.

ج-تبني فلسفة للتطوير المستمر، تستند على تحديد خطوات التطوير وتنفيذها وخلق المناخ الداعم للتطوير، والاهتمام بمشاركة الجميع في التطوير (معلمين، طلاب، أولياء أمور، أعضاء من إدارة التربية والتعليم والمجتمع المحلي).

د-اختيار القيادات التي تملك الكفايات اللازمة لتحقيق جودة الإدارة ومن خلال العمل كفريق ومشاركة الجميع في أنشطة التطوير.

عاشرًا: مراحل تطبيق نظام إدارة الجودة الشاملة في المدارس [١]:

تتلخص مراحل تطبيق الجودة الشاملة في المدارس فيما يلي:

أ-التخطيط الاستراتيجي المحكم المتكامل للجودة.

ويتضمن التخطيط الاستراتيجي للجودة الشاملة في المدارس الخطوات التالية:

---

(١) إبراهيم عباس الزهيري: الإدارة المدرسية والصفية- منظور الجودة الشاملة، مرجع سابق، ص ص (٦٧-٧٤).

١- إعـداد دراسـة ميدانيـة عـن الوضـع الراهن في المدرسـة مـن كافـة الجوانـب الماديـة والبـشرية والمعلوماتية.

٢- تحديد الرؤية (Vision) المستقبلية للمدرسة،وتعني ما تريده مستقبلا، أو إلى أين نريد الوصول من واقعنا اليوم؟

٣- تحديد رسالة واضحة للمدرسة، وهي بمثابة إعلان عن غرضها،أو السبب في إنشاء المدرسة... لماذا وجدت؟ وما هو عملها؟ وما هي الخدمات التي تقدمها؟ وهـي تمثـل الأسـاس في تحديـد الأهـداف المطلـوب تحقيقهـا والتي ينبغـي أن تتجـه نحوهـا جميـع استراتيجيات المدرسة،وبالتالي تمنع تشتت الجهود وتبعثر التوجيهات.

٤- إيضاح سياسة الجودة في المدرسة.

٥- تحديد الأهداف البعيدة والقريبة المدى المراد تحقيقها من تطبيق الجودة.

٦- تحديـد فرص التحسـين المسـتمر والتطويـر القصـير والبعيـد المـدى في الأداء والإنجـاز، وفـق الإمكانات المتاحة.

٧- صوغ معايير رقمية لقياس مستوى الأداء، وتقويم مطابقة المدارس لنظام إدارة الجودة الشاملة.

٨- الإجابة على التساؤلات التالية:ماذا نريد تحقيقه؟ ولماذا؟ وكيـف يتحقـق؟ ومتى؟ وأيـن؟ وهـذا يهيئ الأرضية المناسبة للبدء في تطبيق إدارة الجودة الشاملة.

ولأهمية التخطيط الاستراتيجي فإن إدارة التربية والتعليم بالمحافظة هـي الجهة المسئولة عـن الإشراف العام على تطبيق الجودة في المدارس.

ب-تشكيل مجلس إدارة الجودة الشاملة:

تشكل إدارة المدرسة مجلسًا لإدارة الجودة الشاملة، يتكون مـن (٨-١٠) أعـضاء يمثلون أعـضاء إدارة المدرسة،وبعض المعلمين والطلاب وأولياء الأمور، على أن يتميز الجميع بالحماس للنظام، والقدرة على التخطيط، ويقوم هذا المجلس بالمهام التالية:

١- الإشراف العام على تطبيق النظام وتحقيق أهدافه.

٢- تهيئة بيئة العمل وتوفير الإمكانات لتطبيق النظام.

٣- التخطيط لنشر مفهوم الجودة وتنظيم برامج تدريبية لمنسوبي المدرسـة بالتعاون مـع الإدارة العليا.

٤- التخطيط لتوظيف نشاط جميع العاملين والطلاب بما يواكب نظام الجودة.

٥- الدعم والتحفيز للمشاركين في التطبيق.

٦- التقويم المستمر لما تحقق من إنجاز وتقديم التغذية الراجعة للاستفادة منها.

٧- تهيئة فرص التواصل مع أولياء الأمور وغيرهم، والمراكز والمنشآت ذات الاهتمام بنظام الجودة.

ولأهمية مجلس إدارة الجودة الـشاملة يـتم اختيار أفـراده مـن ذوي الكفايـات المهنيـة ويـتم تدريبهم على أحدث الوسائل المتعلقة بالجودة الشاملة.

ج-نشر المفهوم وبناء الثقافة التنظيمية:

وفي هـذه المرحلـة يتم التعريـف بالجودة وخصائصها وأهـدافها ومتطلبـات تطبيقهـا وفوائـد التطبيق الناجح للنظام.

أما الثقافة التنظيمية فتعني مجموعـة مـن الأفكار والقيم الأساسية لنظام الجودة الشاملة، وتتضمن الطريقة الأفضل التي يتعامل بها القادة، والطريقة التي يتوقعها الأفراد في تعاملهم مـع القـادة ومع بعضهم البعض، والطرق الأفضل التي يتعامل بها الجميع مع النظام التعليمـي بـشكل عـام واللوائح والتوجيهات المنظمة للعمل وينبغي إجراء تقويم أولي لوضع الثقافة التنظيمية في المدرسة قبل الشروع في نشر مفهوم الجودة.

ويتطلب نجاح هذه المرحلة (نشر مفهوم الجودة وبناء الثقافة التنظيمية) وضع خطـة واضحة ودقيقة يحدد لتنفيذها برنامج زمني يفي بمتطلباتها وكذلك استمرار هـذه المرحلـة أثنـاء تطبيـق نظـام الجودة.

د-التدريب العملي المنظم:

يخطط مجلس إدارة الجودة بالمدرسة لتنظيم برامج تدريبية هادفة تتناول.

١- تزويد المعلمين بالاستراتيجيات الحديثة في التدريس والخبرات والمهارات في مجال تخصصاتهم.

٢- تزويد القادة والإداريين بالمعارف والمهارات القيادية الحديثة.

٣- تزويد المديرين والوكلاء والمعلمين والإداريين بالاحتياجـات التدريبيـة والتطبيقيـة اللائقـة لنظـام إدارة الجودة الشاملة.

ومن مجالات التدريب (بناء العلاقات وإدارة الاجتماعات، حل المشكلات بطرق إبداعية،تشكيل فرق التحسين المستمر وتدريبهما، المراجعة الداخلية لنظام الجودة الشاملة، ا لجودة الشاملة في غرف الدراسة، والتعريف بأدوات التحسين وأساليبه والتدريب عليها، وغير ذلك.

هـ-توثيق نظام الجودة وتطبيقه:

يعمل مجلس إدارة الجودة في المدرسة والإدارة العليا للنظام (في إدارة التربية والتعليم بالمحافظة) وبمشاركة جميع العاملين على توثيق وتطبيق نظام إدارة الجودة الشاملة، وفق العمليات التالية:

١- الإعلام عن تبني المدرسة لنظام إدارة الجودة الشاملة وتطبيقه (إبراز الرؤية، الرسالة، الأهداف، السياسة...).

٢- تصنيف المستفيدين الداخليين (الطلاب وجميع العاملين بالمدرسة) والمستفيدين الخارجين (أولياء الأمور، إدارة التعليم، أطراف المجتمع ذات العلاقة) من الخدمات التعليمية.

٣- تحديد الخدمات والاحتياجات اللازمة للمستفيدين ومعرفة توقعاتهم الحاضرة والمستقبلية،واختيار الأسلوب المناسب لتحقيقها بتوازن مع النظام التعليمي العام للمدرسة.

ويتم ذلك من خلال ما يلي:

- ربط أهداف نظام الجودة باحتياجات وتوقعات المستفيدين.

- تلقي مقترحات المستفيدين (صندوق الاقتراحات، الاستبانات، استطلاع الرأي...) وتحليل هذه المقترحات، وتزويد إدارة المدرسة بالنتائج.

- قياس مستوى رضا المستفيدين (الطلاب، المعلمون، أولياء الأمور،أطراف المجتمع ذات العلاقة) من خلال اللقاءات والاستبانات، واستطلاعات الرأي).

٤-بناء قاعدة من المعلومات والبيانات عن المدرسة تتناول وصف وظيفي لجميع العاملين، توضيح الصلاحيات والمسئوليات التي يتمتع بها مدير المدرسة، وصف مختصر للمدرسة يتضمن البيانات والمعلومات الأساسية وتعريف المستفيدين بها، وصف مختصر لجميع طلاب المدرسة (المتفوقين دراسيًا، الموهوبين، المتأخرين دراسيًا) وصف للمهام المسندة لقيادة المدرسة، حصر وجمع كافة البيانات والنتائج المدرسية وتمثيلها بالأساليب الإحصائية.

٥- الاستفادة من التقنية الحديثة والخدمات المعلوماتية، من خلال إنجاز المعاملات والمراسلات باستخدام التقنية الحديثة، استخدام الحاسب في توثيق البرامج والأنشطة الداخلية، تحديد موقع المدرسة على شبكة الإنترنت ومتابعة تحديثه، تشجيع الطلاب على تقنية المعلومات والإنترنت،تشجيع التواصل مع أولياء الأمور وأطراف المجتمع ذات العلاقة عن طريق التقنية الحديثة (البريد الالكتروني، المحادثات الفورية،...).

٦- وضع خطط استراتيجية مدرسية، يشارك في إعدادها المنفذون أنفسهم،وتكون واقعية قابلة للتطبيق،وتتصف بالشمولية لكافة البرامج المدرسية، وتتضمن (الأهداف- البرامج والأنشطة،وسائل التنفيذ،المستفيدين،تاريخ التنفيذ، المتابعة والتقويم).

٧- تحديد العمليات المدرسية وتحليلها وكذلك العمليات التي سيتم تحسينها وفق نظام الجودة الشاملة وإجراءات التحسين،ثم التطبيق والتقويم المستمر والتغذية الراجعة.

٨- تحديد إجراءات وخطوات عملية واضحة لعمليات التحسين وفق نظام الجودة الشاملة،ويتضمن كل إجراء ما يلي (اسم الإجراء- الغرض- مجال التنفيذ- الجهة المسئولة عن التنفيذ- الوثائق- المرجعية- خطوات الإجراء)

٩-تطبيق مبدأ العيوب الصفرية،ويتضمن التزام جميع العاملين بأداء العمل الصحيح بالشكل الصحيح من المرة الأولى وفي كل مرة، وإشعار الإدارة العليا بالمعوقات التي تمنع من تطبيق مبدأ العيوب الصفرية (انعدام العيوب) وكذلك ترسيخ مبدأ عدم تكرار الأخطاء، والوقاية منها وتوضيح كيفية تحقيق ذلك.

١٠- تشجيع البرامج التطويرية والطرق والأساليب الحديثة والمبادرات الإبداعية،وتبادل الخبرات والتجارب مع المدارس الأخرى.

١١-ترسيخ ونشر مفهوم نظام إدارة الجودة والتعريف بمبادئه وسماته وكيفية تطبيقه، بين الطلاب والمعلمين وأولياء أمور الطلاب،وتفعيل نظام الجودة داخل غرفة الدراسة،وذلك من خلال اعتبار المعلم هو القدوة في الالتزام بالنظام وتطبيقه قولاً وفعلاً،وأن يكون لدى الطلاب رؤية واضحة ورسالة محددة تشجعهم على الالتزام بالنظام وتعويدهم على المشاركة الصفية وغير الصفية بفاعلية، والاستفادة من استراتيجيات التدريس الحديثة.

١٢- التركيز على برامج للتوجيه والإرشاد الطلابي وأخرى لرعاية الطلاب صحيًا، ولرعاية ذوي الاحتياجات الخاصة،ولرعاية المتفوقين والمتأخرين دراسيًا... الخ.

وتجدر الإشارة إلى أن هذه المراحل متكاملة ومترابطة ومحددة بشكل جيد وتحتاج لمتسع من الوقت لتحقيقها حتى تصبح مألوفة للمؤسسة التعليمية التي تتبناها، ويتم تنفيذها باستمرار،وكذلك فإن نظام إدارة الجودة الشاملة هو بمثابة المظلة لجميع البرامج التطويرية والتحسينية، وأن الفشل في عملية التطبيق

وآلياتها يؤدي إلى فشل المؤسسة التعليمية في إدارة الجودة الشاملة. ومن هـذا المنطلـق سنتناول معوقات تطبيق مبادئ إدارة الجودة الشاملة في المنظمات التعليمية.

<u>حادي عشر: معوقات تطبيق مبادئ إدارة الجودة في المنظمات التعليمية:</u>

يجمع المتخصصون في الإدارة التربوية التعليمية على أن نجاح المنظمة التعليمية في تطبيق نظام إدارات الجودة الشاملة أو فشله لا يرجع إلى السياسات والخطط، ولكن يرجع السبب في الفشل إلى عملية التطبيق وآلياتها، ويمكن تحديد أبرز المعوقات فيما يلي:

١- عـدم التـزام ودعـم الإدارة العليـا (الـوزارة- المنـاطق التعليميـة- إدارة التربيـة والتعليم بالمحافظـة) والمستفيدين مـن التعليم في المجتمـع المحلـي لتطبيق نظام إدارة الجودة الشاملة.

٢- عدم حماس العاملين لتطبيق نظام إدارة الجودة الشاملة.

٣- عدم النظر إلى إدارة الجودة الشاملة على أنها نظـام كلـي متكامل مـن مجموعـة مـن الأنظمة الفرعية المختلفة والمترابطة.

٤- التركيز على الأهداف قصيرة المدى وإغفال الأهداف بعيدة المدي والتحسين المستمر.

٥- تقرير تطبيق الجودة الشاملة قبل القيام بتهيئة جديدة لبيئة التعليم والتعلم.

٦- التركيز على قياس مستوى الأداء وإغفال مساعدة الأفراد على تحقيق مسـتوى أعـلى مـن الجودة، وبالتالي تتحول الإدارة إلى إدارة تسلطية.

٧- المركزية في رسم الخطط واتخاذ القرارات.

٨- عدم توفر القيادات المؤهلة لنشر مفهوم إدارة الجودة وأساليبها وأنظمتها وكيفية تطبيقها في التعليم لتحسينه.

تلك هي أهم المعوقات لتطبيق نظام إدارة الجودة الشاملة في التعليم والتغلب عليها يمكننا مـن جني الفوائد المرجوة من هذا التطبيق

الفصل العاشر

إدارة الأزمات في التعليم

أولاً: أهداف الوحدة الدراسية:

بعد دراسة هذه الوحدة ينبغي أن يكون المتعلم قادرًا على أن:

١- يُعرف الأزمة في التعليم.

٢- يُعدد خصائص الأزمة التعليمية.

٣- يذكر مراحل الأزمة التعليمية مع الشرح.

٤- يُعدد أسباب الأزمة التعليمية.

٥- يشرح معنى إدارة الأزمة.

٦- يشرح كيفية مواجهة الأزمة التعليمية.

٧- يُعدد مع الشرح مراحل إدارة الأزمة التعليمية.

ثانيًا: محتويات الوحدة:

تتضمن هذه الوحدة ما يلي:

(أ) مفهوم الأزمة في التعليم

(ب) تعريف الأزمة في التعليم.

(ج) خصائص الأزمة التعليمية.

(د) مراحل تكون الأزمة التعليمية.

(ه) أسباب الأزمات التعليمية.

(و) إدارة الأزمة التعليمية.

(ز) كيفية مواجهة الأزمات في التعليم.

(ح) مراحل إدارة الأزمة التعليمية.

أ-مفهوم الأزمة التعليمية:

لقد أصبحت الأزمات Crisis سمة من سمات الحياة الاقتصادية والاجتماعية المعاصرة، ومع تطور الأزمات، وتنوع مصادرها وأشكالها وضرورة مواجهتها للتقليل من آثارها ونتائجها السلبية، برز فرع جديد في الإدارة أطلق عليه اسم (علم إدارة الأزمات)، يرتبط بالإدارة العامة.

وتعتبر الأزمة نقطة تحول في سلسلة من الأحداث المتتابعة تسبب درجة عالية من التوتر تقود إلى نتائج غالبا ما تكون غير مرغوبة، وبخاصة في حالة عدم وجود استعداد أو قدرة على مواجهتها [١]،

وتمثل الأزمة موقفًا خطيرًا، يواجه المنظمات ويهدد قدرتها على الاستمرار والبقاء، كما أن أحداثها تتلاحق بسرعة كبيرة ونتائجها تتراكم وتؤثر سلبًا على الجهاز الإداري وقد تفقده القدرة على التفكير والعمل بصورة صحيحة ودقيقة [٢]..

(١) أحمد إسماعيل حجي: الإدارة التعليمية والإدارة المدرسية، مرجع سابق، ص (٤١٥).

(٢) أحمد كامل الرشيدي: مشكلات الإدارة المدرسية في الألفية الثالثة، رؤية تربوية جديدة، الرياض: مكتبة الرشد، ١٤٢٨ هـ ص (١٦٧).

ومن الملاحظ في الآونة الأخيرة حدوث أزمات متنوعة في المنظومات التعليمية بسبب قصور في إدارة المنظومة أدى إلى حدوث تفاوت كبير بين ما هو مطلوب من المدارس، وما هو متاح لديها من إمكانات مادية وبشرية وموارد مالية، وكذلك نقص المعلومات وعدم وضوح الرؤية لدى متخذي القرار، وعدم ملاءمة المخرج التعليمي وزيادة حالة اللامبالاة بين العاملين، واتساع تعارض المصالح بينهم، وانتشار مناخ من الفساد الإداري التنظيمي، زيادة التكلفة التعليمية، قصور التعليم عن تحقيق أهدافه، ضعف المصداقية وانعدام الشفافية، قصور المناهج والتجهيزات، والمباني وتسلطية الإدارة[1]. ، وزيادة النقص الحاد في الموارد،وعدم وجود فلسفة واضحة ومحددة للتعليم، وضع أهداف تعليمية يستحيل تحقيقها، قصور في الرقابة على التعليم بما تتضمنه من متابعة وتقويم للأداء التعليمي على مختلف المستويات، ضعف المشاركة في مناقشة أمور التعليم واتخاذ القرار التعليمي، افتقار الإصلاحات التعليمية إلى الشمولية.

ولذلك ينبغي البحث عن أساليب فعالة لإدارة الأزمات للتقليل من الآثاروالنتائج السلبية المترتبة على حدوثها.

ومن الدلائل التي تشير إلى أن التعليم يمر بأزمات منها: ارتفاع نسب الرسوب والتسرب من المدرسة، تمحور التعليم والتعلم حول التحفيظ والتلقين وحشو الذهن بالمعلومات، وتدني دافعية الطلاب للتعلم، العزوف عن الاشتغال بمهنة التعليم، زيادة كثافة الطلاب بالفصول الدراسية، الاعتماد على الطرق التقليدية في التدريس، عدم تحقيق المساواة في الفرص التعليمية وفقًا للقدرات والاستعدادات، تدني تأثر الطالب بالتربية المدرسية ، طلب شعبي متزايد على التعليم وانخفاض القدرة الاستيعابية في المدارس، تدني رضا أولياء الأمور عن التحصيل العلمي لأبنائهم، انتشار ظاهرة الدروس

(١) نفس المرجع ص: ١٦٢.

الخصوصية، تناقص المخصصات المالية للتعليم، تزايد الشعور بالإحباط عند الطلاب والمعلمين، عجز المدارس عن تأدية وظائفها، إخفاق المناهج في مواجهة تحديات العصر، غلبة الطابع النظري في التعليم والتعلم... شيوع الاتجاهات السلبية نحو المدارس، وغياب الفلسفة التعليمية الواضحة، ونحو ذلك.

ومن هذا المنطلق فإن المؤسسات التعليمية على مختلف مستوياتها غير قادرة على التكيف مع الظروف الداخلية والخارجية في بيئاتها وبالتالي تواجه أزمات تختلف في طبيعتها وعوامل تحريكها، إلا أنها تؤدي إلى خلق صعوبات ومشكلات وإحداث انهيارات في التعليم والقيم والمعتقدات والممتلكات، ولذلك فإن مواجهة إدارات المنظمات التعليمية للأزمات يعتبر أمرًا ضروريًا للتقليل من الخسائر المادية والمعنوية، وتأمين سلامة الجهاز الإداري في المؤسسة التعليمية التي لحقتها الأزمة ومنع تدهور الأوضاع فيها، ومواجهتها، بخطة استراتيجية طموحة.

وقد حدد (وينر وكاهن Weiner and Kahn) اثنا عشر بعدًا للأزمة، يظهر في أن الأزمة:

١- تعتبر غالبًا تحولاً في تتابعات ظاهرة من الحوادث والأفعال.

٢- تعد موقفًا يتطلب من المشاركين درجة عالية من العمل والأداء.

٣- تهدد الأهداف والغايات، وبخاصة تلك المتصلة بأعضاء المنظمة.

٤- تتبع بنواتج هامة تشكل تبعاتها مستقبل أعضاء المنظمة.

٥- تتكون من حوادث متقاربة ينتج عنها مجموعة من الظروف.

٦- تؤدي إلى الحيرة وعدم التثبت في تقويم الموقف ووضع بدائل للتعامل معه.

٧- تقلل التحكم في الأحداث وتأثيراتها.

٨- تزيد درجة الإلحاح التي تنتج عن القلق بين المشاركين.

٩- تعتبر فرصة تكون فيها المعلومات المتاحة للأعضاء غير ملائمة.

١٠- تزيد ضغوط الوقت بالنسبة للأعضاء.

١١- تتميز بتغيرات في العلاقات بين أعضاء المنظمة.

١٢- ترفع درجة التوتر بين الأعضاء وبخاصة في الأزمات المتصلة بالسياسات بين القوى الداخلية أو بين القوى الخارجية.

ب- تعريف الأزمة في التعليم:

تُعرف الأزمة بأنها «موقف مفاجئ غير متوقع يواجه الكيان الإداري ويصعب التعامل معـه مـما يؤثر على المقومات الرئيسة للمنظمة (وزارة التربية والتعليم، إدارة التربيـة والتعليم، المدرسة)، وأهـدافها وقيمها ويشكل تهديدًا صريحًا، وواضحًا لها، وتتطلب هذه الحالة اتخاذ قرارات وإجراءات فورية لمواجهتها والسيطرة عليها والعودة بالأوضاع إلى حالتها العادية والخروج بأقل الخسائر الممكنة » [١].

أو «هي موقف أو حالة تواجه النظام التعليمي تستدعي اتخاذ قرار سريع لمواجهـة التحدي الذي تمثله تلك الحالة، غير أن الاستجابة الروتينية للمؤسسة التعليمية تجاه هذه الحالة أو التحدي تكون غير كافية لتتحول الحالة حينذاك إلى أزمة تتطلب تجديدات في المؤسسة التعليمية والأساليب الإدارية التي تتبعها تلك المؤسسة » [٢].

---

(١) محمد رشاد الحملاوي: إدارة الأزمات- تجارب محلية وعالمية، القاهرة: مكتبة عين شمس، ١٩٩٢م، ص (١٨).

(٢) أحمد كامل الرشيدي: المشكلات العصرية في الإدارة المدرسية في عصر العولمة- رؤية تربوية واقعية، القاهرة: مكتبة كوميت، د. ت، ١٥٩.

أو «نقطة تحول في سلسلة من الأحداث المتتابعة تسبب درجة عالية من التوتر وتقود إلى نتائج غالبًا ما تكون غير مرغوبة، وبخاصة في حالة عدم وجود استعداد أو قدرة على مواجهتها»[١].

أما (أحمد محمد إبراهيم) فيؤكد على أهمية الاستعداد لمواجهة الأزمة، ويرى أن الأزمة موقف يطرأ فجأة فتصبح له الأولوية المطلقة في ضرورة التعامل معه واتخاذ قرار لحسمه لأنه يهدد إحدى القيم العليا في المؤسسة بشكل لا يمكن التسامح معه»[٢]..

بينما يرى (بروك Brock) أنها «موقف أو وضع يمثل اضطراب المنظومة التعليمية ويحول دون تحقيق الأهداف ».

ومن هذا المنطلق فإن الأزمة التعليمية هي «موقف خطير تتابع فيه الأحداث بسرعة مما يؤدي إلى حدوث اضطراب للمنظمة التعليمية يحول دون تحقيق أهدافها ويهدد قيمها وممتلكاتها، ويتطلب إجراءات فورية واتخاذ قرارات تحول دون تفاقمه والعودة بالأوضاع إلى حالتها العادية ».

وتجدر الإشارة هنا إلى وجود بعض المفاهيم التي قد تتداخل مع مفهوم الأزمة كالمشكلة والكارثة وللتفريق نورد مفهوم كل منها على حده.

(١) أحمد إسماعيل حجي: الإدارة التعليمية، والإدارة المدرسية، القاهرة: دار الفكر العربي، ٢٠٠٥ ، ص ٤١٥.
(٢) أحمد إبراهيم أحمد: إدارة الأزمة، منظور عالمي، الإسكندرية، دار الوفاء لدنيا الطباعة والنشر، ٢٠٠٢م، ص (٣٨).

فالمشكلة تُعرف بأنها عائق أو مانع يحول بين الفرد والوصول إلى الهدف الذي يرغب في تحقيقه، وتعبر المشكلة عن حدث أو واقعة لها شواهد وأدلة تنذر بوقوعها بشكل تدريجي يجعل من إمكانية التوصل إلى أفضل حل بشأنها سهلاً، عندما نستخدم التفكير العلمي والجهد المنظم للتعامل معها والقضاء عليها، والعلاقة بين المشكلة والأزمة وثيقة فالمشكلة قد تكون هي بسبب الأزمة ولكنها بالطبع لن تكون هي الأزمة في حد ذاتها، ويعني ذلك أن الأزمة عادة ما تكون أحد الظواهر المتفجرة عن المشكلة والتي تأخذ موقفًا شديد الصعوبة، والتعقيد،ويحتاج التعامل معها إلى السرعة والدقة.

أما الكارثة فهي حالة تتميز بالفجائية وغموض اتجاهها أو زمانها أو شدتها وعند حدوثها تنجم عنها أضرار مادية أو معنوية خطيرة، وقد تتحول الأزمة إلى كارثة، ويعني ذلك أن الكارثة ليست هي الأزمة[(١)].

ج-خصائص الأزمة التعليمية:

تختلف الأزمات التعليمية في نوعها وحجمها، ومدى قوة مفاجآتها، وعوامل تحريكها، إلا أنها تتميز بمجموعة من الخصائص،ومن أبرزها ما يلي:

١- تأتي بشكل مفاجئ أو عنيف أو حاد لحظة حدوثها، لكونها حدثًا غير متوقع وسريع وغامض ويستقطب اهتمام جميع الأفراد والمؤسسات المرتبطة بالمؤسسة التعليمية.

٢- خسائرها المادية والبشرية والمعنوية هائلة تهدد أهداف الأفراد ذوي الصلة بها وكذلك المنظمات وتصل أحيانًا إلى القضاء على كيان المنظمة.

(١) نفس المرجع ص: ١٦.

٣- بلوغها درجة من التعقيد والتداخل المتعدد في عناصرها وعواملها وأسبابها.

٤- تعدد الأطراف والقوى المؤثرة في حدوثها وتطورها، مما يخلق صعوبات في السيطرة على الموقف واتخاذ القرارات الصائبة نحوه.

٥- أحداثها تتصاعد بشكل متسارع الأمر الذي يفقد أطراف الأزمة القدرة على إدارة الموقف والسيطرة عليه وعدم التعامل معه بروح الفريق.

٦- ضغط الوقت وإدراك متخذ القرار أن الوقت المتاح لصنع القرار واتخاذه محدود.

٧- تمثل نقطة تحول أساسية في أحداث متتابعة ومتداخلة، تخلق حالة من الغموض،وعدم الاستقرار داخل الكيان الإداري.

٨- تسبب صدمة وتوترًا وتصل حالة الخوف من المجهول إلى درجة الرعب مما يصعب معه اتخاذ قرارات صائبة لمواجهتها.

د-مراحل تكون الأزمة التعليمية:

تتكون الأزمة على مراحل ثلاث: وهي:

١-مرحلة التكوين:

وفي هذه المرحلة يتشكل مركز الأزمة بفعل العوامل الذاتية والبيئية نتيجة للضغوط التي تولدها قوة الأزمة يحدث اختلال واضطراب في توازنات المنظمة (المدرسة) وبالتالي يصل التأثير للأداء الوظيفي والمهاري والفني وتظهر مواطن الضغط والخلل ويحدث الاضطراب في التنظيم وبما يؤدي إلى انتشار الأزمة من قبل الفئات المستفيدة.

٢-مرحلة التهيئة:

وفي هذه الخطوة تعمل القوى والعوامل التي صنعت الأزمة على إيجاد المناخ الذي يساعد على اشتداد ضغط الأزمة مع الاستفادة من كافة الظروف المتوفرة داخل التنظيم الإداري مثل: زيادة حالة اللامبالاة في كل المجالات، انتشار حالة من التوتر في العلاقات التنظيمية، اتساع صراعات المصالح بين العاملين في المنظمة، زيادة الفساد الإداري والتنظيمي، ضعف ثقة المرؤوسين بمديرهم، ضعف القدرة على التنبؤ بالأحداث، عدم تقبل الأفكار الجديدة... وغيرها.

٣-مرحلة استخدام العوامل المساعدة:

ومن أبرزها التنظيمات غير الرسمية المؤثرة في التنظيم الإداري، عدم مشاركة العاملين في صنع القرارات، سياسة الأبواب المغلقة، تجاهل الشكاوى والمقترحات مما يؤدي إلى غياب التغذية المرتجعة، ومن خلال استخدام عناصر التنظيمات غير الرسمية تتفاقم الأزمة داخل المنظمة وتكتسب مؤيدين لها.

هـ- أسباب الأزمات التعليمية:

تكمن وراء الأزمات التعليمية العديد من الأسباب ومن أبرزها ما يلي:

١- أسباب من خارج المنظمة التعليمية مثل: الزلازل والفيضانات والحروب والحرائق والتقلبات الجوية الحادة.

٢- قصور الإمكانات المادية والبشرية عند التعامل مع الأزمات مما يؤدي إلى تفاقمها وتحولها إلى كوارث.

٣- تجاهل شكاوى المستفيدين من العملية التعليمية والتي تشير إلى إمكانية حدوث أزمة.

٤- غموض الأهداف التعليمية وعدم تحديدها وقابليتها للقياس يؤدي إلى ضعف المقدرة على تحديـد الأولويات والأدوات، وعدم وضع خطط استراتيجية وتفصيلية لمواجهة تحديات المستقبل.

٥- وجود خلل في نظم التوجيه والرقابة والمتابعة والتقييم والحوافز والاتصال في المنظمة التعليمية.

٦- الزيادة السكانية المتسارعة، وشيوع مبدأ ديموقراطية التعليم والتعلم للجميـع، كلهـا عوامـل أدت إلى زيادة أعداد المقيدين بالمدارس ومع نقص الإمكانات المادية والبشرية المخصصة للتعليم، وقـد أدى كل ذلك إلى انخفاض الكفاية الداخلية والخارجية للمنظمات التعليمية.

٧- ارتباط السياسات التعليمية بالأفراد وليس بالمؤسسات.

٨- وقوع أخطاء إدارية وفنية مـن جانـب إدارة المنظمـة مثـل: انعـدام المشاركة في وضع سياسـات التعليم، التردد عند اتخاذ القرارات، إصدار قرارات فورية غير مدروسة، فقدان الثقة في القدرة على التعامل مع الأزمة، تجاهل الشائعات، اتباع أساليب تقليدية في إدارة المواقف ومواجهتها، ضعف ثقة المديرين في مرؤوسيهم، ونحو ذلك.

٩- ترك المشاكل تتراكم وعدم اتخاذ الإجراءات الكفيلة بحلها بشكل دوري ودائم يمهد لحدوث الأزمة، فيشير الأدب الإداري إلى أن المشكلة تعبر عن الباعث الرئيسي للأزمة.

١٠- ضعف تدريب الإدارة والأفراد على كيفية التعامل مع الأزمات التعليمية ومواجهتها.

١١- زيادة أعداد الراغبين في التعليم مع ضعف القدرة الاستيعابية للمؤسسات التعليمية.

١٢- عدم وجود خطط أو سيناريوهات للتعامل مع الأزمات المختلفة.

١٣- عدم مواكبة المناهج الدراسة للتطورات العلمية والتقنية واحتياجات المؤسسات الاقتصادية والاجتماعية من القوى العاملة المناسبة لها من الناحية المعرفية والمهارية والإبداعية والقيمية.

وتجدر الإشارة هنا إلى أن الأزمات التي تواجه المنظمات التعليمية قد تكون نتاج سبب واحد من الأسباب السابقة فإن البعض الآخر للأزمات يكمن وراءه مجموعة من الأسباب، ومع ذلك يمكن التخفيف من أثر الأزمات باتباع الأساليب والإجراءات الإدارية المناسبة.

و- إدارة الأزمة التعليمية Crisis Management

لقد نشأ مفهوم إدارة الأزمات في مجال الإدارة العامة كمجموعة من الأسس والقواعد التي تأخذ بها الأجهزة الحكومية والمؤسسات العامة في الظروف غير الاعتيادية التي يمكن أن تواجه المنظمة، وتتضمن إدارة الأزمات مجموعة من الأنشطة يأتي في مقدمتها التنبؤ بالأزمات المحتملة عن طريق الاستشعار ورصد المتغيرات البيئية الداخلية والخارجية المسببة للأزمات، وتعبئة الموارد والإمكانات المتاحة لمواجهة الأزمات والخروج منها بأقل الخسائر الممكنة حين حدوثها، وأيضًا التخطيط لمواجهة الأزمات قبل حدوثها فالوقاية خير من العلاج، والسعي لتقليل الأخطار وكذلك استخلاص العبر والدروس المستفادة التي يمكن الخروج بها مما مرت به المنظمة (المدرسة) في وقت الأزمة، وتتطلب هذه المرحلة قدرات علمية لتحليل واقع المدرسة

وتشخيص أحوالها ومعرفة العوامل التي أدت إلى الأزمة، ثم تحديد السبل التي يمكن بها تلافي ذلك مستقبلاً [١].

وقد أورد علماء الإدارة العامة الكثير من التعريفات لإدارة الأزمة نذكر بعضها فيما يلي:

«عملية مقصودة تقوم على التخطيط والتدريب بهدف التنبؤ بالأزمة والتعرف على أسبابها الداخلية والخارجية وتحديد الأطراف الفعالة والمؤثرة فيها واستخدام كامل الإمكانات والوسائل المتاحة لمواجهتها بنجاح بما يحقق الاستمرار ويبعد التهديدات والمخاطر عن المنظمة، مع استخلاص الدروس المستفادة واكتساب الخبرات الجديدة التي تحسن من أساليب التعامل مع الأزمات في المستقبل »

أو هي «سلسلة الإجراءات أو القرارات الهادفة إلى السيطرة على الأزمة، والحد من تفاقمها حتى لا يفلت زمامها وتهدد بقاء المنظمة »[٢]..

ومن هذا المنطلق فإن إدارة الأزمات في التعليم تعني ضرورة قيام إدارة المنظمة التعليمية بتكوين جهاز خاص لإدارة الأزمات، ذو حساسية عالية، يتنبأ بالأزمة قبل حدوثها، ويرصد بدقة عواملها، وعناصرها وقواها، ويضع خطة طموحة لإدارة الأزمات المحتمل حدوثها، وكيفة مواجهتها، حتى لو كانت فرصة حدوثها ضعيفة، وأيضًا فإن إدارة الأزمات تشكل نمطًا إداريًا محدد الخصائص له آلياته المميزة في مواجهة الأزمات المتعاقبة والمتزامنة.

---

(١) أحمد إسماعيل حجي: الإدارة التعليمية والإدارة المدرسية، مرجع سابق، ص (٤٣٠).

(٢) أحمد كامل الرشيدي: الإدارة المدرسية في الألفية الثالثة، رؤية تربوية جديدة، مرجع سابق، ص (١٨٩).

ومن ثم فإن إدارة الأزمة هي إدارة الحاضر والمستقبل وهي إدارة تبنى على المنهج العلمي، وتعمل على حماية ووقاية المنظمة من الأخطار والارتقاء بأدائها، والمحافظة على سلامتها، ومعالجة أي سبب يكون من شأنه إحداث بوادر أزمة مستقبلية [١].

ولكي تزيد فعالية الإدارة في الأزمة ينبغي تنمية قدرات القادة في اتخاذ القرارات الفعالة أثناء الأزمة، وأيضًا الاهتمام بالابتكار والتجديد في مواجهة الأزمات، واعتبار التعليم منظومة مجتمعية وأن هناك منظومات فرعية له.

ز-كيفية مواجهة الأزمات في التعليم:

لكي تنجح المنظمات التعليمية في مواجهة الأزمات فإنه من الضروري على إدارتها إدراك أن نجاحها يتوقف على المرحلة السابقة وهي مرحلة تخفيف هذه الأزمة والاستعداد لمواجهتها واتباع الإجراءات التنظيمية أو الطرق التي أشار إليها الفكر الإداري الحديث للتعامل مع الأزمات، ومنها:

١- تكوين فريق عمل لمواجهة الأزمات يمتلك الكفاءة العالية في الأداء والمتابعة والقدرة على الاتصال الفعال والتحكم الذاتي والتماسك، والمشاركة والمرونة في وضع البدائل والجرأة في اتخاذ القرار المحسوب بدقة وموضوعية واللياقة البدنية والنفسية [٢]، والتركيز على المواقف الحرجة التي يمكن أن تتحول إلى أزمة والرصد الدقيق لعواملها وعناصرها، وهذا يساعد المنظمة على التعامل مع الأزمة بطريقة فعالة.

(١) نفس المرجع، ص (١٩٤- ١٩٥).

(٢) عباس بله محمد أمد: مبادئ الإدارة المدرسية، مرجع سابق، ص (١٢٥).

٢- إنشاء قاعدة بيانات ومعلومات شاملة وحديثة عن كافة أنشطة المنظمة التعليمية ومشكلاتها والأزمات التي يمكن أن تواجهها، وهذه البيانات والمعلومات توضح الرؤية لمتخذي القرار الصائبة لمواجهة الأزمة ومنع وقوعها أو الخروج منها بأقل الخسائر الممكنة.

٣- التخطيط الاستراتيجي لاحتواء أية أزمة قبل حدوثها، وذلك بوضع السيناريوهات المتوقعة والخطط الدقيقة والحلول المناسبة لكل ما يتوقع من أزمات قبل حدوثها مع توزيع الأدوار حسب قدرات كل فرد وتدريب العاملين على استخدام الأسلوب العلمي عند التعامل مع الأزمات المتكررة وبالتالي تطمئن الإدارة إلى عدم تكرار حدوث مثل هذه الأزمات.

٤- اقتراح خطط (بسيطة، قابلة للتنفيذ، مرنة) لإدارة الأزمات المتوقع أن تحدث في الحاضر والمستقبل وأن تعتمد هذه الخطط على الإفادة من الإمكانات البيئية المختلفة مركزية ومحلية ومحفزة للهيئات المختلفة للإسهام في مواجهة الأزمة، وأن يكون لكل أزمة خطة خاصة بها، لأن كل أزمة لها ظروفها وشكلها المختلف، مع مراعاة أن الخطط تأتي من التفكير في الأزمات المحتمل حدوثها في المنظمة التعليمية، مع تفعيل هذه الخطط المتوفرة لمواجهة الأزمة ووقف التدهور وتقليل الخسائر، وأن تسير هذه الخطط وفقا لبرنامج علمي طبقا للأوليات.

٥- الارتفاع بمعنويات العاملين وقت الأزمة وإشاعة الطمأنينة والحماس والالتزام بين العاملين يوفر الثقة بالقدرة على التعامل مع الأزمة والإمساك بزمام المبادرة، كما يساعد على معرفة حجم الأزمة وخطورتها، ويعين فريق العمل على التعامل مع الأزمة والاستعداد، والتخطيط الفعال لاحتوائها.

٦- الاعتراف بالأزمة وإعلان الحقيقة، كاملة عنها في الوقت المناسب حتى تتمكن الجهات المعنية بالأزمة من تقديم المساعدة لحلها أو الحد من آثارها وتقبل التغيير وقت الأزمات.

٧- توفير التجهيزات المناسبة التي تساعد في إدارة الأزمة، ومن أهمها:

- إنشاء غرفة عمليات لإدارة الأزمة، تعمل على الاتصال والمراقبة والتقصي، وجمع المعلومات والبيانات عن الأزمة، لتحديد حجمها واتجاهها ومتابعة تطورها.
- استخدام أدوات تأثيرية لوقف تصاعد الأزمة أو التعامل معها والقضاء عليها مثل: المقابلات الشخصية، الاجتماعات والمؤتمرات والمحاضرات، والإعلام الجماهيري.
- توفير وتنظيم اتصال فعال للإبلاغ عن الأزمة ويعمل على سرعة تدفق المعلومات داخل المنظمة وبينها وبين الجهات والمنظمات خارج مجال الأزمة والتي تستطيع تقديم العون والمساعدة لمواجهة الأزمة ومنع حدوثها أو التقليل من آثارها السلبية، إن هي وقعت بالفعل.
- حشد وتعبئة الموارد المتاحة واستنفاد الطاقات من أجل مواجهة الأزمات.

٨- عدم التقيد بالقرارات والقوانين المحددة لسير العمل عند حدوث الأزمة واتخاذ القرارات السريعة لحل الأزمة في ضوء ظروف وملابسات الأزمة.

وتجدر الإشارة هنا إلى أن مواجهة الأزمة التعليمية لابد أن تكون شاملة تأخذ في اعتبارها أن التعليم منظومة مجتمعية وأن هناك منظومات فرعية له.

ج-مراحل إدارة الأزمة التعليمية:

تشير أدبيات الإدارة إلى أن إدارة الأزمة لا تقف عند حد المواجهة، بل تهتم بالتنبؤ والتوقعات، وبناء القدرة على التصدي لما قد يكون محتملاً، والسيطرة على الموقف

وتقليل الأخطاء والخسائر، واستخلاص الدروس المستفادة وإزالة الأعراض والأسباب، ولذلك فإن هناك اتفاقًا على أن مراحل إدارة الأزمة خمس وهي متتابعة وتتوقف كل مرحلة على المرحلة السابقة عليها، وهذه المراحل، هي [1]:

١- اكتشاف إشارات الإنذار:

وتعني هذه المرحلة استشعار المؤشرات أو الإنذارات المبكرة التي تبين قرب وقوع أزمة ما. ويستلزم ذلك أن تهتم الإدارة المدرسية بالوقوف على السلبيات ونقاط الضعف، وتشخيص الأوضاع المرضية.

٢-الاستعداد والوقاية:

وفي هذه المرحلة تستعد الإدارة من خلال أفرادها على مواجهة الأزمة والتعامل معها بطريقة علمية، فهي الأكثر ضمانًا للسيطرة على الأزمة، والهدف من الوقاية اكتشاف أوجه الضعف وعلاجها لمنع وقوع الأزمة، وإعداد مجموعة من البدائل لمقابلة جميع الاحتمالات، ودراسة إمكانية تطبيقها.

٣-الحد من الأضرار:

في هذه المرحلة تقوم الإدارة بتنفيذ خطة المواجهة الموضوعة لتقليل حجم الأضرار الناجمة عن الأزمة، والحد من تداعياتها المحتملة، وتقليل الخسائر قدر المستطاع.

---

(١) أحمد إسماعيل حجي: الإدارة التعليمية والإدارة المدرسية، القاهرة: دار الفكر العربي، ١٤٢٥هـ/ ٢٠٠٥م، ص (٤٢٩-٤٢٠).

٤-استعادة النشاط:

وتشمل التهيئة وإعادة الأمور إلى ما كانت عليه قبل الأزمة، والإدارة هنا تقوم بإصلاح الوضع المتأزم، وإعادة التوازن للمنظمة ومعالجة الآثار النفسية والاجتماعية الناتجة عن الأزمة.

٥-التعلم:

وهنا تقوم الإدارة باستخلاص العبر والدروس المستفادة من الخبرات التي مـرت بها المنظمـة أثنـاء الأزمة، وتتطلب هذه المرحلة قدرات علمية لتحليل وضع المؤسسة وتشخيص أحوالهـا، وتحديـد العوامـل الداخلية والخارجية للمؤسسة ومدى تأثير كل منها في إحداث الأزمة، ثم تحديد السبل التي يمكن بها تلافي ذلك في المستقبل، وتطوير أداء المؤسسة بصورة أفضل من الماضي.

المصادر والمراجع

أولاً: المراجع العربية:

١- إبراهيم بن محمد الخضير: الإدارة التربوية في الإسلام، الرياض، مكتبة الرشد، ١٤٢٨هـ-٢٠٠٧م.

٢- إبراهيم إبراهيم سرحان، لميس محمد محمد حنفي: مبادئ الإدارة والتنظيم، القاهرة: المعهد الفني التجاري بشبرا، ١٩٨٦م.

٣- إبراهيم عباس الزهيري: الإدارة المدرسية والصفية، منظور الجودة الشاملة، القاهرة: دار الفكر العربي، ١٤٢٩هـ- ٢٠٠٨م.

٤- إبراهيم عبد الله المنيف: الإدارة (المفاهيم، الأسس، المهام) الرياض: دار العلوم، ١٩٨٠م.

٥- إبراهيم عبد الله المنيف: تطور الفكر الإداري المعاصر، ط٢، الرياض: آفاق الإبداع للنشر والإعلام، ١٤٢٠هـ-١٩٩٩م.

٦- إبراهيم عصمت مطاوع، أمينة أحمد حسن: الأصول الإدارية للتربية، جدة: دار الشروق، ١٩٨٢م.

٧- أبو إسحاق إبراهيم بن علي الشيرازي: اللمع في أصول الفقه، بيروت: عالم الكتب، ١٩٨٤م.

٨- أحمد إبراهيم أبو أسن: الإدارة في الإسلام، ط٢، دبي: المطبعة العصرية، ١٩٨١م.

المصادر والمراجع

٩- **أحمد إبراهيم أحمد**: الإدارة التربوية والإشراف الفني بين النظرية والتطبيق، القاهرة: دار الفكـر العربي، ١٩٩٠م.

١٠- **أحمد إسماعيل حجي**: الإدارة التعليمية والإدارة المدرسية، القاهرة: دار الفكر العربي، ١٤٢٥هـ-٢٠٠٥م.

١١- **أحمد الحسن فقيري**: عمليات التأثير في المنظمة وانعكاساتها على أنماط القيادة، الرياض: مجلـة الإدارة العامة، العدد ٤٦، ١٩٨٥م.

١٢- **أحمد بلقيس**: إدارة الصف وحفظ النظام فيه -المفاهيم والمبادئ والممارسات- ورقـة عمـل مقدمة إلى الأونروا- اليونسكو، دائرة التربية والتعليم، دورات التربية في أثنـاء الخدمـة- الرئاسـة العامة لوكالة الغوث الدولية، الأردن: عمان، ١٩٨٤م.

١٣- **أحمد شاكر عصفور**: أصول التنظيم والأساليب، جدة: دار الشروق، ١٩٧٣م.

١٤- **أحمد صقر عاشور**: الإدارة العامة مدخل بيتي مقارن، القاهرة: دار النهضة المصرية، ١٩٧٩م.

١٥- **أحمد صقر عاشور**: السلوك الإنساني للمنظمات، الإسكندرية، دار المعرفة الجماعية، ١٩٨٥م.

١٦- **أحمد كامل الرشيدي**: المشكلات العصرية في الإدارة المدرسية في عصر العولمة، رؤية تربويـة واقعية، القاهرة، مكتبة كوميت، (د.ت).

١٧- **أحمد كامل الرشيدي، فاطمة بنت حمد الرديني**: إدارة التربية والتعليم وتخطيطها في الألفيـة الثالثة ط٢، الرياض: مكتبة الرشد، ١٤٢٨هـ-٢٠٠٧م.

١٨- **السيد سلامة الخميسي**: معايير جودة المدرسة الفعالة في ضوء منحى النظم، ورقة عمل، المملكة العربية السعودية، كلية التربية، جامعة الملك سعود، (د.ت).

١٩- **الشريف الرضي**: نهج البلاغة لعلي بن أبي طالب ضبط نصه وابتكر فهارسه العلمية: صبحي صالح، ط٢، بيروت: دار الكتاب اللبنانين ومكتبة المدرسة، ١٩٨٣م.

٢٠- **بدران أبو العينين**: أصول الفقه الإسلامي، الإسكندرية، مؤسسة شباب الجامعة، (د.ت).

٢١- **تيسير الدويك وآخرون**: أسس الإدارة التربوية والمدرسية والإشراف التربوي، عمان: دار الفكر للنشر والتوزيع، (ب ت). د

٢٢- **جابر عبد الحميد وآخرون**: مهارات التدريس، القاهرة: دار النهضة العربية، ١٩٨٢م.

٢٣- **جاري ديسلر**: أساسيات الإدارة (المبادئ والتطبيقات الحديثة)، ترجمة عبد القادر، الرياض: دار المريخ للنشر، ١٤٢٣هـ-٢٠٠٢م.

٢٤- **جمال أبو الفاء وآخر**: اتجاهات حديثة في الإدارة المدرسية، الإسكندرية: دار المعرفة الجامعة، ٢٠٠٠م.

٢٥- **جمال ماضي**: القيادة المؤثرة، القاهرة: دار التوزيع والنشر الإسلامية، ١٤٢٧هـ-٢٠٠٦.

٢٦- **جون فينفر، فرانك سيروود**: التنظيم الإداري، ترجمة محمد توفيق رمزي، القاهرة: مكتبة عين شمس، ١٩٨٢م.

٢٧- **حسين عبد الله محضر**: الجديد في الإدارة المدرسية، جدة: دار الشروق ١٩٧٥م.

٢٨- **حزام بن ماطر عويض المطيري**: الإدارة الإسلامية (المنهج والممارسة) ط٢، الرياض: مكتبة الرشد، ١٤٢٤هتز

٢٩- **حمد بن إبراهيم السلوك**: التربية والتعليم العام في المملكة العربية السعودية، بين السياسة والنظرية والتطبيق، الرياض: مؤسسة انترناشيونال جرافيكس، ١٤١٦هـ-١٩٩٦م.

٣٠- **حمدي فؤاد علي**: التنظيم والإدارة الحديثة- الأصول العلمية والعملية، بيروت: دار النهضة العربية للطباعة والنشر، (د.ت).

٣١- **حزام ماطر**: الإدارة الإسلامية والممارسة، الرياض: مطابع الفرزدق، ١٤١٧هـ

٣٢- **خالد بن عبد الله دهيش وآخرون**: الإدارة والتخطيط التربوي، أسس نظرية وتطبيقات عملية، ط٣، الرياض، مكتبة الرشد، ٢٠٠٥م.

٣٣- **ذكي الدين سفيان**: أصول الفقه الإسلامي، ط٢، بيروت: دار القلم، ١٩٧٤م.

٣٤- **ذكي محمود هاشم**: الإدارة العلمية، ط٣، الكويت: وكالة المطبوعات للنشر، ١٩٨٩م.

٣٥- **رياح الخطيب وآخرون**: الإدارة والإشراف التربوي، اتجاهات حديثة ط٢، مطبعة الفرزدق التجارية، ١٩٨٧م.

٣٦- **سامي زبيان وآخرون**: قاموس المصطلحات السياسية والاقتصادية والاجتماعية، المملكة المتحدة، رياض الريس للكتب والنشر، ١٩٩٠م.

٣٧- **سميرة أحمد السيد**: علم اجتماع التربية، القاهرة: دار الفكر العربي، ١٩٩٣- ١٤١٣هـ

٣٨- **سيد الهواري**: الإدارة بالأهداف والنتائج، القاهرة: مكتبة عين شمس، ١٩٨٠م.

٣٩- **صلاح الدين جوهر**: المدخل إلى إدارة وتنظيم التعليم، القاهرة: دار الثقافة والنشر، ١٩٧٤م.

٤٠- **صلاح عبد الحميد مصطفى**: اساسيات الإدارة والتخطيط العلمي (المفاهيم، الأساليب، التطبيقات)، الرياض: مكتبة الرشد، (ب ت).

٤١- **صلاح عبد الحميد مصطفى، نجاة عبد الله النابه**: الإدارة التربوية، (مفهومها، نظرياتها، ووسائلها) دبي: دار القلم، ١٤٠٦هـ-١٩٨٦م.

٤٢- **صلاح عبد الحميد مصطفى**: الإدارة المدرسية في ضوء الفكر الإداري المعاصر، ط٢، الرياض: دار المريخ للنشر، ١٩٩٤م.

٤٣- **صلاح عبد الحميد مصطفى، فدوي فاروق عمر**: مقدمة في الإدارة والتخطيط التربوي، الرياض، الرياض: مكتبة الرشد، ١٤٢٨هـ- ٢٠٠٧م.

٤٤- **عادل حسن**: الإدارة والمدير، الإسكندرية: مؤسسة شباب الجامعة، ١٩٨٢م.

٤٥- **عباس بلة محمد أحمد**: مبادئ الإدارية المدرسية (وظائفها- مجالاتها- مهاراتها- تطبيقاتها) الرياض: مكتبة الرشد، ١٤٢٧هـ-٢٠٠٦م.

٤٦- **عبد الباسط محمد حسن**: التنمية الاجتماعية، ط٤، القاهرة: مكتبة وهبة، ١٩٨٢م.

٤٧- **عبد الرحمن بن ناصر السعدي**: تيسير الكريم الرحمن في كلام المنام، بيروت: مؤسسة الرسالة للطباعة والنشر والتوزيع، ١٩٩٢م.

٤٨- **عبد الرحمن توفيق**: منهج الإدارة العليا، التخطيط الاستراتيجي والتفكير الإبداعي، إعداد خبراء مركز الخبرات المهنية للإدارة، ط٣، القاهرة: ٢٠٠٤م.

المصادر والمراجع

٤٩- **عبد الصمد الأغبري:** الإدارة المدرسية (البعد التخطيطي والتنظيمي المعاصر، بيروت، دار النهضة العربية، ١٤٢٦هـ-٢٠٠٦م.

٥٠- **عبد الكريم درويش وآخرون:** أصول الإدارة العامة، القاهرة: مكتبة الأنجلو المصرية، ١٩٨٧م.

٥١- **عبد الله السيد عبد الجواد:** الإدارة التربوية والتخطيط التربوي، الرياض: دار النشر الدولي للنشر والتوزيع، ١٤٢٥هـ-٢٠٠٤م.

٥٢- **عبد الله بن عبد الرحمن الفايز:** الإدارة التعليمية والإدارة المدرسية، ط٢، الرياض، مكتب التربية العربي دول الخليج، ١٤١١هـ-١٩٩٣م.

٥٣- **عادل حسن، مصطفى زهير:** الإدارة العامة، بيروت: دار النهضة العربية، ١٩٧٨م.

٥٤- **علي الطنطاوي، ناجي الطنطاوي:** أخبار عمر وأخبار عبد الله بن عمر، ط٢، بيروت: دار الفكر، ١٣٩٢هـ

٥٥- **علي حبيب الماوردي:** الأحكام السلطانية والولايات الدينية، دمشق، شركة ومكتبة مصطفى البابي الحلبي وأولاده، ١٩٦٠م.

٥٦- **خليل خليل:** النموذج الأخلاقي للإدارة الإسلامية، المؤتمر الإسلامي السنوي الخامس للجمعية المصرية للتربية المقارنة والإدارة التعليمية، (٢٥- ٢٧ يناير ١٩٩٧م)، القاهرة: دار الفكر العربي، ١٩٩٧م.

٥٧- **عمر محمد التومي الشيباني:** الفكر التربوي بين النظرية والتطبيق، طرابلس: المنشأة العامة للنشر والتوزيع، والإعلان، ١٩٨٥م.

٥٨- **عمر محمد خلف**: أساسيات الإدارة والاقتصاد والتنظيمات التربوية، الكويت، منشورات دار السلاسل، ١٩٨٦م.

٥٩- **عماد محمد عطية**: الإدارة المدرسية (حاضرها ومستقبلها) الرياض: مكتبة الرشد، ١٤٣١هـ- ٢٠١٠م.

٦٠- **فريد محمد أحمد الشلعوط**: نظريات في الإدارة التربوية، الرياض: مكتبة الرشد، ١٤٢٢هـ- ٢٠٠٠م.

٦١- **فريد محمد أحمد**: نظريات في الإدارة التربوية: مكتبة الرشد، ١٤٢٣هـ- ٢٠٠٢م.

٦٢- **فهد صالح السلطان**: النموذج الإسلامي في الإدارة، منظور شمولي للإدارة العامة، ط٢، الرياض، مطابع الأوفست ١٤٨٢هـ

٦٣- **فؤاد الشيخ سالم وآخرون**: المفاهيم الإدارية الحديثة، عمان: الجامعة الأردنية، ١٩٨٢م.

٦٤- **مصطفى عبد القادر زيادة وآخرون**: الفكر التربوي (مدارسه واتجاهاته وتطوره) الرياض: مكتبة الرشد، ١٤٢٧هـ- ٢٠٠٦م.

٦٥- **محمد أحمد عوض**: الإدارة الاستراتيجية، الأصول والأسس العلمية، الإسكندرية: الدار الجامعية، ٢٠٠٠م.

٦٦- **محمد أحمد كريم، صلاح عبد الحميد مصطفى وآخرون**: الإدارة الصفية بين النظرية والتطبيق، الإمارات العربية المتحدة، العين، دار الفلاح، ١٤١٢هـ-١٩٩٢م.

٦٧- **محمد بن عبد الرحمن الخطيب**: عمر بن الخطاب المعادلة الإنسانية، القاهرة: مطابع دار الشعب، (د. ت).

٦٨- **محمد سيف الدين فهمي، حسن عبد المالك محمود**: تطور الإدارة المدرسية في دول الخليج، الرياض: مكتب التربية العربي لدول الخليج، ١٤١٤هـ-١٩٩٣م.

٦٩- **محمد الظاهري بن عاشور**: أصول النظام الاجتماعي في الإسلام، تونس: الدار العربية للكتاب، ١٩٩٧م.

٧٠- **محمد الهادي عفيفي**: في أصول التربية، الأصول الفلسفية للتربية، القاهرة: مكتبة الأنجلو المصرية، ١٩٧٧م.

٧١- **محمد رشاد الحملاوي**: إدارة الأزمات- تجارب محلية وعالمية، القاهرة: مكتبة عين شمس، ١٩٩٢م.

٧٢- **محمد عبد الفتاح ياغي، عبد المعطي محمد عساف**: مبادئ الإدارة العامة، عمان: مكتب المحتسب، ١٩٨١م.

٧٣- **محمد عبد الغني خواجة**: أساسيات إدارة الأعمال، جدة: المعهد السعودي للسيدات، ٢٠٠٢م.

٧٤- **محمد عبد القادر أبو فارس**: النظام السياسي في الإسلام، بيروت: دار الفكر اللبناني، ١٩٨٦م.

٧٥- **محمد عبد القادر عابدين**: الإدارة المدرسية الحديثة، عمان: دار الشروق للنشر والتوزيع، ٢٠٠٥م.

٧٦- **محمد عبد المنعم خميس**: الإدارة في صدر الإسلام، دراسة مقارنة، القاهرة: مكتبة النهضة المصرية، ١٩٩٢م.

٧٧- **محمد علي حافظ**: التخطيط للتربية والتعليم، القاهرة: الدار المصرية للتأليف والترجمة، ١٩٦٥م.

٧٨- **محمد قاسم القريوني**: السلوك التنظيمي، دراسة للسلوك الإنساني والجماعي في التنظيمات الإدارية، عمان: الجامعة الأردنية، ١٩٨٩م.

٧٩- **محمد ماهر عليش**: أصول التنظيم والإدارة في المشروعات الحديثة، القاهرة: مكتبة عين شمس (ب-ت).

٨٠- **محمد منير مرسي، وهيب سمعان**: الإدارة المدرسية، القاهرة: عالم الكتب، ١٩٧٥م.

٨١- **محمد منير مرسي**: الإدارة التعليمية- أصولها وتطبيقاتها- القاهرة: عالم الكتب، ١٤٢٦هـ-٢٠٠٥م.

٨٢- **محمود عبد القادر علي فرازة**: نحو إدارة تربوية واعية، بيروت: دار الفكر اللبناني، ١٩٨٧م.

٨٣- **محمود عساف**: أصول الإدارة، القاهرة: مكتبة عين شمس، ١٩٧٦م.

٨٤- **منصور حسين، محمد مصطفى زيدان**: سيكولوجية الإدارة المدرسية والإشراف التربوي، القاهرة: مكتبة غريب، ١٩٧٦م.

٨٥- **مفيدة محمد إبراهيم**: إطار النظية في القيادة التربوية في الإسلام، رسالة ماجستير غير منشورة، عمان: الجامعة الأردنية، ١٩٨٦م.

٨٦- **منير المرسي سرحان**: في اجتماعيات التربية، ط٩، القاهرة: مكتبة الأنجلو المصرية، ١٩٨٢م.

المصادر والمراجع

٨٧- **نبيل السمالوطي**: التنظيم المدرسي والتحديث التربوي، دراسة في اجتماعيات التربية الإسلامية، جدة: دار الشروق، ١٩٩٢م.

٨٨- **نصر العلي، توفيق مرعي وآخرون**: إدارة الصف وتنظيمه، عمان: الجمعية العلمية الملكية، ١٩٨٦م.

٨٩- **نواف كنعان**: القيادة الإدارية، الرياض: دار العلوم للطباعة والنشر، ط٢، ١٩٨٢م.

٩٠- **نواف كنعان**: القرارات الإدارية بين النظرية والتطبيق، الرياض: مكتبة الفرزدق التجارية، ١٩٨٣م.

٩١- **هاني عبد الرحمن الطويل**: الإدارة التربوية والسلوك التنظيمي، سلوك الأفراد والجماعات، عمان: الجامعة الأردنية، ١٩٨٦م.

٩٢- **يعقوب حسين نشوان، جميل عمل نشوان**: السلوك التنظيمي في الإدارة والإشراف التربوي، ط٢، عمان: دار الفرقان للنشر والتوزيع، ١٤٢٤هـ-٢٠٠٤م.

٩٣- **يعقوب حسين نشوان**: الإدارة والإشراف التربوي بين النظرية والتطبيق، عمان: دار الفرقان، ١٤٠٢هـ-١٩٨٣م.

٩٤- **يوسف إبراهيم نبراي**: الإدارة المدرسية الحديثة، الكويت، مكتبة الفلاح، ١٩٩٣م.

ثانيًا: المراجع الأجنبية

١- Betty,J. Manasement of the Business, Education Associiation (editor). National Business, ٢٠٠١.

٢- Compbelle, R.F,etal, Introducation to education administration Boston:Allyn, ٨ Bacon, ١٩٧٧.

٣- Dale Beach, Personnel: The management of people at work (New York: macmillan Publishing co, Inc, ١٩٨٠.

٤- Dean- Jean, Management the primary school London, rout Lady, ٢nd Edition ١٩٩٥.

٥- Donald. J. Clugh: concepts in management since prentice hall, India. ١٩٨٦.

٦- Faber, C.F& ShearonGF, Elementry school administration Theory and practice Hoith rinhart and inc. N. Y.١٩٧٠.

٧- Fred Iuthans: organizational behaviour, New York Magreaw hill Book co,١٩٧٣.

٨- Hadgy and W. anthony, organizatio Theory (Boston and Bacon, Inc. ١٩٧٩)

٩- Halpin, Andres, Theory & Research in Administration: New York: The mmacmillan company, fourth printing, ١٩٧١.

١٠- Heneri Fayal, industral and general management (New Work: Pitman publishing corporation marshall, ١٩٤٩.

١١- House R. J & Mitchel T. R: path Goal Theory of Leader ship, in Natemeyer W.E classice of organizational behavior, hionois moore publishing company ١٩٧٨.

١٢- James lewis, lang - rang and short range planning for education administrators (broston Allyn Bacon, inc. ١٩٨٣.

١٣- Getzies. J. W. Lipham, and comphell, e R. E: Educational Administration as social process: Theory, research and practice, New York Harper & Row, ١٩٦٨.

١٤- John Pififner, Public Administration (٢nd ed, New York, ١٩٥٣).

١٥- Koontz and Donnel, principles of Management (New York: Me Graw Hill Book co,. ١٩٦٨.

١٦- Phlip. H, coombs: The world Educational crisis system analysis published by oxfored university press, ١٩٨٦.

١٧- Leonor white: Introducation to the study of public Administration (٤th : ed New York ١٩٥٥)

١٨- Mciloty, Andrea& Walker, robyn: total quality management plicy implication for distance education, in evans, terry&

practices from open and distance education (London: rout Leadge, ١٩٩٦).

١٩-   Minzberg. H. The nature of management work (New York Haper and Row publishers, ١٩٩٣)

٢٠-   Steiner, g. A; Stratgic planning what every manager must know, New York the free press company comp any, ١٩٧٩.